Als die »Ente« Amok lief

W0180395

## Zum Buch

»Als die ›Ente‹ Amok lief« erinnert witzig und nostalgisch an die goldenen Anfangszeiten der Fußball-Bundesliga. Dabei stehen weniger die Heroen von damals im Mittelpunkt als vielmehr die wahren Helden und Antihelden, wie Willi »Ente« Lippens etwa, der Essener Fußballer mit seinem spezifischen Watschelgang, oder Lothar »Emma« Emmerich, der neue Formen des Torjubels kreierte. Zahllose umwerfende Anekdoten zeigen, daß damals noch im Mittelpunkt stand, was man heute oft so schmerzlich vermißt: der Spaß auf dem Platz. Denn wer erinnert sich nicht mehr gerne an die Szene, als Horst Köppel mit reichlich Restalkohol im Blut am Ball vorbei die Eckfahne umsäbelte? Oder an den unsterblichen Dialog: »Herr Lippens, ich verwarne Ihnen« – »Herr Schiri, ich danke Sie«? Ulrich Homann und Ernst Thoman bieten 46 wunderbar illustrierte Geschichten zur Fußballgeschichte – und einen umfangreichen Tabellen- und Statistikteil für den modernen Fan.

## Zu den Herausgebern

Ulrich Homann und Ernst Thoman sind freie Sportjournalisten.

Ulrich Homann · Ernst Thoman

# Als die »Ente« Amok lief

Geschichten aus den ersten 10 Jahren
der Fußball-Bundesliga 1963 – 1973

Mit Beiträgen von Hans Wilhelm Bertram,
Ulrich Homann, Oliver Müller, Jens Reimer Prüß
und Ernst Thoman

Econ & List Taschenbuch Verlag

## Fotonachweis

**AP:** Seite 75
**Hartung:** Seite 225, 226
**Horstmüller:** Seite 15, 17, 33, 35, 55, 57, 60, 82, 93, 94, 99, 104, 110, 111, 118, 119, 120, 121, 149, 169, 175, 176, 198, 201, 210, 211, 233, 235, 237, 255, 257
**Nordbild:** Seite 5, 41, 69, 71, 127, 193
**Sven Simon:** Seite 79, 83, 84, 137, 141, 147, 179, 191, 217, 219, 245
**Walter Fischer:** Seite 139
**Horst Lichte:** Seite 261
**H. W. Lindemann:** Seite 227
**Peter Schommertz:** Seite 47
**Kurt Schmidtpeter:** Seite 23, 251
**Frank Schultze:** Seite 27
**Ernst Thoman:** Seite 243
**Günter Thomas:** Seite 223, 228
**Jürgen Wassmuth:** Seite 98
**Wilfried Witters:** Seite 249

## Textbeiträge

**Hans Wilhelm Bertram:** Seite 96
**Ulrich Homann:** Seite 54, 59, 78, 92, 103, 129, 134, 160, 164, 167, 170, 173, 188, 190, 221, 254, Anhang
**Oliver Müller:** Seite 178
**Jens Reimer Prüß:** Seite 50, 63, 67, 124, 183, 204, 259
**Ernst Thoman:** Seite 13, 21, 26, 31, 38, 45, 73, 85, 109, 116, 136, 149, 152, 209, 214, 224, 230, 240, 247, 253

Econ & List Taschenbuch Verlag 1999
Der Econ & List Taschenbuch Verlag
ist ein Unternehmen der Verlagshaus Goethestraße GmbH & Co. KG, München
© 1989 Klartext Verlag, Essen

Umschlagkonzept: Büro Meyer & Schmidt, München – Jorge Schmidt
Umschlaggestaltung: Init GmbH, Bielefeld
Titelabbildung: action press
Gesetzt aus der Caslon, Linotype
Satz: Josefine Urban – KompetenzCenter, Düsseldorf
Druck und Bindearbeiten: Ebner Ulm
Printed in Germany
ISBN 3-612-26627-6

# Inhalt

Nur ein Bundesliga-Spiel: Peter Barfuß
**Immer nur hinter dem Sabath her** . . . . . . . . . . . 259

Schlußbemerkungen
Der Fußball hat seine Stammkundschaft verloren
**Das Prinzip »Nur nicht verlieren«** . . . . . . . . . . 264

**Anhang**

# Dortmund, 28. Juli 1962, 17.14 Uhr: die Geburt der Bundesliga

## Hammelsprung im Hotel

Altvater Sepp Herberger hatte gute Gründe und lange gedrängt. Seine nationale Elite drohte über den Brenner, die Pyrenäen oder schlicht in die Schweiz abzuwandern. Ludwig Janda erkannte bereits 1949 die Zeitzeichen und wechselte vom FC Bayern zum AC Novara. Allein von 1960 an trieb es neun Gütekicker über die Grenzen, darunter Hochkaräter wie Horst Szymaniak, Klaus Stürmer, Helmut Haller, Rolf Geiger und Albert Brülls, der erste fußballernde Ferrari-Fahrer. In fünf Oberligen im Lande durften Gehälter und Prämien 400 Mark nicht überschreiten.

»Je schneller, je besser«, forderte Fußball-Nestor Herberger eine Konzentration des Marktes, der in Frankreich, Italien, Spanien und England längst Alltag war. Der »Chef« sah deutlich, daß die nationale Elite nach den Helden von Bern, dem Achtungserfolg 1958 in Schweden und dem schnellen Rückflug weitere vier Jahre später bei der WM in Chile jeden Samstag ein Endspiel brauchte. Der Zopf des deutschen Fußball-Finales, in einer achtwöchigen Runde mit zwei Viergruppen ausgespielt, gehörte abgeschnitten. Für den Standard der Nationalelf war nicht förderlich, wenn auf dem Weg in die Endrunde der TSV Marl-Hüls mit 1:11 gegen Borussia Dortmund für reizlose Begegnungen sorgte oder der HSV als ewiger Nordmeister beim Heider SV heftig unterfordert blieb.

Sportliche Konkurrenz sollte das Geschäft beleben – und ein bißchen Kommerz. Das alte Vertragsspieler-Statut zu Oberligazeiten erlaubte keine Handgelder oder Transfergewinne, trotz-

13

dem (oder gerade deshalb?) wurde gemauschelt, belogen und betrogen, daß sich die Deckenbalken in der Frankfurter DFB-Residenz des Präsident Dr. Pecco Bauwens bogen.

Schon 1953 kippte ein Deal des Ballstrategen Willy Schröder auf, der für 15 000 Mark Handgeld von Werder Bremen zum Hamburger SV wechseln wollte.

Sechzehn Klubs aus allen Regionen mußten sich bis zum Bundesliga-Start vor den Schranken der Sportgerichtsbarkeit verantworten. Regelmäßiger Anklagepunkt: Zahlung verbotener Handgelder. Nirgends war die Dunkelziffer des verbotenen Business so groß wie auf dem einzig noch bestehenden Schwarzmarkt Fußball. So ermittelte die Steuerfahndung beim FC Schalke 04 unversteuerte »übertarifliche Zuschläge« an Spieler in Höhe von 283 000 Mark. Doch als selbst einer wie Fritz Walter auf die Anklagebank mußte, brach es Vater Herberger fast das Herz.

Mit 225 000 Mark Handgeld und 6 000 Mark monatlicher Festbezüge wollte Atletico Madrid 1957 den weltmeisterlichen Spielführer ködern. Kaiserslautern hielt mit eben mal 45 000 Mark dagegen als Darlehen für die Existenzgründung zum Betrieb einer Wäscherei und eines Kinos in Kaiserslautern. Das reichte dem DFB zur Anklage. »Fritz« wurde freigesprochen, der Klub bestraft. Fritz Walter blieb am Betzenberg. Die Sehnsucht des Sepp Herberger nach konstanter internationaler Klasse und finanzieller Ehrlichkeit wurde an einem Samstag im Dortmunder Hotel Westfalenhalle gestillt. Der DFB-Bundestag hatte mit 129 Delegierten am 28. Juli 1962, einem Samstag, über das neue Styling des angeblich deutschen Mannes liebstes Kindes abzustimmen. Eine parlamentarische Prozedur, bei der der Bonner Gummiadler mit dem Frankfurter DFB-Emblem in Sichtkontakt stand: Augen zu und durch. Mit Hammelsprung im Hotel, mit geheimer und einzelner Abstimmung, nötiger Zweidrittelmehrheit und allen taktischen Winkelzügen setzten sich die Befürworter der Marktkonzentration, vor allem aus dem

*Nicht mehr die Jüngsten, die damals beim DFB das Sagen hatten: von links Paßlack, Gösmann, Bauwens, Franz.*

Westen und mit Hermann Neuberger der Vertreter des Saarlandes, gegen den Widerstand des Südens, Südwestens und den uneinigen Norden durch. Klubs wie der Hamburger SV und der 1. FC Nürnberg lehnten die neue Liga strikt ab. Die mächtige Oberliga West wollte sie uneingeschränkt. Alleinige Ausnahme blieb Oberhausens Automobil-Präsident Peter Maaßen (»Jedes Jahr werden einige Pleite gehen«). Treibende Motoren waren Kölns Franz Kremer und eben Hermann Neuberger. Beide Cheftaktierer taten sich unbemerkt mit dem frisch gekürten DFB-Präsidium zusammen. Der Osnabrücker Dr. Hermann Gösmann und der geschickte Mittler Ludwig Franz aus Nürnberg als Vize-Präsident, beides Rechtsanwälte, waren von den Delegierten zu Punkt eins der Tagesordnung an die Spitze des weltgrößten Fußballverbandes gewählt worden.

15

Die Viererbande teilte den Leitantrag (»Der Bundestag möge beschließen, vom 1. 8. 1963 ab eine zentrale Spielklasse mit Lizenzspielern unter Leitung des DFB einzuführen. Die hierzu notwendigen Bestimmungen sollen vom Beirat alsbald erlassen werden«) unter dem Eindruck der rechnerisch kaum kalkulierbaren Saalstimmung abstimmungspsychologisch wirksam in drei Teilanträge. Erster Antrag: Soll mit Beginn der Spielzeit 1963/64 eine zentrale Spielklasse eingeführt werden?

Zweiter Antrag: Soll die neue Spielklasse mit oder ohne Vollprofis eingeführt werden?

Drittens schließlich sollte hilfsweise und – taktisch äußerst geschickt – darüber befunden werden, ob in der neuen Klasse Lizenzspieler spielen sollten oder nicht.

Einzeln, geheim und mit der notwendigen Zweidrittelmehrheit gab es zum ersten Antrag genau um 17.14 Uhr, pünktlich wie zum Bundesliga-Abpfiff, folgendes Ergebnis: 129 Stimmen wurden abgegeben, zwei waren ungültig, 26 Fußball-Parlamentarier stimmten gegen, 103 für die neue Bundesliga. Doch weil das Neugeborene nicht mit Räppelchen, sondern mit dem Ball spielen sollte, wußte niemand im Goldsaal genau zu sagen, welche Richtung das Leder fortan nehmen sollte.

Der Bundestag entschied sich knapp eine Stunde nach der Geburt gegen Vollprofis und für Lizenzspieler. Man sang ein Lied und fuhr heim. Die Probleme blieben im Saal.

Der Lederball-Bundestag stob auseinander, ohne wichtige Fragen ausreichend diskutiert zu haben: Was unterscheidet einen getarnten Lizenzspieler vom echten Vollprofi? Offen blieb, ob die neue Liga mit 16 oder 18 Vereinen starten sollte und wie die Auswahl unter 76 Oberligisten auszusehen hatte. Nur sieben Klubs galten als hundertprozentig bundesligareif: Hamburg und Bremen aus dem Norden, Köln, Schalke und Dortmund im Westen, Frankfurt und Nürnberg aus dem Süden.

Bis zum mitternächtlichen Sylvester 1962, dem Auslauftermin für den Posteingang, hatten sich 46 Oberligisten für den

*Hier wurde die Bundesliga am 28. Juli 1962 aus der Taufe gehoben: Im Saal des Hotels Westfalenhalle waren 129 Delegierte anwesend.*

neuen Spielbetrieb in der Frankfurter DFB-Zentrale angemeldet. »Suchen Sie mal sechzehn aus und machen sich dabei keine Feinde«, stöhnte Präses Gösmann. Allein die Oberliga West hatte sich fast komplett beworben. Nur der TSV Marl-Hüls sparte als Tabellenletzter am Porto.

Längst fertig zum Neujahr war das Lizenzspielerstatut. Monatlich konnten fortan 500 Mark brutto als Grundgehalt verdient werden, inklusive Prämien durfte das Salär 1 200 Mark nicht überschreiten. Gleichwohl wurden die Gehälter nicht ausnahmslos nach oben begrenzt. Im nationalen Interesse wie im Falle von Uwe Seeler, Max Morlock und Hansi Schäfer oder den »Sechzigern« Küppers und Heiß stimmten die örtlichen Finanzämter Monatsgagen bis zu 2500 Mark zu: eine steuerrechtliche Sonderheit für die heimlichen Profis, die der Bundesfinanzminister durch eine Änderung der Abgabenordnung passend machte. Vor allem behielten die Fußballklubs e. V. ihre Gemeinnützigkeit, sparten Steuern und konnten, welch löblicher Vorsatz, mit Gewinnen die Amateurabteilungen begießen.

Die Vereine konnten zudem offiziell Geld lockermachen: Die jetzt erlaubten Ablösesummen wurden auf die Höchstgrenze von 50 000 Mark festgeschrieben. Bis zu zehn Prozent davon, 10 000 Mark, durften die Spieler als Handgeld kassieren. Und eine Treueprämie in gleicher Höhe gab's, wer nach zwei Jahren lieber bleiben wollte. Nur im Unterhaus blieb alles beim alten. Die ehemaligen Oberligen wurden in fünf Regionalligen umgetauft. Die Akteure durften sich weiter Vertragsspieler nennen und anders als die klassenhöheren Lizenzspieler als sozialversicherungspflichtige Angestellte Mitglieder ihrer Klubs bleiben. Auch ihre »Gehälter« blieben gleich. Der neue Professionalismus hatte eine Klasse tiefer gefälligst aufzuhören. Aber wer durfte nun und vor allem wie in die Eliteklasse versetzt werden? Nach einem Schlüssel aus sportlicher Qualifikation der letzten zehn Jahre und der aktuellen Wirtschaftlichkeit wurden neben den sieben »Hundertprozentern« Eintracht Braunschweig als dritter Nordvertreter, der Meidericher SV und Preußen Münster aus dem Westen, der VfB Stuttgart, München 1860 und der Karlsruher SC für den Süden und der 1. FC Kaiserslautern mit dem 1. FC Saarbrücken aus dem Südwesten nominiert. Für Berlin wurde nach langen Kulissenkämpfen aufgrund geschickt gestrickter Wirtschaftsdaten Hertha BSC anstelle von Tasmania 1900 unter die besten Sechzehn gesetzt. Eine Kür, die zwei Jahre später beim ersten »kleinen« Bundesliga-Skandal als glatte Fehlentscheidung aufgedeckt wurde. Und spätestens von da an schwante dem Rentier Herberger (»Je früher, je besser«), daß »das viele Geld an allem schuld ist«.

So dachten auch drei Kicker unmittelbar vor dem Startschuß in das Abenteuer, das Timo Konietzka mit dem ersten Bundesligator in Bremen eröffnete. Zwei von ihnen, der Kölner Karl-

18

Heinz Schnellinger, Fußballer des Jahres 1962, wechselte schnell noch nach Italien. Dortmunds Charly Schütz folgte auf dem Fuß. Allein die Handgelder des FC Mantua und von AS Rom waren bei Schnellinger zehn-, bei Schütz achtmal so hoch wie in der heimatlichen Profiprovinz.

Doch der Schwarzmarkt trieb weiter Blüten, die Dunkelziffer der statutenwidrigen Geschäfte blieb unvermindert lebhaft. Hamburgs Jürgen Werner, zu jener Zeit dreifacher National-spieler, nahm eine ganz andere Kurve als Schütz, Schnellinger und ihre Vorläufer. »500 000 Mark für ein Bein, das ist lächer-lich«, kommentierte der lange Blonde die Auslandsgagen. Aber Werner mochte nicht mal Mitläufer in der neuen Superklasse sein. Keine vierundzwanzig Stunden nach seinem Tor beim 1:2 gegen Weltmeister Brasilien sagte er »Ohne mich« und prophe-zeite der Bundesliga eine »Kommerzialisierung, in der für groß verdienende Hochleistungs-Fußballer eine neue Sklavenzeit heranbrechen wird«.

Postwendend zog am Schalker Markt das trojanische Pferd ein. Königsblau, stets der Tradition auf Teufel komm raus verschrieben, fand Gefallen an den Ballkünsten des Karls-ruhers Günter Herrmann. Als Nationalspieler, wie es sich nach den Statuten gehörte, wechselte er für die Höchstsumme von 50 000 Mark nach Schalke. Für die gleiche Summe kam auch der Sportkamerad Hans-Georg Lambert an den Schalker Markt. Gleichfalls von Karlsruhe, ebenfalls für 50 000 Mark. Das trojanische Koppelgeschäft wurde ruchbar, der DFB ver-donnerte in erster Instanz beide Klubs zu je vier Punkten Abzug und 10 000 Mark Geldstrafe. Die Bundesliga hatte da noch nicht einmal Anstoß. Und als in zweiter Instanz die Strafen auf-gehoben wurden, hatte der Ball- und Blütenvirtuose tatsäch-lich einmal für Schalke vor den Ball getreten, am 26. 10. 1963 bei der 2:3-Niederlage gegen Werder Bremen. Danach tauchte Lizenzspieler Lambert nur noch unter, nie wieder auf.

Zur gleichen Zeit wartete Lizenzspieler Engelbert Kraus auf

die Berufung seiner achtmonatigen Sperre. Der Münchner Löwe wollte zum Karlsruher SC wechseln und forderte statt der zulässigen 10 000 Mark Handgeld mit Engelsaugen das Fünffache. Seine Beteuerung lautete rührend: »Ich habe das Statut doch gar nicht gelesen.«

Seitdem schworen sich die Präsidenten der Bundesligaklubs alljährlich mindestens mehrmals anläßlich ihrer Tagungen, immer Treu und Redlichkeit zu üben. Mannhaft sollen sie sich dabei die Hand gegeben haben.

Anpfiff mit drei Weltmeistern:
Morlock, Schäfer, Rahn

## Der »Boß« und die Achillesferse

Ein Trio verteilte sich auf drei Plätzen. Als Dortmunds Timo
Konietzka am 24. August 1963 im Weserstadion das erste Bundesligator schoß, standen in Saarbrücken, bei Hertha BSC und
in Karlsruhe bei den berühmt gewordenen 56 Sekunden des
Borussen drei Weltmeister in anderen Stadien. Mit Max Morlock (Jahrgang 25), Hansi Schäfer (Jahrgang 27) und Helmut
Rahn (Jahrgang 29) spielten die drei Berner Helden neun Jahre
nach dem 3:2 gegen Ungarn noch einmal Abenteuer.

Max Morlock hatten gute Freunde schon zwei Jahre vor dem
Anpfiff Bundesliga geraten, nach dem Gewinn der »Deutschen«
als große Legende Abschied zu nehmen. Doch Maxl (»Die Jungen brauchen mich«), der heute mit Lotto-Toto-Rennquintett
in Nürnberg den bescheidenen, aber soliden Ruhm vom Wank-
dorfstadion genießt, wollte noch einmal Reiz und Risiko. Der
Gefahr, als Großvater der jungen Elite belächelt zu werden und
vom Glanz eines der größten Nachkriegsfußballer zu bröckeln,
begegnete er am ersten Spieltag mit seinem Führungstor für den
Club. Am Ende hieß es 1:1 in Berlin. Max Morlock war am
Ende der Saison 39 Jahre, schoß in 21 Spielen acht Tore. Nürnberg wurde Neunter, war etabliert. Max Morlock konnte Abschied nehmen.

Geißbock Hansi Schäfer spielte die Pacht für seine Tankstelle
um ein weiteres Jahr ein. Schließlich wurde er im ersten Anlauf
mit dem 1. FC Köln erster Deutscher Bundesliga-Meister. Die
Tore am ersten Spieltag bei dem 2:0 in Saarbrücken erzielten
Christian Müller und ein junger Ballartist namens Wolfgang

Overath. Hansi Schäfer, heute der Tenniskarriere seiner Tochter zugetan, schoß in 39 Spielen zwanzig Tore und verabschiedete sich im Mai 1965 als Vize-Meister.

In diesem Jahr bestritt Helmut Rahn beim Meidericher SV seinen letzten Kampf. Um ein Jahr wollte er nach der zweiten Saison noch verlängern. Bundesliga zum Dritten, schließlich war der »Boß« mit eben fünfunddreißig der Jüngste im Trio.

Doch zunächst hatte Rahn »Nein« gesagt. Unerhört bei einem wie ihm, der doch nie nein sagen konnte. Die Geschichte des dritten Tores hatte er noch oft an Essener Theken erzählt, als der endlose »Tor, Tor, Tooor«-Schrei von Reporter Heribert Zimmermann längst auf Schallplatte gepreßt war. Der Bauch ward fülliger, und für die kaputten Knochen gab es bereits 600 Mark Rente von der Berufsgenossenschaft.

Genau für diesen Betrag wollte ihn Zebra-Boß Tiefenbach monatlich für ein letztes Jahr halten. »Dafür fahr ich doch nicht viermal die Woche von Essen nach Meiderich«, Rahn hatte rechnen gelernt. An der Altenessener Straße standen seit wenigen Wochen Gebrauchtwagen auf einem Aschenplatz. »Verkauf, Vermittlung, Finanzierung – Helmut Rahn«, war da zu lesen. »Die Leute rufen aus dem Sauerland an«, wies der Firmenboß im August '65 nach wenigen Monaten stolz auf 25 verkaufte Autos hin. Ein Name wie Rahn und Gnadenbrot vom MSV, das paßte nicht.

Doch kein anderer Klub wollte anbeißen. »Ich geh' nach Rot-Weiß Essen zurück, ablösefrei«, drohte der zum Geschäftsmann auferstandene Lebenskünstler; dorthin, wo seine Wiege im Fußball stand, wo er zwischendurch Weltmeister, davor Pokalsieger und ein Jahr danach Deutscher Meister wurde – gegen Fritz Walters Lauterer, mit dem er in der Nationalmannschaft das Zimmer teilte. »In Essen hätte ich halber Millionär werden können«, maulte Rahn, der über den 1. FC Köln, Twente Enschede und Spielervermittler Raymond Schwab nach Meiderich fand. Als der Rechtsaußen bei Rot-Weiß die Biege machte,

*Der rechte Flügel von Bern 9 Jahre später: Helmut Rahn im Trikot des Meidericher SV, Max Morlock spielte immer noch beim Club in Nürnberg.*

wollte ihm Vereinspräsident Georg Melches, ein patriachalisches Urgestein, doch tatsächlich sein Haus vererben. Und nun sollte er, im Spätfrühling von 1965, für 15 000 Mark zu haben sein.

»Soviel hab ich schon mit meinen verkauften Autos verdient«, rechnete der »Boß« dem MSV-Präsidenten vor. Doch der dritte Frühling von Helmut Rahn drohte im letzten Winter steckenzubleiben. Nur ein einziges Spiel machte der Boß in der zweiten Saison. Da riß die Achillessehne, der Fuß kam in Gips. »Er wird nicht wiederkommen«, zweifelten viele, und manche Gazetten schrieben vom »Reißer als Rentner«. Vorbei die Zeit des Sportfreundes, der beim Vorortklub Katernberg begann? Mit bloßen Socken spielte er einst auf dem glatten Schneeboden an der Hafenstraße, als kein Schraubstollen mehr Halt gab. Neun Wochen war Rot-Weiß in den Fünfzigern auf Südamerikareise. Der Boß wettete mit den Kollegen, daß er sich im Indianerboot auf den eiskalten Titicacasee traute. Er kenterte prompt, nicht zum letzten Mal. Helmut Rahn war nie Lebemann, aber immer Lebenskünstler. »Ein Freund guter Suppen«, wie er über sich sagen und lächeln konnte, und auch ein Genosse der Gerste.

Kaffeebohnenkauend wurde er einst vor dem Anpfiff an den Billardtisch zitiert. Eine prächtige Partie mit dem Queue lieferte er vor den Augen von Präsident Melches ab, der dann entschied: »Wer so spielt, kann nicht getrunken haben.« Eine Einladung zur Ländermannschaft erreichte ihn bei einem kurzfristigen Aufenthalt im promillefreien Gefängnis. Helmut Rahn war für jede Überraschung gut, so daß Sepp Herberger einen Narren an ihm fraß. Keiner hatte mehr Freiheiten, nicht nur auf dem Rasen. Für Rahn brach Herberger fast alle Prinzipien, suspendierte seinen Weltmeister, nahm ihn doch mit nach Schweden, vier Jahre später beinahe noch nach Chile. Wenn Helmut Rahn und Fritz Walter Jahre später beim »Chef« an der Bergstraße zu Besuch aufkreuzten (»Ach, hat der sich gefreut«), bat Herberger seine Frau: »Ev, hol doch ein Fläschche Wein nauf. Für die Bube.«

Und wie ein Lausbub schnitt sich Helmut Rahn mit der Schere den Gips von der Ferse. Der alte Ruhm mochte es dann doch gewesen sein, daß Duisburgs Präses Tiefenbach tatsächlich tief in die Tasche griff. Er verdoppelte sein Angebot von 600 Mark monatlich. Ganz nebenbei wurde sogar die heute fest verbriefte Auflaufprämie erfunden. In dem Vertrag für das dritte Bundesligajahr waren für Rahn 500 Mark pro Spiel drin, egal ob Sieg oder Niederlage. Aber es gab für den »Boß« kein Spiel mehr. Helmut Rahn, der auf einmal das Rechnen gelernt hatte, mußte vor der Achillesferse und lädierten Kreuzbändern kapitulieren. Doch die Butter aufs Brot durch die Gebrauchtwagen in Altenessen war garantiert.

Der »Boß« war eben immer für Überraschungen gut. Wie am vierten Spieltag. Am 14. September 1963 nahm er im Heimspiel gegen Hertha zweimal den Ball in die Hand. Die Bundesliga hatte ihren ersten Platzverweis. Aber in dieser ersten Saison machte Rahn auch in 17 Spielen acht Tore. »Daß er dabei ist, ist moralisch einfach wichtig«, unterstrich Rudi Gutendorf den Wert des Rechtsaußen für den ersten Vize-Meister der Liga.

Und wie Maxl Morlock schoß auch Helmut Rahn am allerersten Spieltag sein Tor beim 4:1 der Zebras im Karlsruher Wildpark – neun Jahre nach Bern.

# Gerhard »Ömmes« Kentschke –
## von der Bezirksklasse zum Wasserträger

## *Der Detektiv klingelte um halb vier*

»Was, mit einem Wasserträger wie mir wollen Sie eine Geschichte machen?« Der Mann am anderen Ende des Telefons untertreibt. Zuletzt stand er im Schlagschatten des Rampenlichts, als er unter Rinus Michels Co-Trainer der Leverkusener Werkskikker war. Mit Beginn der Bundesliga lief Gerd Kentschke neun Jahre mit. Manchmal als Rechtsaußen, aber meistens auf links. »Ömmes«, der Rechtsfuß, mußte umlernen. Zuerst beim Karlsruher SC, dann vier Jahre auf dem Betzenberg, zuletzt zwei Jahre beim Meidericher SV. In 222 Bundesligaspielen erzielte der gelernte Bergmann 39 Tore. Kentschke, der sich selbst als Mitläufer sieht, war ein Beispiel der heute unvorstellbaren Karrieren von der Bezirksklasse mitten hinein in das Abenteuer der neuen Edelklasse. Und einer wie »Ömmes« schaffte den Sprung.

In Langenbochum, einem Dorf am Nordrand des Reviers, brach er als Zwanzigjähriger die Kohle im Gedinge und stürmte für die örtliche Spielvereinigung. Die Eltern verstarben früh, Gerd wohnte bei Helmut, dem älteren Bruder. Das Leben war Fußball und Arbeit.

An einem Werktag im Frühling von 1963 klingelte es bei Kentschkes. Ein Privatdetektiv hatte den kleinen Bruder drei Tage beobachtet. Der Leumund war reif für die Bundesliga. »Machen Sie sich bitte für eine Woche frei. Der Karlsruher SC möchte Sie gerne haben.«

Die unglaubliche Geschichte begann Wochen zuvor in Hannover. Dort beeindruckte Noch-Rechtsaußen Kentschke in der Westfalenauswahl gegen Niedersachsen. Zaungast des Länder-

*Ömmes Kentschke heute als Trainer der Amateure von Bayer Leverkusen.*

treffens war Karlsruhes Vize-Präsident Helmut Hodel. Ganz zufällig weilte er in der Nähe zur Kur.

»Ömmes« Kentschke wurde für eine Woche im Nordschwarzwald versteckt, »in einem Waldhotel, ich weiß nicht mehr, wo«. Genau erinnert er sich, wie er und Bruder Helmut, urplötzlich herausgeschleudert aus der Beschaulichkeit Langenbochums und den großen Fußballtraum vor Augen, vor den Bachforellen mit Fischbesteck kapitulieren mußten: »Wir wußten doch überhaupt nicht, wie man damit umgeht.«

Vierhundert Mark bot der KSC für den ersten Vertrag. Bruder Helmut meinte, das sei »ein bißken wenig, mit Miete und alles«. Auf den Bruttolohn wurden zwei Hunderter draufgepackt. Helmut unterschrieb, denn Gerd war noch nicht volljährig.

Kentschke erzählt leidenschaftlich von den ersten Jahren, mit viel Humor, »weil die Zeit doch eine ganz andere war«. Im Badischen kam er auf den Weingeschmack, und wenn die Spieler wollten, wurde auch mal ohne Wissen des Klubs auf dem Land gegen Dorfmannschaften gekickt. Aber Karlsruhe krebste ständig am Tabellenende, die Zeit am Betzenberg war viel spannender.

Unter Gyula Lorant stürmte er endgültig auf Linksaußen: »Dabei hatte ich den linken Fuß nur, um nicht umzufallen.« Die wenigen Tore störten den Außenstürmer nicht. »Ich war wie Frank Mill«, schmunzelt er auf der Terrasse des Bayer-Klubhauses in Leverkusen, »heute kann ich das sagen: Ich habe in jeder Saison zwischen fünf und zehn Elfmeter herausgeholt.« Auch gegen Sepp Piontek und Berti Vogts.

Weit schwieriger war's da, während der Eisenbahnfahrten zu den Auswärtsspielen Würstchen in die Abteils zu schmuggeln. Trainer Lorant war ein Gegner von zusammengepreßtem Schweinefleisch. »Ein Bier konnte der auch nicht sehen«, haut sich Kentschke auf die Schenkel, »aber Wein, so lange die Leber laufen konnte.« Uwe Klimaschewski (»ein Phänomen an Witzbold«) konnte den Ungarn aber mit seinem Senf-Scherz zum Lachen bringen. In jedem Trainingsquartier mußte ein ahnungsloser Hotelgast wie ein HB-Männchen vom Holzstuhl hüpfen: »Mit dem Senf klebte er einen Korken unter den Stuhl. Den steckte er an, die Temperatur übertrug sich mit einem Schlag auf die gesamte Sitzfläche.« Eine Erklärung für die Thermodynamik hat Gerd Kentschke bis heute nicht: »Ich bin kein Physiker.« Aber lustig ist es oft gewesen. Weniger allerdings bei Gastspielen der Bayern auf dem Betzenberg.

Kentschke (»Wir waren verrufen bis zum geht nicht mehr«) erinnert an das Spiel der Münchner, als drei Tore für die »Roten Teufel« nicht gegeben wurden. Bayern-Manager Robert Schwan wollte vorher dafür sorgen, daß das Spiel im völlig ausverkauften Tollhaus gar nicht erst angepfiffen wurde. Am Ende hieß es wie am Anfang 0:0.

»Und gar nicht lustig war auch eine Reise zum Hamburger SV. Die führten nach einer Viertelstunde mit 4:0, und ich hatte noch keinen Ball berührt.« Gerd Kentschke, der ein B-Länderspiel gegen die Tschechoslowakei verbuchen konnte, hatte in einem Hamburger den Bremsklotz für höhere Aufgaben unverrückbar vor sich: »An Charly Dörfel kam ich nie vorbei.«

Seine beiden letzten Jahre in Duisburg wurden durch den Skandal beendet. Eine dumme Geschichte, für die es fast »Lebenslänglich« gab. Niemand aus der gesamten Galerie der Galgenvögel, die in der Saison 70/71 Tore und Punkte verschoben, geriet so blindlings leichtgläubig in die Maschen der Ankläger wie »Ömmes«. Von Arminia Bielefeld wurden ihm 20 000 Mark zugesteckt, damit das Zebra auf Linksaußen lahmen sollte. Kentschke steckte die Banknoten ein, sprach mit niemanden und sagte zu sich: »Wenn wir gewinnen, gebe ich denen das Geld zurück. Wenn die gewinnen, behalte ich es einfach.« Der Meidericher SV gewann, und die Kohle des einstigen Bergmanns floß bis auf fünfhundert Mark zurück auf die Alm. »Ich hatte ja auch einige Unkosten«, begründete Gerd Kentschke den Abschlag und wurde dafür für fünfzehn Jahre gesperrt. »Ich war 29 Jahre, das war wirklich lebenslänglich«, schüttelt er noch heute über das strafliche Unmaß den Kopf, »aber irgendwie war es auch mein Glück.«

Gerd Kentschke heuerte 1973 bei Bayer Leverkusen an und schaffte mit den Amateuren den Aufstieg von der Oberliga Nordrhein in die Regionalliga West. Den Weg der Bayer-Elf bis weit in die Bundesliga begleitete er als Co-Trainer. Immer loyal, kein Astabsäger, Gerd Kentschke blieb, was er schon als Spieler verkörperte: ein zuverlässiger Arbeiter und Angestellter, auch halbtags in der Personalabteilung des Chemie-Multis; nachmittags betreut er jetzt die Amateure. Seit Rinus Michels ging, sitzt auch »Ömmes« nicht mehr auf der Bank. Mit viel Wehmut sagt der immer verläßliche Wasserträger: »Der große Rahmen fehlt mir doch.«

# Lothar Emmerich und die Neuinszenierung des Torjubels

## »Emma, lauf nicht so weit weg«

Der Jubel hatte Grenzen. Torerfolge alter Art waren längst nicht individueller Ausdruck des spielerischen Höhepunktes. Auch die heutigen Freudenorgien auf dem Grün, die massenhaft verkeilten Leiber mit der Nähe zu Gruppensex und latenter Homosexualität – damals einfach unvorstellbar, igittigitt. Der Akt der Netzberührung, die ballbreite Überschreitung der Kreidelinie, kurz: der Sinn des Spiels, das treffliche Tor – es wurde zu Oberligazeiten noch züchtig gefeiert. Kurz und knapp, dann wartete wieder das Leder im Mittelkreis. Mal eben die Arme hoch, ein Kreis von Gratulanten, ebenfalls hoch die Arme, das war's. Geschlossene Freude in der Epoche geschlossener Mannschaftsleistungen, abgekoppelt vom Torschrei auf den Rängen. Prüde Zeiten.

Heute sorgt sich die Deutsche Bischofskonferenz um das Wohl der jungen Fans, wenn vom Torhunger gesättigte Liebesszenen unter echten Männern von der neuen Sinnlichkeit künden. Die Keuschheit als Manndecker ist passé, immerhin sind Papst Wojtila und Kardinal Hengsbach Ehrenmitglieder »auf Schalke«.

Ohne Hemmung und völlig losgelöst vereinen sich dort und republikweit kickende Singles mit Stehtribünen. Fußballer wollen immer nur das eine, doch das Nachspiel hat die historische Standardstellung (»hoch die Arme«) phantasievoll überholt. Engelsgleich schwebt Jürgen Klinsmann, die Arme weit, beide Handrücken nach oben, den Oberkörper leicht vorn der Kurve entgegen. Ganz dichten Körperkontakt sucht Dortmunds Dikkel und verheddert sich spontan mit dem Hemd im Maschendraht. Andere, wie Stefan Kuntz, bevorzugen die Seifenoper und rutschen auf den Knien den Kollegen entgegen. Weitere Posen des individuell modernen Torjubels: der einfach gereckte Arm – stehend, gehend oder im vollen Lauf. Oder der einfach gereckte, aber kreisende Arm mit oder ohne gestreckten Zeigefinger. Oder das trommelnde Stakkato mit beiden Armen und Beinen wie Sprintertraining auf der Stelle. »Wutti« Wuttke verteilt beidhändig Küßchen wie der Karnevalsprinz. Die besten Salti vorwärts gibt es leider nur im fernen Madrid zu sichten, keiner turnt nach dem Tor so wunderbar real wie Hugo Sanchez. Willi Lippens kürte oft die Torfreude mit Handstandüberschlägen oder Radschlagen.

Der Wegbereiter aber war Lothar Emmerich, die »Rote Erde« in Dortmund Ort der Premiere.

Erste Saison der Bundesliga, 18. Spieltag, 25. Januar 1964, ein bitterkalter Samstagnachmittag, exakt 16.39 Uhr: die Geburtsminute des neuen Torjubels. Lothar Emmerich hatte mit der »linken Klebe« gegen Schalkes Mühlmann das 1:0 »gemacht«.

»Ich hatte mich unbeschreiblich über dieses Tor gefreut, völlig spontan. Ich lief die Tribüne entlang.« Und da packte er gleich zwei-, dreimal hintereinander diesen später legendären rechten Schwinger aus. Im Luftsprung, den Körper ganz nach rechts gedreht. Eine Eingebung des Augenblicks: Anregungen oder Vorbilder gab es für »Emma« nicht. Sechs Jahre lang zelebrierte er für die Borussenfans den Ur-Sprung: »Ja, es stimmt wohl, ich war wirklich der erste. Vor mir hat keiner so gejubelt.« Alle kamen nach ihm, auch Münchens Gerd Müller. »Er hat das fast so wie ich gemacht. Aber sehen Sie sich sein 2:1 im Endspiel gegen die Holländer an«, legt Lothar Emmerich wert auf den Unterschied von Original und Kopie, »da läßt er den Arm gerade. Das mit dem Schwinger hatte er nicht raus.«

»Kein Schiedsrichter wäre damals auf die Idee gekommen«, schüttelt er den Kopf über die Inquisitionen der Achtziger, »mir deswegen die gelbe Karte zu zeigen.« Die gab es noch gar nicht,

*So jubelte die »Emma« 135mal für den BVB in der Bundesliga.*

nicht einmal zeigefingernde Ermahnungen. Die Ahndungslust der Fußballpolizei wucherte erst mit der Präsentation der Farbkartons. Gelb für Uwe Rahn wegen zu langen Jubels. Die UEFA empfahl solches – wg. Spielverzögerung.

Kein Thema für Schiedsrichtertagungen in den Sechzigern, dabei lief Lothar Emmerich immer weitere Jubelwege. Nur einmal, zur Premiere eben gegen den Schalker Nachbarn, war die Tribüne der Laufsteg. Danach nur noch die Kurve. Und die »Rote Erde« hatte eine achtspurige Aschenbahn.

»Emma, lauf nicht so weit weg. Wir müssen alle hinterher«, hechelte Aki Schmidt dem Erstjubler Emmerich entgegen. Aber »Emma« war nie aufzuhalten.

Die völlig neue Inszenierung des Torjubels animierte den ZDF-Sportspiegel zu einem Dreh. »Herr Emmerich, zeigen Sie uns doch bitte einmal, wie sie damals gejubelt haben.« Rein in den Sechzehner, von dort der lange Marsch in die Kurve, und dann diese Sprünge. Einer wie er, Karosseriebauer aus Dortmund-Dorstfeld, von der Bezirksklasse in die Elite geschnellt, hatte immer ein gutmütiges Herz. »Herr Emmerich, unsere Aufnahmetechnik hat leider versagt. Würden Sie uns bitte noch einmal zeigen, wie das war mit dem Jubel?« Und er lief wieder an, »Emma« war immer geradeaus. »Herr Emmerich, es tut uns sehr leid, aber unser Kameramann meint, daß Sie uns bitte noch einmal...« Natürlich lief er ein drittes Mal. Und dreimal lief die Szene ohne Schnitt über den Schirm.

Später hat er es ihnen heimgezahlt, diesen Gebühreneinzugszentralen. Lothar Emmerich ist heute Verkaufsmanager für einen privaten Fernsehsender. Und über alte Fußballzeiten plaudert er leidenschaftlich und brillant. Zum Beispiel über die zusätzliche Trainingseinheit für den Rest der Mannschaft, wenn die Aschenbahn immer wieder zur verlängerten Bühne des Jubels wurde. Aki Schmidt und andere mußten nach dem Schalke-Debut noch einhundertviermal hinterherwetzen. »Emma«, nach dessen unverfälschter Revier-Rhetorik (»Gib mich die Kir-

*Tor von Lothar Emmerich gegen den HSV. Torwart Schnoor und Verteidiger Sand-mann sind machtlos.*

sche«) sich heute Thekenmannschaften taufen, brachte es auf 115 Bundesligatore. Der Schalker Geburtshelfer war sein elftes.

Nur der noch immergrüne Oldie Manni Burgsmüller traf öfter für die Schwarz-Gelben, 135 Tore kontierte das Schlitzohr zu Dortmunder Zeiten. »Zwanzig Tore mehr, das ist eine Saison«, rückt Emmerich die Statistik zurecht. »Manni« spielte tatsächlich ein Jahr länger als »Emma« für den BVB. Nur zwanzig Tore als die durchschnittliche Beute aus einer Spielzeit? Wie Bettelstudenten nehmen sich die herrschenden Schützenkönige Roland Wohlfahrt und Thomas Allofs mit siebzehn Treffern gegen die damaligen Bilanzen der Brunnenmeier, Seeler, Löhr oder Gerd Müller in den Gründerjahren aus. Lothar Emmerich bekam gleich zweimal hintereinander die »Kanone« als bester Torjäger kredenzt. 1966 mit 31 Toren, ein Jahr später hatte er gemeinsam mit Gerd Müller 28 Linienüberschreitungen.

Die Entscheidung zwischen beiden fiel im Aktuellen Sport-studio, in Berlin, zum ersten Mal in Farbe. Keine filigranen Feinfüßler traten da zum Torwandschießen an. Wer aus der Mitte kommt, kennt nur Ecken und Kanten. Lothar Emmerich traf einmal, Gerd Müller keinmal. Urvater Sepp Herberger besorgte die Siegerehrung.

Zwei weitere Ehrungen verbinden sich auf ewig in der Fuß-ballchronik mit dem Namen des Dortmunders. Einmal das Wembley-Tor zur England-WM gegen Spanien. Von links mit links. Von dort, wo der Strafraum auf die Außenlinie trifft. Ein Jahrhundert-Tor, aber »Sie hätten mal hören sollen, wie Seeler und Overath gemeckert hätten, wenn der nicht gepaßt hätte«. Lothar Emmerich wurde 1966 Vizeweltmeister. Wenige Wochen vorher, etwas weiter nördlich, holte seine Borussia erstmals einen Europapokal ins Land.

Am Abend vor dem Finale gegen Liverpool im Glasgower Hampden-Park schickte Trainer »Fischken« Multhaup seine Männer um halb elf in die Betten. Zehn Minuten später stand er in »Emmas« Zimmer. Mit Hans Tilkowski, Hoppy Kurrat und Siggi Held kloppte er einen Beruhigungs-Skat: »Es ging nicht um Kohle, und es war auch kein Alkohol dabei, wir konnten einfach nicht schlafen.« Stan Libuda schaute spionierend in die Blätter und stand zufällig neben der Runde. Er hatte noch schnell mit seiner Gisela in Gelsenkirchen telefoniert, auch Libuda fand noch keinen Schlaf. Aber so richtig hellwach waren alle nach dem kernigen Spruch von Chef-Coach Multhaup: »Wenn morgen nicht gewonnen wird, zahlt jeder fünftausend Mark in die Mannschaftskasse!« Dies entsprach der Siegprämie, viel Geld auch für Profis damals. Das saß – wie die Bogenlampe von Stan Libuda am Abend danach.

In der Verlängerung hob er aus vierzig Metern von der rechten Außenlinie den Ball bogenlampenförmig in das leere Liverpooler Tor. Libero Ron Yeats lief hilflos entsetzt hinterher. Und alles lief auf Libuda. Da war sie, die mannschaftliche Knutsch-

und Knubbelszene auf dem Rasen. Lothar Emmerich wird diesen Akt des Gruppen-Jubels nie vergessen: »Wie verrückt sind wir alle auf ihn zugelaufen. Lagen übereinander, untereinander. Fast erdrückt hätten wir ihn. Irgendwann bekam ich ihn zu erwischen.« Und Stan sagte im Augenblick allerhöchster fußballerischer Erfüllung: »Emma, ich glaub', die fünftausend brauchen wir wohl nicht mehr zahlen.«

## Skandal im Oberhaus:
## Überhöhte Handgelder und Zwangsabstieg

# »Herr Holst, Berlin liegt ja auf dem Mond«

Finanzbuchhalter Ziegler flog während der zweiten Bundesliga-saison zweimal am Berliner Gesundbrunnen ein. Der studierte Betriebswirt mit Doktorhut, stets akkurat in Anzug und Krawatte gekleidet, prüfte im Auftrag des DFB die Kassenbücher bei Hertha BSC Berlin. Dr. Ziegler kam beide Male nach Vorankündigung. Die Deckungslücken in den Bilanzen waren mit Bargeld und Barschecks gedeckt. Beim zweiten Prüftermin ließ sich das Loch in den Büchern mit 90 000 Mark stopfen, auf fünf Zimmer lag es in den Schreibtischen der Geschäftsräume verteilt.

Der schlaue Doktor kam ein drittes Mal. Ein schwarzer Freitag für Hertha, der letzte im Februar 1965. Herr Ziegler sagte diesmal unangemeldet »Guten Tag«, beugte den Kopf in die bekannten Bücher und fand rote Zahlen im Wert von 192 000 Mark – aber kein Bargeld.

Schatzmeister Herzog wollte dem Frankfurter Fahnder weismachen, daß die fehlende Summe bei der Hausbank angewiesen sei. Dort rief Dr. Ziegler flugs an und erfuhr, daß Hertha einen Kredit in Höhe des Deckungslochs beantragt hatte. Der Doktor legte den Hörer auf und beschlagnahmte die Kassenbücher. Ein nachgewiesener Verstoß gegen das Lizenzspielerstatut würde schlimmstenfalls den Zwangsabstieg bedeuten.

Hertha BSC geriet schon vor dem Start in die zweite Saison ins Zwielicht des Schwarzmarktes. Nationaltorhüter Wolfgang Fahrian heuerte in Berlin an und hatte bereits bei Eintracht Frankfurt unterschrieben. Porschefahrer Fahrian war nicht nachzuweisen, mehr als die erlaubten 10 000 Mark Handgeld kassiert zu haben. Aber Hertha war nicht liquide, obwohl in der ersten Saison am fünften Spieltag mit 85 411 Besuchern gegen den 1. FC Köln die erste und mit einem Zuschauerschnitt von fast 35 000 die zweite Rekordmarke gehalten wurde. Hertha verblüffte auch in der Hinrunde der zweiten Saison mit dem gleichen Besucherstrom. Weit vor Werder Bremen, das als abgeschlagener Zweiter nur auf 25 000 Zuschauer pro Spiel kam. Trotzdem wurde in Berlin nach der schwarzen Kasse gesucht. Und die Animositäten gegen das Hertha-Trio mit dem Vorsitzenden Siegfried Schmidt (Schleifmittelfabrikant), Spielausschuß-Obmann Wolfgang Holst (Automatenaufsteller) und Schatzmeister Günter Herzog (Beerdigungsunternehmer) wurden weiter gefüttert durch den Offenbacher Präsidenten Horst Gregorio Canellas (Gemüsehändler). Der nämlich klagte Hertha an, dem Spieler Siegfried Held monatlich 500 Mark auf das Konto zu packen, um sich mit diesem Vorkaufsrecht die zukünftigen Dienste des Talentes zu sichern. Und ganz nebenbei soll Held gebeten worden sein, für den Regionalligisten nicht immer die beste Leistung zu bringen. Hellwach und zum Exempel wild entschlossen war der Kontrollausschuß und sein Vorsitzender Dr. Claeßen. In erster Instanz, im feudalen »Frankfurter Hof« in Düsseldorf, wurde Hertha BSC zum Abstieg verurteilt. Die Verteidigungslinie erwies sich als unglaubhaft dünn. »Die fehlenden 192 000 Mark«, so wurde argumentiert, »stammen noch aus der Zeit vor Beginn der Bundesliga.« Damals, im Frühsommer 1963, wurde das gesamte Sammelsurium der schwarzen Schiebungen in den Oberligen mit einer Generalamnestie erledigt. Zudem rechneten die Hertha-Vorständler damit, daß der DFB das sportliche Politikum Berlin mit einer Geldbuße erhalten würde. Dem unerwarteten Erdrutsch des Statthalters bundesrepublikanischer Interessen in die Zweitklassigkeit folgte eine Posse nach der anderen. Der Berliner Traditionsverein spielte für lange Wochen Hollywood. Es gab ja die

Aussicht auf Berufung, und auch sportlich wollte man weg vom Tabellenende. Riegel-Rudi Gutendorf vom Meidericher SV wurde über die Mauer geflogen. Doch der Trainer lehnte den Wechsel ab, als er erfahren mußte, daß bei Hertha der Spielausschuß die Mannschaftsaufstellung mitbestimmt. Star-Trainer Janos Csaknady und Helmut Schneider, immerhin mit Borussia Dortmund zweimal Deutscher Meister, sagten aus gleichem Grund »Nein, danke«. Daraufhin übernahm mitten in der Rückrunde Gerichtsvollzieher Gerhard Schulte den Trainingsbetrieb. Eine eiligst einberufene außerordentliche Hauptversammlung servierte den gesamten Vorstand ab, der aber Tage später vom Ältestenrat wieder eingesetzt wurde. Dennoch blieb Hanne Sobeck, die Legende der Meistermannschaft von 1931, als gewählter Saubermann der Hoffnungsträger als Übergangs-Präsident.

Sobeck und Star-Anwalt Dr. Ronge, ein Monokelträger, fuhren mit zahlreichen vom DFB-Bundesgericht geladenen Gästen zur Berufung, die wieder in Düsseldorf stattfand, diesmal in einem schlichten, grauen Wirtshaus – eine symbolische Andeutung des einladenden DFB, daß zur vollen Übernahme des Ersturteils ein einfaches Ambiente ausreichte. Dennoch stolperte die überforderte Bedienung beständig über meterlange Kabel der Fernseh- und Radiostationen. Hertha hatte im Vorfeld eine Pressepolitik nach Art der Sickergrube betrieben: »Tut ihr uns nichts, tun wir euch auch nichts. Es gibt noch ganz andere Fälle, die auf die Anklagebank gehören.« Doch da hockte Hertha, und im Zeugenstand kippte der vormalige Vorsitzende Siegfried Schmitz um. Unter dem Druck der Beweise gestand er, die nicht verbuchten Gelder für illegale Zahlungen an Lizenzspieler verwandt zu haben. Der Dialog vor Gericht war kurz, bündig, aber ausreichend:

Chefankläger Dr. Claeßen zu Schmidt: »Wollen Sie uns sagen, für wen?«

Schmidt: »Jetzt noch nicht.«

*Akrobatisch klärt Uwe Witt vor Uwe Seeler. Links sieht Jürgen Rumor zu. Hertha und der HSV trennten sich in diesem Spiel 0:0.*

41

Monokel-Anwalt Ronge ergänzte: »Das ist den Spielern gegenüber eine Sache des Vertrauens, die wir nur im äußersten Notfall brechen.«

Ein Zitat von Schatzmeister Herzog garnierte die Endzeitstimmung: »Wenn ich heute rede, gibt es Hertha morgen nicht mehr.«

Das DFB-Bundesgericht bestätigte das Urteil der ersten Instanz. Hertha hatte in die nächsttiefere Klasse abzusteigen und 2 000 Mark Geldstrafe zu zahlen. Vier Tage später trat der Klub die Flucht nach vorn an.

Heinz Deutschendorf moderierte für den Sender Freies Berlin eine Enthüllungssendung, die um 22.15 Uhr in alle Wohnzimmer schimmerte. Hertha packte aus, Holst und Herzog beschuldigten vierzehn Bundesligisten, überhöhte Handgelder und Ablösesummen gezahlt zu haben. Nur zwei Klubs fehlten in der Litanei der Sünden: die Absteiger Schalke und Karlsruhe.

Zwanzig Spieler nannten die Hertha-Funktionäre in der knappen Sendezeit von dreißig Minuten. Fünfzehn weitere habe man in petto. Auch die Aufstiegkandidaten Bayern München und Mönchengladbach hätten schnell begriffen, daß vom Butterbrot in der Bundesliga niemand satt würde.

Konkret lauteten die Vorwürfe, der 1. FC Kaiserslautern habe für den holländischen Nationalspieler Co Prins 120 000 Mark gezahlt. Bernd Patzke sei für die Hälfte und 25 000 Mark Handgeld von Berlin zu München 1860 gewechselt. Acht weitere Nationalspieler hätten überhöhte Handgelder kassiert. Der Eidgenosse Rolf Wüthrich sei für 70 000 Mark Ablöse nach Nürnberg gewechselt. Und einmal voll drauf, machten Holst und Herzog vor dem eigenen Stall nicht halt: Jawohl, für Nationaltorhüter Wolfgang Fahrian habe man 80 000 Mark auf den Tisch gelegt. Frankfurt hätte 85 000 und der VfB Stuttgart 60 000 Mark geboten.

Die Angegriffenen reagierten mit Empörung, der DFB gar nicht. Die Frankfurter Fußballinstanz verwies die attackierten

Klubs auf den ordentlichen Rechtsweg und die Beleidigungsklage. Damit war der »Fall Hertha« erledigt und ein möglicher Skandal mit Flächenbrand ausgesessen. Niemand der beschuldigten Vereine klagte gegen Hertha. Lediglich aus München kam die Kunde, daß Berlins Schatzmeister Herzog vor dem Spiel am 7. Dezember 1963 dem Sechziger Mittelläufer Alfons Stemmer zwei Tausender zugesteckt haben soll, damit »das Toreschießen leichter fällt«. Hertha gewann tatsächlich in München mit 2:1. Auch dieser Bestechungsvorwurf durfte, unbeanstandet von ordentlichen Gerichten, behauptet werden. Ein Grund mehr, alle Kübel über Hertha zu kippen.

Überhöhte Ablösegelder wie bei Fahrian oder Überzahlungen bei den westdeutschen Berlin-Hilfen wie bei Jürgen Sundermann oder Willibert Kremer, Treuprämien bis zu 45 000 Mark für die Eigengewächse Faeder, Altendorf, Eder oder Schimmöller waren statutenwidrig, aber bei fast allen Vereinen normale Praxis. »Aber von hundert Sündern«, befand DFB-Generalsekretär Hans Paßlack, »finden wir höchstens einen Dummen.« Hertha war so dumm und hoffte vergebens auf den Vorschlag von HSV-Präsident Mahlmann angesichts der Tragweite des Skandals: »Amnestie nach hinten – Freizügigkeit nach vorne.« Doch 14 der 16 Bundesliga-Präsidenten mochten das erst zwei Jahre junge und schon marode Lizenzspielerstatut nicht geändert wissen – entgegen besseren Wissens. Anwalt Ronge, der trotz Monokel vom Fußball nicht die Bohne verstand, sagte vor den Düsseldorfer DFB-Richtern mit markigen Worten das Treffendste, was über diesen Papiertiger an Statut je gesagt wurde: »Es hat den Nachteil seines größten Vorzugs: Seine Schöpfer waren Idealisten.«

Wie weit der Idealismus vor dem ersten Anpfiff bereits gediehen war, verdeutlichte Wolfgang Holst aus der Erinnerung von über 26 Jahren. Der einstige Spielausschuß-Vorsitzende, der schillernd wie kein anderer Vereinsfunktionär mehrmals allen Ehrenämtern enthoben wurde und heute die Silberne Ehrenna del Herthas trägt, lernte die geographische Insellage Berlins im Frühjahr 1963 bei einem Ausflug nach München kennen. Dort führte er Vertragsgespräche mit Bayern Münchens Willi Giesemann. Als es ums Geld ging und das Angebot auf den Tisch kam, sah der spätere HSV-Spieler verwundert in die Luft, breitete die Arme aus und zuckte bedauernd mit den Schultern: »Herr Holst, ich wußte, daß Berlin ein ganzes Stück entfernt ist. Aber daß es so weit weg ist, das hätte ich nicht gedacht. Berlin liegt ja auf dem Mond.«

Das Ende der Landung ist kurz erzählt: Hertha mußte absteigen, die Absteiger Schalke und der Karlsruher SC durften erstklassig bleiben, gleichzeitig wurde die Liga auf 18 Klubs aufgestockt. Die Handgelder wurden um 5 000 Mark erhöht, und erstmals tauchte die Vokabel »Transferliste« auf.

Nach der erfolgreichen Fahndung nach den schwarzen Kassen bei Hertha BSC gab es eine neue Suchmeldung. Radio Luxemburg und der Deutschlandfunk verbreiteten laufend Reiserufe: »Bitte sofort in Berlin anrufen.« Als letzter wurde der Fußballer Helmut Fiebach von der österreichischen Gendarmerie auf einem Campingplatz entdeckt. Tasmania 1900 durfte nämlich für Berlin in die Bundesliga, und alle waren in Urlaub.

Hans-Günter Becker, der leidgeprüfte Kapitän
von Tasmania 1900 Berlin, erinnert sich:

## »Ja, wollt ihr denn gar keine Mauer machen?«

Sie halten bis heute und vielleicht auf ewig den negativsten aller
Negativrekorde, spielten nur für einen Sommer und eine Saison,
hatten die wenigsten Tore geschossen und die meisten kassiert.
Niemand kam auf weniger Pluspunkte oder hatte mehr Minus-
zähler. Nur ein einziges Spiel der Bundesliga sahen weniger als
eintausend Zuschauer, ausgerechnet Mönchengladbach trat vor
856 Besuchern in Berlin auf. Tasmania 1900 war auch der einzige Klub, der an Sylvester um Punkte spielte. Und Hans-Günter
Becker, oder einfach »Atze«, war ihr Kapitän.

Sechs Wochen vor der dritten Bundesligasaison hatte sich der
DFB für Tasmania als Berliner Notopfer für die verbannten
Herthaner entschieden. Die Spieler erfuhren von ihrer Beförde-
rung im Urlaub. »Der ganz große Fehler war«, sagte Atze Becker
damals wie heute, »daß wir dieses Angebot angenommen hatten.« Der Kapitän schlug vor, den geschenkten Aufstieg zu ver-
tagen: »Der DFB wußte doch, daß wir sofort wieder absteigen.
Berlin hat dann sein Bonbon gehabt, der Abstieg ist dann eine
sportliche Entscheidung. Nee, nee, wir hätten sagen müssen:
Schönen Dank, lieber DFB, aber nicht für diese Saison. Wir be-
reiten uns man lieber für ein Jahr vor.«

Genau diese Worte sprach Hans-Günter Becker (»Mir war
doch klar, was da läuft«) im Mai 1965 vor dem Präsidium der
Tasmanen und traf auf taube Ohren. Durchgesetzt hat er sich
nur mit den Gehältern. Der Kapitän handelte für die Mannschaft hohe Festbezüge und geringe Siegprämien aus. Gleich
am ersten Spieltag, nach dem 2:0 gegen den Karlsruher SC vor

80 000 im Olympiastadion, wurde er von den Kameraden rundweg »für bekloppt erklärt«. Vom dritten Spieltag an behielt Bekker recht, Tasmania gab die Laterne nicht mehr ab: »Von da an waren wir abgefrühstückt.« Nach dem ersten Heimspiel gegen den KSC gewannen sie auch das letzte. Mit einem 2:1 gegen Borussia Neunkirchen. Dazwischen lagen ganze vier Unentschieden und unbarmherzige 28 Niederlagen. Für Atze Becker »einfach eine einmalige, eine unvergeßliche und trotz alledem eine schöne Zeit«. Mit Galgenhumor damals und lebhaft leuchtenden Augen heute ging er durch das Tal der Tränen, die nicht nur Trauer kannten. Bei Tasmania durfte auch gelacht werden. Zum Beispiel bei Bayern München. Wenige Wochen vor dem entscheidenden Qualifikationsspiel in Schweden für die WM in England standen sich im Grünwalder Stadion der Altstar und »Vater der Grätsche« Horst Szymaniak und der 19jährige Franz Beckenbauer gegenüber. In Göteborg spielten beide in der Nationalelf, »und gegen München«, erzählt Atze Becker, »hat Schimmi uns unwahrscheinlich heiß gemacht. Wenn wir die schlagen, ist das die Sensation«, hatte Szymaniak das Duell gegen den jungen Beckenbauer zur privaten Prestigefrage erhoben. »Zwischen beiden lagen Welten«, machte die Presse »Schimmi« zum klaren Punktsieger, aber Tasmania verlor mit 1:2. »Es lag wie immer am Sturm, wir hatten vorne einfach keinen«, urteilt Kapitän Becker über das ständige Scheitern. Da war zum Beispiel Uli Sand, von Wacker 04 gekommen. Ein Stürmer, unbeweglich mit extremen O-Beinen und ganz kurzen Hebeln. Nur ein Experte für Bananenecken und Freistöße. Aber was für einer!

Freistoß für Tasmania, der Ball lag noch zwei Meter in der Bayernhälfte. Sand ließ sich Zeit, nahm einen irre langen Anlauf, stoppte ab und fragte die ungläubigen Bayern: »Ja, wollt ihr denn gar keine Mauer machen?« Das gesamte Münchner Mittelfeld krümmte sich vor Lachen. Sepp Maier kam aus dem Tor. Der Karl-Valentin-Parodist verstand nichts und wollte gern

*Atze Becker klärt per Kopf vor Charly Dörfel. Tasmanias Keeper Roloff braucht dies-*
*mal nicht einzugreifen.*

mitlachen. Uli Sand wiederholte mit allem Ernst seine Frage
und forderte letztmalig mahnend zum Mauerbau auf. Doch
Rigotti, Nafziger, Kupferschmidt und Co. hielten sich nur die
Hände vor den Bauch. Sand lief an und hämmerte die Kugel
über Maier hinweg. Der stand am Sechzehner und kratzte sich
wundersam den Hinterkopf. Der Freistoß strich um eine Ballbreite über den Querbalken. Eine andere Anekdote nahm zu
dieser Saison bei Tasmania ihren Lauf und zog durchs Land.
Die einzig echte Version, wie sie wirklich war, erzählt Atze Bekker schenkelklopfend. Die Geschichte von Horst Szymaniak
und der Prozentrechnung. »Schimmi«, ganz überwiegend mit
dem Füllhorn der fußballerischen Gaben gesegnet, wurde nach
italienischen Impressionen in Catania, Varese, Inter Mailand
und einem Kurzgastspiel in den USA nach Berlin geholt. »Ein
Instinktfußballer und Kumpel, der sein letztes Hemd auszog«,

erinnert sich Becker, »und nicht humorlos.« Wie er es denn aushalten würde bei den ständigen Niederlagen, wurde Szymaniak einmal gefragt, der prompt zum besten gab: »Ausgezeichnet, wir peitschen doch die gesamte Bundesliga vor uns her.«

Atze Becker, so die Anekdote, der alle Gehälter mit Ausnahme Horst Szymaniaks aushandelte, wurde von »Schimmi« an den Schreibtisch des Präsidiums gebeten: »Komm, Atze, du mußt mir helfen. Ich glaub', die wollen mich verarschen.« Szymaniak war vertraglich am Zuschauerschnitt beteiligt und stöhnte: »Die haben mir fünfzig Prozent versprochen, ich hab das schriftlich. Und jetzt wollen die mich mit Zweidrittel abspeisen. Ich hab das schriftlich.« Zeuge Becker zitiert das »Einlenken« des Vorstandes: »Na gut, Horst, wenn du das schriftlich hast, dann müssen wir eben in den sauren Apfel beißen. Dann kriegst du deine fünfzig Prozent.« »Charly, zwanzig Tore kannst du von mir aus machen«, schrie Uwe Seeler zwei Wochen später Rechtsaußen Dörfel im Volksparkstadion an, »aber nicht unseren Gegner lächerlich machen.« Der HSV spielte die Tasmanen, wie Becker berlinert, »um und dumm«, und Charly Dörfel wollte die Laternen-Elf bös verulken. Den Ball durch die Beine tunneln, sich einfach mal draufsetzen, mit beiden Hacken lupfen und über den Kopf spielen. Bis es Uwe zu dumm wurde: »Charly, ich will das nicht noch mal sehen.« Für Atze Becker eine eindrucksvolle Erinnerung. Uwe Seeler nach dem Spiel zum Kapitänskollegen: »Danke schön für euer faires Spiel.«

Fair waren die Tasmanen wirklich, das ganze schlimme Jahr lang: kein Platzverweis, nur vier verhängte Elfmeter im langen Kampf ohne jede Hoffnung. Die Motivation gegen die ganz Großen, gegen die Grabowskis und Overaths zu spielen, hielt die Berliner aufrecht. Die Faszination der jungen Bundesliga ließ bis zum allerletzen Schlußpfiff die Augen leuchten. »Wir sind nie mit der Einstellung ins Spiel gegangen«, sagt Becker, »daß es für uns sowieso nix zu gewinnen gibt.« Der zweite Sieg im letzten Heimspiel steht dafür. Längst waren da alle Ligalichter aus. Und zum letzten Spiel in Schalke, ohne Geld in der Kasse, ging's mit dem Bus. Berlin – Gelsenkirchen, hin und zurück, ohne Hotel.

Dabei meinte Wolfgang Overath in Müngersdorf auf halber Strecke zu Hans-Günter Becker: »Ihr habt sehr gut gespielt, ihr seid doch kein Absteiger.« Ein sensationelles 0:0 im Pokal hatte Tasmania gegen die kompletten Geißböcke gemacht. Auf dem Weg zur Dusche antwortete Atze dem Nationalspieler: »Ach, weißt du, ihr hattet doch heute die halbe Reserve auf dem Platz. Stell dir nur mal vor, der Overath wäre dabeigewesen.«

Acht Jahre danach wurde Hertha
zur »dritten Kraft« in der Liga

# Der Himmel über Berlin war blau-weiß

Wie heißt der Trainer von Hertha BSC: Max Merkel, Helmut
Kronsbein oder Axel Springer? Wer da im Frühjahr 1971 richtig
tippte, war einen Schritt weiter auf dem Weg zum Hauptgewinn
im Berlin-Preisausschreiben einer Münchener Zeitung. Und
manch einer mag in die Falle getappt sein, denn der Pressezar
tauchte damals durchaus schon mal im Trainingslager auf, um-
ringt von staunenden Fußballprofis, die gar nicht wußten, ob sie
während der Ansprache des berühmten Besuchers eigentlich
noch Kaugummi kauen durften.

Berlin und die Bundesliga: ein Kapitel für sich, und ein
durchaus politisches obendrein, seit die »Profiliga BRD/WB«
zwei Jahre nach dem Mauerbau den Spielbetrieb aufnahm. Jene
sperrige Bezeichnung hatte der Liga die DDR-Presse verliehen,
die natürlich ganz und gar nicht der Springerschen Meinung
war, die Hertha und ihre Spieler hätten als Repräsentanten der
geteilten Stadt auch eine politische Mission.

Für den DFB war es 1963 keine Frage, daß auch seinem
kleinsten Regionalverband ein Platz in der Bundesliga zustand,
und schon im Januar benannte der zuständige Ausschuß Hertha
BSC als Berliner Vertreter. Der zweimalige Deutsche Meister
(1930 und 1931) unterstrich seine Nominierung im selben
Frühjahr durch den Gewinn der Stadtliga und ging hoffnungsvoll in die letztmalig ausgetragene Endrunde, bezog dort aber,
nicht zum ersten Mal, vorwiegend Niederlagen. Allein in den
vier Spielen gegen die Klubs aus Köln und Nürnberg setzte es
18 Gegentore.

Verstärkungen mußten her, wenn das Bundesliga-Abenteuer nicht alsbald in einem Fiasko enden sollte. Die Verstärkungen fanden sich ein, das Fiasko ebenfalls: Rehhagel, Klimaschefski, Rühl, im zweiten Jahr auch Sundermann und Kremer, allesamt West-Importe (und später erfolgreiche Bundesliga-Trainer), erkämpften zwar mit den verbliebenen Berlinern sowie Ex-Nationaltorwart Fahrian zweimal knapp den Klassenerhalt, wobei im März 1965 auch schon die taktische Variante »Trainerrausschmiß« zur Anwendung kam (Gerhard Schulte löste Jupp Schneider ab). Doch als herauskam, daß Bilanzen frisiert und die Legionäre durchweg besser entlohnt worden waren, als es das Lizenzspieler-Statut damals zuließ, war der erste Bundesliga-Skandal da und die alte Reichshauptstadt draußen. Oder?

Damit sie drinbleiben konnte, hievte der DFB das sportlich nicht qualifizierte Team von Tasmania 1900 in die Liga, die nunmehr 18 Vereine umfaßte. Nicht ganz ohne politischen Druck: »Es besteht kein Zweifel«, meinte etwa der Sport- und Jugendsenator Kurt Neubauer in einem Spiegel-Interview, »daß die Menschen in Ost-Berlin und in der Zone besonders an einem Berliner Bundesliga-Verein interessiert sind ... Die Zone schaut eben besonders auf Berlin.«

Das hatte sie übrigens schon 1951 getan, als der Deutsche Sportausschuß (DS) der DDR dem VfB Pankow trotz 7:61 Punkten und 131 Gegentoren den Oberliga-Abstieg erließ, weil dieses Kollektiv doch als Repräsentant der Hauptstadt und des Regierungsviertels ... aber solche vorwitzigen Vergleiche wagte 1965 niemand anzustellen. Daß den Tasmanen ein Bärendienst im doppelten Sinne erwiesen wurde, schwante ihnen nach den ersten hohen Niederlagen bald selbst. In die Bundesliga-Geschichte gingen sie mit 8:60 Punkten, 108 Gegentoren und dem vermutlich erfundenen, trotzdem berühmten Zitat ihres linken Verteidigers ein: »Ich heiße Finken«, erfuhr sein Gegenspieler, »und du wirst bald hinken.«

Währenddessen mühten sich der DFB-Ligaausschuß um realistischere Rahmenbedingungen für den bezahlten Fußball und die Hertha um den Wiederaufstieg; er gelang erst im dritten Anlauf, 1968, als schon vieles darauf hindeutete, daß es früher oder später zu einer Begnadigung und Wiederaufnahme des Traditionsvereins in die Eliteklasse kommen würde. Zwei Jahre lang hatte es in Berlin nach Tasmanias Abstieg Bundesliga-Fußball nur im Fernsehen gegeben.

Nun also hatten sie sich aus eigener Kraft wieder hineingekickt (Bestechungsgerüchte, die nach dem Aufstiegsspiel in Hof umgingen, blieben unbewiesen): Lothar Groß, Hans-Joachim Altendorff, Reservetorwart Hans-Jürgen Krumnow und Hans Eder, der jetzt Trainer-Assistent wurde. Nur diese vier Original-Berliner waren aus dem 1965 zwangsabgestiegenen Team übriggeblieben, das man nach und nach mit einem halben Dutzend »Wessis« sowie zwei Österreichern wieder aufgefüllt hatte. Nach wenig bewährtem Rezept also, doch diesmal ganz legal und, den Unkenrufen zum Trotz, mit Erfolg.

Der Westfale Helmut Kronsbein, seit Sommer 1966 Hertha-Trainer, fand die richtige interregionale Mischung und impfte ihr auch das nötige Selbstvertrauen ein, mit dessen Hilfe das Olympiastadion endlich zu einer wirklichen Bastion gemacht wurde. Vorbei waren nun die Zeiten, da jeder zweite Heimpunkt verloren worden war, und nur 39 Gegentore, davon ganze zwölf in den Heimspielen, machten die neuformierte Abwehr des Aufsteigers um Libero Uwe Witt auf Anhieb zur drittstärksten der Liga. Das war 68/69 die Grundlage zum Klassenerhalt im schwersten Abstiegskampf der gesamten Gründerjahre und ließ noch größere Dinge erhoffen.

Mit Nationalspieler Bernd Patzke, der über Lüttich und München nach Berlin zurückfand, dem Pfälzer Lorenz Horr und den Südost-Importen Laszlo Gergely und Zoltan Varga kamen weitere Stars an die Spree, und die Gegner kamen fortan gar nicht mehr so gern. Fast alle mußten geschlagen wieder abreisen, die Dortmunder bekamen mal neun Tore und die Gladbacher vier. Gesamtbilanz 1969 bis 1972: zwei dritte Plätze, ein sechster, von 51 Heimspielen 38 gewonnen und nur drei verloren. Und die Zuschauer strömten: In den drei ersten Jahren nach dem Wiederaufstieg kamen insgesamt 2,18 Millionen, im Durchschnitt fast 43 000 pro Spiel, wohlgemerkt drei Jahre lang, bevor es 71/72 plötzlich sehr viel weniger wurden. Über 88 000 sahen am 27. September 1969 das 1:0 gegen den 1. FC Köln – Bundesliga-Rekord noch heute. Blau und Weiß waren quasi die inoffiziellen Stadtfarben, Juventus Turin und beide Mailänder Renommierklubs wurden im Messe- und UEFA-Cup in Berlin besiegt – ein Glanz, in dem sich auch ein Großverleger sonnen konnte, sah er doch seine milden Gaben (man sprach von mindestens zweimal 300 000 Mark) gute Früchte tragen. Bis dann doch wieder der Wurm aus ihnen herausgrinste. Eine der drei erwähnten Heimniederlagen, das verkaufte 0:1 gegen Arminia Bielefeld, ließ die Hertha in der Zuschauergunst und im Jahr darauf, als fünfzehn Spieler gesperrt wurden, auch in der Tabelle jäh abstürzen. Beides konnte sie wenige Jahre später wieder einrenken (vorübergehend, bevor es abermals abwärts ging), doch Trainer Kronsbeins Hoffnung auf eine Doublette besonderer Art erfüllte sich nicht mehr. Er hatte für seinen früheren Verein Hannover 96 nicht nur den Bundesliga-Aufstieg, sondern – bereits zehn Jahre zuvor – auch eine Deutsche Meisterschaft geholt. Dieser Titel schien in den frühen Siebzigern, trotz Gladbach und Bayern, auch für Hertha BSC nicht völlig außer Reichweite, doch ein Spiel genügte, um den Traum zunichte zu machen.

Ob und wie es Zoltan Varga bewerkstelligt haben kann, in jenem ominösen Spiel einen Freistoß täuschend echt an das Arminen-Gebälk zu zirkeln, gehört zu den bis heute ungelösten Rätseln der Fußball-Geschichte.

1966 offenbarte sich im schier aussichtslosen
Schalker Abstiegskampf die »Liebe im Revier«

## Der Stolz der kleinen Leute

Schalke 04 ist ein Verein, an dem schon alte Freundschaften
zugrunde gegangen sind. Für oder gegen diesen Club zu sein,
kommt einer Weltanschauung nahe, die man nicht mehr ver-
wirft.

Ein Trumpf der Gegner der Blau-Weißen war immer, daß
»wegen Schalke« 1965 die Bundesliga auf 18 Vereine aufgestockt worden sei. Diese »ungeheuerliche Bevorzugung« der
Knappen – Schalke-Fans sehen ihren Club dagegen als einen der
am meisten Benachteiligten in Deutschland in den Grenzen vor
1937 – hatte für die Gelsenkirchener aber eigentlich nur Nach-
teile. Im Grunde genommen spielte der DFB mit den Königsblauen wie die Katze mit der Maus. Was war geschehen?

Mit einem wahren Star-Aufgebot, in dem nicht wenige den
neuen Deutschen Meister zu erkennen glaubten, waren die
Schalker in die Saison 1964/65 gestartet. Doch die Spielzeit
wurde zu einem umfassenden Fiasko. Von Beginn an zierten die
Königsblauen das Tabellenende. Querelen unter den Spielern,
ewiges Theater hinter den Kulissen – auch wenn man sich zum
Schluß gegen den Abstieg aufbäumte, zu verhindern war er
nicht mehr. Nach 30 Spieltagen war Schalke nicht mehr erstklassig – für Tausende brach eine Welt zusammen. Die enttäuschenden Stars verließen zuhauf den Klub. Gyula Toth ging
zum 1. FC Nürnberg, Hansi Nowak zu Bayern München, Bechmann nach Aachen, Gerhardt zur Fortuna nach Düsseldorf,
Willi Koslowski zum Nachbarn RWE, das große Talent Reinhard Libuda heuerte beim BVB in Dortmund an. Willi Schulz

*Prallvoll war die Glückauf-Kampfbahn im entscheidenden Abstiegsspiel Schalke gegen Neunkirchen. Auf dem Bild spielt Neunkirchens Libero Leist den Ball vor Schalkes Regisseur Günter Hermann.*

schließlich – der sich eher die Beine abhacken lassen wollte, bevor er Schalke verlassen würde – folgte dem Ruf Uwe Seelers und wurde am Hamburger Rothenbaum heimisch. Von ihm ist die tragische Geschichte überliefert, daß die verbitterten blau-weißen Fans nach seinem Weggang dessen Kneipe am Schalker Markt boykottierten und ihr Bier demonstrativ am gegenüber-liegenden Kiosk tranken. Leider gehörte »die Bude« aber eben-falls dem umtriebigen »World-Cup-Willy«, wie er nach der WM in England später überall genannt werden sollte. Doch in der Folge des Hertha-Skandals blieb den Gelsenkirchenern der Abstieg erspart, die Bundesliga wurde aufgestockt, Schalke blieb in der Elite-Liga. Aber mit welcher Mannschaft? Fritz Langner hatte für die Regionalliga West disponiert, die Mannschaft soll-te mit jungen Leuten von Grund auf neu aufgebaut werden, kei-ne Spur von Bundesliga-Reife. Obwohl nach Beendigung der offiziellen Wechsel-Fristen Schalke noch zwei erfahrenere Spie-ler – Alfred Pyka von 1860 München und Amateurnationalspie-ler Gerd Neuser von Sportfreunde Siegen – verpflichten durfte, waren die Aussichten, die Klasse zu erhalten, mit diesem »Spie-lermaterial« gleich null. Damals, anders als heute, durfte der Kader während der Saison ja nicht ergänzt werden. Immerhin blieb Hoffnungsträger Günter Hermann.

Der Regisseur war, bevor er sich unter den zahllosen Angebo-ten einen neuen Verein aussuchen wollte, erst einmal in die Schweiz in Urlaub gefahren. Dort gabelten ihn die Schalker mit der Kunde ihrer wundersamen Rettung auf. Hermann blieb. Mit ihm Kapitän Manni Kreuz, die Verteidiger Becher und Rausch, der Torwart Mühlmann und der Stürmer Harald Klose, einem an sich begnadeten Talent, dem nur nicht abzugewöhnen war, stets den Kopf gesenkt zu halten; deshalb soll es vorgekommen sein, daß er sich mit dem Ball am Fuß in tadelloser Haltung bis auf die Kurt-Schumacher-Straße durchgedribbelt hatte. Ansonsten gab es in dieser Zeit am Schalker Markt aber für Flachs keinen Anlaß.

Die Spielzeit begann mit einer höchst unglücklichen 0:1-Nie-derlage beim VfB Stuttgart, wobei einem der jungen Schalker das entscheidende Eigentor unterlief, der in den folgenden Jahren noch Bundesligageschichte schreiben sollte: Klaus Fichtel.

*Es sieht so aus, als würde Torhüter Ertz den Ball locker fangen. Aber Schalkes Karl-Heinz Bechmann erzielt in dieser Szene das 1:0 für die Königsblauen.*

Was folgte, waren happige Auswärtsniederlagen in Serie und Heimspiele einer ganz besonderen Art, auf die Schalke die einzige Hoffnung setzte. Alle 14 Tage platzte die Glückauf-Kampfbahn aus allen Nähten, wenn die jungen Knappen ihre überwiegend aussichtslos anmutenden Kämpfe gegen die übermächtige Konkurrenz aufnahmen. Der erste Sieg wurde am 8. Spieltag mit 2:1 über den Hamburger SV errungen – Schalke stand da auf dem 16. Platz, Gerd Neuser und Heinz Pliska schossen die Tore. Die Atmosphäre in der Glückauf-Kampfbahn war mit der heutigen Plastik-Bundesliga nicht zu vergleichen. Es gab keine bösen Sprechchöre gegen den Gegner, keine Pfiffe, wenn Fehlpässe der eigenen Mannschaft nervten. Vielleicht waren es Messen – 40 000 beteten um ihren FC Schalke. Die Gesänge – »Aber eins, aber eins, das bleibt bestehen, der FC Schalke wird nie untergehn« – verursachten nicht einfach nur Gänsehäute, die Leute, die da sangen, waren keine »Schlachtenbummler«, ausgewiesen durch Fahne, Hut und Tröte. Es war auch kein bierseliges Gröhlen aus Freude oder Ärger. Mir fällt kein anderer Vergleich ein: Die Leute sangen wie in der Kirche. Ernsthaft, bemüht, den richtigen Ton zu treffen, ergriffen. Viele kamen direkt von der Schicht, manche hatten noch ihre Arbeitstaschen mit, samstags war damals Regelarbeitstag, zumindest für das Schalke-Publikum.

Die Saison nahm ein gutes Ende. Der 32. Spieltag, es war genau am 15. Mai 1966, brachte den Blau-Weißen die Rettung. In der natürlich ausverkauften Glückauf-Kampfbahn wurde der direkte Konkurrent Borussia Neunkirchen 2:0 bezwungen, Schalke blieb der Bundesliga erhalten. Als Manni Kreuz fünf Minuten vor Schluß die endgültige Entscheidung herbeiführte, sangen 36 000 Vorläufer der heutigen »Fans« bis zum Schlußpfiff das Vereinslied, das noch kilometerweit zu hören war. Die Strophe, in der von den tausend Freunden zu singen ist, die zusammenstehn, nahm an diesem Nachmittag Gestalt an. Klaus Fichtel, lange Zeit Rekord-Bundesliga-Kicker, mit allen Wassern gewaschener Profi, 23facher Nationalspieler und WM-Teilnehmer, sagt auch heute noch, das Spiel gegen Borussia Neunkirchen sei das größte Erlebnis, das ihm in seiner Laufbahn widerfahren ist. An diesem 15. Mai konnte der FC Schalke nicht einfach dem Abstieg entgehen – der Stolz der kleinen Leute wurde noch einmal gerettet. Die Krise des Bergbaus ging dem Höhepunkt entgegen, viele Menschen im Kohlenpott sorgten sich um ihre Existenz, befürchteten eigenen sozialen Abstieg. Doch »ihr« Verein – der FC Schalke – blieb erstklassig.

Richtig absteigen sollte er erst 14 Jahre später, aber »untergehn« wird er wohl doch nie.

Sechs Jahre danach mußten auf Schalke
21 Elfmeter ein Pokal-Halbfinale entscheiden

# Der Tag, an dem Norbert Nigbur unsterblich wurde

Zu Beginn der siebziger Jahre konnten die Schalker Knappen durchaus mit Erfolgen glänzen: 1972 wurden die Blau-Weißen Pokalsieger und zudem noch Vizemeister. Doch der Bundesligaskandal hatte schon seinen Schatten über die wohl beste Schalker Nachkriegsmannschaft geworfen. Weniger das Finale (5:0 gegen Kaiserslautern in Hannover) wird im Gedächtnis haftenbleiben, als das Halbfinale gegen den 1. FC Köln. Nach dem Spiel – es dauerte alles in allem mehr als zweieinhalb Stunden – blieben die Spieler auf dem Rasen und die Zuschauer auf den Rängen noch minutenlang sitzen. Sie waren Zeugen einer der wahnsinnigsten Begegnungen in der Geschichte des deutschen Fußballs geworden.

Im DFB-Pokal waren Experimente angesagt: Um den Wettbewerb attraktiver zu gestalten, gab es 1971/72 Hin- und Rückspiele. Doch das Gegenteil des Erwünschten tauchte bei der Endabrechnung unter dem Strich auf: Favoritenstürze – das Salz in der Pokalsuppe – waren ausgeblieben, die »Großen« machten gegen Außenseiter spätestens in den Rückspielen alles klar.

Im Halbfinale kam es zur Auseinandersetzung zwischen dem 1. FC Köln und Schalke 04. Die Geißböcke hatten eine Star-Truppe, die einmal mehr in der Meisterschaft nichts auf die Reihe bekam. Nun wollten sich Overath und Co. im Pokal schadlos halten. Schalke hatte die jüngste Mannschaft der Bundesliga, die phasenweise schon mit drei Punkten Vorsprung der Konkurrenz in der Liga enteilt war. Zum Ende der Saison ging den »Horvath-Löwen« etwas die Puste aus. Doch sie blieben ohne

*Elfmeter-Töter Norbert Nigbur*

Zweifel die zu dieser Zeit beliebteste Fußballmannschaft in der Bundesrepublik. Die Glückaufkampfbahn war – ständig ausverkauft – zur Pilgerstätte geworden. Zwei Stunden vor Spielbeginn hallten die »Schalke-Schalke«-Chöre über die Kampfbahn hinüber ins Bergerfeld, wo sich heute ein Fußballabgrund auftut: das Parkstadion.

Auch an jenem denkwürdigen 10. Juni 1972 waren 35 000 gekommen, die auf eine Wende hofften, denn die Schalker waren im Hinspiel in Köln mit 1:4 eingegangen; es sprach nicht sehr viel dafür, daß dieser Rückstand noch aufzuholen war.

Doch die Blauen machen in der ersten Halbzeit das beste Spiel der ganzen Saison. Nach 41 Minuten stand es durch Tore von Rüßmann, Fischer und Scheer 3:0, der Vorsprung der Kölner war dahingeschmolzen wie Butter in der Sonne. Die Fans waren außer Rand und Band: »Heut schlachten wir den Ziegenbock – hopp, hopp, hopp!« Doch der Ziegenbock schlug zurück. Noch vor der Pause schoß Löhr den Anschlußtreffer und nach einer Stunde war es wieder der Hennes, der den Anschlußtreffer zum 2:3 per Foulelfmeter erzielte. Insgesamt hieß es nun wieder 6:4 für Köln. Die Spielzeit verronn. Schalke schien geschlagen. Erst recht, als Beverungen in der 80. Minute einen Elfmeter verschoß. Doch die Horvath-Elf gab nicht auf, berannte bis zum Schluß, frenetisch angefeuert, das von Gerd Welz gehütete Tor. Fünf Minuten vor Schluß erneut Elfmeter für Schalke und diesmal verwandelte der grandiose Helmut Kremers sicher. Die Kölner spielten nun auf Zeit, schindeten Sekunden bei jeder Gelegenheit, die Fans tobten. Schiri Heckeroth ließ fünf Minuten nachspielen, hatte die Pfeife schon zum Abpfiff im Mund, da wurde Rüßmann von Kapellmann im Strafraum umgerissen. Elfmeter Nummer vier in der regulären Spielzeit: Wieder verwandelte »Mano« Kremers zum 5:2 – Verlängerung.

Kaum zu glauben, daß die Dramatik dieses Spiels noch zu steigern war: Zehn Minuten vor Schluß bot sich den Kölnern die große Chance zum Sieg – Elfmeter Nummer fünf war fällig. Biskup schoß, doch der alles überragende Norbert Nigbur hielt an diesem Nachmittag seinen ersten Strafstoß.

Ein Elfmeterschießen mußte nun die Entscheidung bringen. Geschossen wurde auf das Tor hinter der Südkurve, wo die Fans in den Bäumen und auf den großen Werbetafeln hingen. Fischer und Löhr verwandelten sicher, dann vergab Libuda. Das Entsetzen der Fans in der atemlos stillen Kampfbahn löste sich in ohrenbetäubenden Jubel auf, als Nigbur den folgenden Schuß von Overath parierte und dann den nächsten für Schalke selbst sicher »versenkte«. Danach verwandelten Thielen, Helmut Kremers (zum dritten Mal!), Biskup, Erwin Kremers, Kapellmann, Fichtel und Simmet. Es blieb unentschieden. Auf der kleinen Stehtribüne fielen die Fans im Dutzend in Ohnmacht, als Klaus Beverungen seinen zweiten Elfmeter in diesem Spiel verschoß. Nun schien das Schalker Schicksal besiegelt. Siegessicher lief Jürgen Glowacz an, um alles klar zu machen – doch Nigbur hielt, er meisterte seinen dritten Elfmeter in diesem Wahnsinns-spiel!

Die Kölner waren nun mit den Nerven am Ende, dreimal hatten sie an diesem Nachmittag »Matchball«, doch sie scheiterten an Nigbur. Dann ist der Fußball-Spuk schnell vorbei: Heinz van Haaren trifft ins Tor, Kölns Cullmann danach nur den Pfosten. Nach 21 Elfmetern ist Schalke im Endspiel. Noch heute laufen dem Chronisten Schauer über den Rücken, wenn er an den unbeschreiblichen Jubel denkt, mit dem die Knappen überschüttet wurden.

# Fischken Multhaup machte
# Bremens Abwehr dicht

## Zwei »Amerikaner« mußten
## den Skalp lassen

Die Scheren waren schon gewetzt, als die Champions, aus
Nürnberg kommend, im Bremer Hauptbahnhof aus dem Zug
stiegen (Aufnahme in den Jet-Set fanden die Bundesliga-Stars
erst in späteren Jahren). Max Lorenz und Klaus Matischak sollten die Opfer sein, denn sie hatten öffentlich gelobt, sich im Falle des Titelgewinns von ihrem Haupthaar zu trennen. Und das
im Mai anno 1965, als sich die Liverpoolbeeinflußte männliche
Haarmode gerade ganz anders entwickelte – und noch kein
Sponsor dergleichen Späße als Werbegag nutzte und entsprechend honorierte (man erinnere sich an Paul Breitner, der sich
vor der Weltmeisterschaft 1982 lukrativ und mit großem publi-
zistischem Getöse den Bart abrasieren ließ).

Die Zeit der gnadenlosen Selbstdarsteller war noch nicht gekommen im (nord)deutschen Fußball; dabei galten gerade
Lorenz und Matischak, ob kahlgeschoren oder nicht, durchaus
als »enfants terribles«, wie man Spieler mit gelegentlich un-
konventionellem Verhalten damals nannte. Und auch das Geld
verachteten beide nicht; Lorenz, damals frischgebackener
Nationalspieler, der es nachher auf 19 Länderspiele und zwei
WM-Teilnahmen brachte, ließ sich nach seinem Wechsel zu
Eintracht Braunschweig (1969) in den umsatzstarken Bundes-
liga-Bestechungsskandal verstricken, wenn auch eher als Rand-
figur; Matischak wurde seinerzeit als »Wandervogel« apostro-
phiert, weil Werder bereits sein sechster Verein war.

Er hatte sich vor allem in Pirmasens und Schalke als Torjäger
einen Namen gemacht; 18 Treffer für die Knappen in der ersten

Bundesliga-Saison ließen es dem damaligen Vorstand der Bremer und Trainer Willy Multhaup angebracht erscheinen, das Nötige hinzublättern und damit, gegen manche warnende Stimme, an ebenso alte wie umstrittene Werder-Traditionen anzuknüpfen.

In den Gründerjahren der Oberliga Nord hatten die Bremer für damalige Verhältnisse schon mächtig geklotzt und Spieler wie den Nürnberger Pöschl, den Schalker Herbert Burdenski (Vater des späteren Werder-Torwarts Dieter) und den Exil-Jugoslawen Dragomir Ilic an die Weser geholt, wobei die gerade neuerfundene D-Mark durchaus ihre Rolle spielte. Auch Sponsoren, damals noch Förderer oder Mäzene genannt, waren vorhanden; den Beinamen »Texas-Elf« trug die Mannschaft nicht wegen krummer Beine, sondern nach der bekannten Zigarettenmarke eines Bremer Unternehmens. Ausgezahlt hatte sich der Aufwand allerdings nie so recht; es langte zu keinem Nord-Titel, und erst 1961 wurde durch ein 2:0 über den 1. FC Kaiserslautern wenigstens der DFB-Pokal gewonnen, zu der Zeit eher ein Mauerblümchen-Wettbewerb. Ganze 8 000 Zuschauer verloren sich an einem Mittwochabend beim Endspiel in der Schalker Glückauf-Kampfbahn, obwohl Werder mit Jagielski, Soya und Wilmowius drei Ex-Schalker aufgeboten hatte.

Drei Mann aus jener Endspielelf waren in der Saison 64/65 noch als Stammspieler dabei, als der alte Traum plötzlich doch wahr und Werder Bremen Meister wurde: Helmut Jagielski, als Abwehrchef gelegentlich leichtsinnig, doch einer der ersten in der Bundesliga, die die neue Libero-Position zu spielen verstanden; Josef Piontek, als Verteidiger im März des Meisterjahres erstmals in die Nationalelf berufen; und natürlich Arnold Schütz, besser bekannt als »Pico« (damit auch Namensgeber für ein lebendes vierbeiniges Maskottchen nach Kölner Vorbild). Der Kapitän galt nicht nur in der Meistersaison als Kopf der Mannschaft und als eine Art Inbegriff Werder Bremens schlechthin. Mal Stopper, mal Mittelstürmer, mal Läufer, nachher auch Libero, half er Jahre später noch mit 37 den Klassenerhalt zu erkämpfen.

An solch schwierige Zukunft war 1965 kein Gedanke, Schütz war da meist als Halbstürmer nominiert, im Mittelfeld also, das er sich mit Lorenz (siehe oben) und dem exzellenten Techniker Diethelm Ferner teilte. Hans Schulz, nominell »hängender« Linksaußen, machte das Trio bei Bedarf zum Quartett, das vielleicht das beste Mittelfeld der Bundesliga jener Zeit war.

Mit Sicherheit galt dieses Prädikat für die Abwehr, die nur 29 Gegentore zuließ. Außer Jagielski (der es als einziger nicht zum Nationalspieler brachte) und Piontek garantierten dort die Neuzugänge Heinz Steinmann und Horst-Dieter Höttges dafür, daß es für gegnerische Stürmer weit häufiger blaue Flecke als Torjubel gab. Sie hatte Multhaup aus Saarbrücken beziehungsweise Mönchengladbach angeheuert; vor allem Höttges, später in 66 Länderspielen dabei, erwarb sich schon zu der Zeit das Prädikat »Eisenfuß«, wenngleich er bei seinem internationalen Debüt gegen Italien selbst verletzt wurde (ohne deshalb etwa im nächsten Punktspiel zu fehlen). Überhaupt konnten die Reservisten nur selten zeigen, daß sie es noch nicht verlernt hatten: Helmut Schimeczek, Willi Soya und Klaus Hänel hatten alle in der 61er Pokalsieger-Elf mitgewirkt, ihre Stammplätze aber nun eingebüßt; desgleichen Walter Nachtwey, der jetzt gar nicht mehr zum Einsatz kam. Auch Theo Klöckner, immerhin Ex-Nationalspieler, kam nur unregelmäßig zum Zuge; allerdings war er es, dessen Tor zum 2:0 am vorletzten Spieltag gegen Borussia Dortmund alles klar machte (in der 44. Minute, Endstand 3:0). Da glaubte dann auch endlich das kritische, manchmal superkritische Bremer Publikum seiner Mannschaft, daß es von ihr nicht zum Narren gehalten, sondern wahrhaftig mit dem Meistertitel beschenkt worden war. Doch zurück zur Stammbesetzung: Schon ein Jahr länger dabei war Günter Bernard, Torwart aus Schweinfurt, seinerzeit als Nachfolger für Heini Kokartis, der seine Karriere nach einer schweren Verletzung beenden mußte, an die Weser geholt. Gerd Zebrowski auf Rechtsaußen und der schon erwähnte Matischak, der seine Verpflichtung als Mittelstürmer mit 12 Toren rechtfertigte, traten mal allein, mal zusammen mit Klöckner als Spitzen an.

Willi Multhaup, der Trainer, »Fischken« genannt, damals schon 62, einst Spieler bei Schwarz-Weiß Essen, im Jahr darauf mit Borussia Dortmund Gewinner des Europapokals, 1968 DFB-Pokalsieger mit dem 1. FC Köln – er durfte sich als derjenige feiern lassen, dessen Mannschaft den modernsten Fußball der Bundesliga spielte. »Jeder Läufer weiß, wann er selbst angreifen darf, jeder Stürmer, wann er die Abwehr zu verstärken hat«, schwärmte das Hamburger Abendblatt nach dem Auftritt der Bremer an der Elbe. Noch gar nicht erfundene Fußball-Geheimformeln wie »Forechecking« oder »die Räume nutzen« hatte Werder längst im Betriebssystem.

Beigebracht hatte Multhaup der Mannschaft ihre Spielweise unter anderem in New York, wo sie vor Saisonbeginn sehr erfolgreich an einem internationalen Turnier teilgenommen und dabei mächtig an Selbstvertrauen gewonnen hatte. So war es denn zwar keine »Texas«-, aber doch eine Amerika-Elf, die anschließend demonstrierte, welch unbegrenzte Möglichkeiten die junge Bundesliga bot.

Hunderttausend säumten nach dem abschließenden 3:2 in Nürnberg den Weg der heimkehrenden Champions, und sogar von karnevalsähnlichen Zuständen war im sonst eher kühlen Norden die Rede. Bestimmt wären die Wellen der Begeisterung noch höher geschlagen, wenn die Bremer geahnt hätten, daß es bis zur Wiederholung geschlagene 23 Jahre dauern sollte. Der 1971 unternommene Versuch, an die Texas-Jahre anzuknüpfen und sich eine Meister-Mannschaft zusammenzukaufen, schlug fehl. Werder opferte sogar sein Grün-Weiß, trug vorübergehend die rot-weißen Stadtfarben nebst dazugehörigem Schlüssel, doch das Tor zum Erfolg blieb Laumen, Dietrich, Neuberger etcetera verschlossen – trotz Willy Multhaup, den man im Herbst jenes Jahres kurzzeitig als Interimstrainer zurückgeholt hatte.

## Das »ewige« Nord-Duell Hamburg gegen Bremen

# »Gegen Werder,
# das war immer furchtbar ...«

Die Stimme des Stadionsprechers klang ein wenig verzagt, und den Namen des Pechvogels mochte er gar nicht nennen: »In der 78. Minute das 0:3 durch ein Eigentor.«

Doch es war deutlich genug zu sehen gewesen, auch von der Westkurve des Volksparkstadions aus: Dieter Seeler hatte den Ball am jenseitigen Ende des Spielfeldes ins eigene Tor geköpft und damit die Chance des Hamburger SV endgültig auf Null gebracht, den Spitzenreiter und Nord-Rivalen Werder Bremen zu stürzen. Sofern zwölf Minuten vor Schluß noch jemand an diese Möglichkeit geglaubt hatte. Es war der 13. Februar 1965, das dazu passende hanseatische Wetter mit Windböen und Nieselschnee – und der herzerwärmende Auftritt eines künftigen Meisters: Werder Bremen ging vor vollen Rängen mit einem rauschenden 4:0 auf Titelkurs. Den vierten Treffer markierte »Pico« Schütz kurz nach der oben geschilderten Szene.

»Da war ich gar nicht dabei, glaub' ich«, ist die erste spontane Erinnerung, die Gerhard Krug an dieses Spiel (nicht) hat. Der heutige *Stern*-Redakteur war aber doch dabei, wie Fotos und Zeugenaussagen beweisen, und räumt denn auch bereitwillig ein: »Ich befürchte, daß man bei solchen Ergebnissen das dann wohl verdrängt.«

Nun war dies beileibe nicht der erste Triumph der Rolandstädter im ewigjungen Derby, auch nicht ihr erster in Hamburg. Schon zu Oberligazeiten hatten sie den Abonnements-Meister des Nordens oft genervt; einmal, zwischen 1952 und 1955, war er den Bremern sogar sechsmal hintereinander unterlegen, davon dreimal zu Hause. Ganz zu schweigen von dem peinlichen 0:3 der HSV-Oberligamannschaft gegen Werders Amateure (!), das 1961 den Pokal-K.-o. bedeutete, sozusagen als vorweggenommenes Eppingen oder Geislingen. Und nach dem Start in die neue Ära wurde es nicht besser; erst im neunten Versuch, im Herbst 1967, sollte der erste Bundesliga-Sieg über den Uralt-Rivalen gelingen. Krug, schon ab Mitte der fünfziger Jahre in der HSV-Ersten: »Gegen Werder, das war immer furchtbar.«

Und doch schmerzte gerade dieses 0:4 besonders, zumal es definitiv das Ende der eigenen Titelhoffnungen bedeutete. Zu Beginn des Jahres hatte der HSV als Tabellendritter mit nur einem Punkt Rückstand auf Werder und Köln noch sehr gut dagestanden; dann kam das irgendwie verhexte Spiel gegen Borussia Neunkirchen. Die Saarländer, auswärts sonst immer Prügelknaben, nahmen die Punkte mit (1:2); HSV-Torwart Horst Schnoor kollidierte mit seinem eigenen Teamkollegen Harry Bähre, verletzte sich und fehlte anschließend wochenlang. Es folgte ein unglückliches 2:3 in Meiderich, danach das Ausscheiden aus dem Pokal (1:3 in Nürnberg), und dann kamen, sahen und siegten schon die Bremer.

Die Männer in den aparten, den Temperaturen durchaus angemessenen Rollkragen-Trikots hatten zu Beginn noch ein paar ansehnliche HSV-Angriffe wegzustecken; da produzierte Charly Dörfel einige seiner Spezial-Flanken, auf die vor allem Uwe Seeler zu lauern pflegte. Dem gönnten Jagielski und Steinmann diesmal kaum einen Ball, aber gegen den anderen Dörfel, Bernd, mußte Torwart Bernard sein ganzes Können aufbieten, gegen Peltonens Kopfball der Pfosten seine Standfestigkeit beweisen. Dann konterte Werder: Zebrowski umkurvte Kurbjuhn, Schnoors Vertreter Hans Krämer wehrte zu kurz ab, und Matischak hatte keine große Mühe, den Ball in der 16. Minute erstmals im Tor unterzubringen. Beim 0:2 legte er sich schon mehr ins Zeug, ließ den Routinier Giesemann elegant aussteigen und

*Gedrängel um Uwe Seeler vor dem Werder-Tor. Zu erkennen sind: Bernhard, Lorenz, Piontek und Steinmann. Foto aus dem Spiel HSV-Werder (0:4).*

Krämer keine Chance, und nach nicht mal einer halben Stunde waren die Bremer schon auf der Siegerstraße.

Dabei hatten sie zwei Wochen vorher beim 0:0 gegen Köln (den Titelverteidiger) nicht geglänzt, schon gar nicht im Angriff, der im Pokal schon im Januar beim Regionalligisten Mainz 05 leer ausgegangen war. Mit 0:1 ausgeschieden, mußte Werder somit in der 2. Runde – eine Woche vor dem Derby – nicht antreten; dafür schonte der HSV in Nürnberg Uwe Seeler (einige andere schonten ihre Kräfte dort beim Spiel, wie spitzzüngige Kritiker behaupteten). Trainer Georg Gawliczek stellte die Mannschaft oft um, was zum Teil durch Verletzungen bedingt, zum Teil aber auch schwer nachzuvollziehen war. So hatte es zum Beispiel in Duisburg großes Lob für Piechowiak und Kurth gegeben, aber dann waren sie doch wieder in der stillen Reserve verschwunden. Immerhin waren zwei bis drei zuvor Verletzte rechtzeitig zum Werder-Spiel fit geworden, darunter auch Gerhard Krug. Er begann – so die Zeugenaussagen – auf der gewohnten

69

rechten Verteidigerposition, mußte aber schon bald mit Kurbjuhn den Platz tauschen, der an jenem Tage mit der Bewachung Zebrowskis überfordert war (und sich wahrscheinlich erst recht nicht an dieses Spiel erinnert). Mit dem verwirrenden System der Bremer kamen aber auch andere nicht zurecht: Wulf (Nummer 4) hatte Ferner (Nummer 10) zu bewachen und war froh, wenn der ihm nicht sechs Schritte voraus war; Matischak (9) ließ Giesemann (5) manchmal wie Pik Sieben dastehen.

Nach dem zweiten Tor wurde das Spiel der Werderaner immer sicherer und gefälliger; »die Mannschaft spielt das 4–2–4 so perfekt, so gekonnt, daß sich andere als der HSV die Zähne ausbeißen werden«, lobte hinterher das Hamburger Abendblatt die Gäste, um dennoch das eigene Team um so vernichtender abzuurteilen: »Im Augenblick spielt ein Haufen, keine Mannschaft ... Geld, Geld, Geld – nur dieses Thema scheint bei einigen Spielern zu interessieren.«

Da klang dann aber auch enttäuschter Lokalpatriotismus durch, war und ist doch die Rivalität zwischen den beiden Hansestädten keineswegs auf den Fußball beschränkt (das hier so geschmähte Geld hingegen, mit dem in der Bundesliga damals noch relativ sparsam umgegangen wurde, hat einst Hamburg wie Bremen aufblühen lassen und galt hier wie dort zu keiner Zeit als schmutzig).

Wie auch immer – das Ergebnis war deutlich, der Abstand zwischen den beiden Mannschaften in der Tabelle betrug nun sechs Punkte, und der Jubel der Gäste verstärkte sich, als die Heimniederlage des 1. FC Köln gegen den Meidericher SV (1:2) bekannt wurde. Damit waren endlich auch die Rheinländer abgehängt, lagen sie nunmehr zwei Punkte hinter den Bremern, die sie auch nicht mehr einholen sollten. Der HSV aber war am Boden zerstört und von allen Freunden, vor allem denen der schreibenden Zunft, verlassen.

So schien es. Als aber genau einen Monat später im selben Volksparkstadion drei Werder-Spieler gegen Italien in der Na

*Sepp Maier jubelt mit einem Betreuer über den 4:0 Sieg auf St. Pauli in der Aufstiegs-runde 1964.*

tionalelf debütierten (Piontek und Höttges) beziehungsweise ein Comeback feierten (Steinmann), da hatte Hamburg den HSV längst wieder lieb. Und im Abendblatt lief eine Serie von und über Uwe Seeler, mit vielen Fotos von seinen schönsten Toren, von denen es vielleicht nie wieder welche geben würde, denn Uwe war eine Woche nach dem Derby, am 20. März beim 1:2 in Frankfurt, der vierten Punktspiel-Niederlage in Folge, die Achillessehne gerissen. Der Rest ist Geschichte.

49 weitere Male haben der Hamburger SV und Werder Bremen seitdem um Meisterschafts-Punkte gegeneinander gespielt. Beide trugen glorreiche Siege davon, beide erlitten schwere Niederlagen, früher auch salopp »Prügel« oder »Katastrophen« genannt. Solche Worte sind unbenutzbar geworden, seit im Oktober 1982 anläßlich des Nordderbys bei Auseinandersetzungen zwischen Fan-Gruppen in der Nähe des Volksparkstadions ein 16jähriger Glaserlehrling aus Bremen von einer Steinplatte tödlich getroffen wurde.

Peter Kupferschmidt über die Hintergründe
der großen Bayern-Ära

## Zebec, Tschik und sieben Kilo Unterschied

Er ist Leiter der Fußballabteilung, doch Peter Kupferschmidt
führt keinen Verein. Freundlich lächelnd wartet er in der Send-
linger Straße. »Lassen Sie uns hinaufgehen«, sagt er, »es sind
heut arg viele Kunden da.«

Mit fliegenden Schritten nimmt er die Treppe zum ersten
Stock, vorbei an Kassenchef Rudi Nafziger. »Mein Gott, war das
ein Fehler damals, daß der Rudi fort war«, wird das lustige Gesicht von »Kupfer« urplötzlich zur zitronenbeißenden Miene.
Rudi Nafziger stieg nach drei Jahren Bundesliga beim FC Bayern aus. Nach Hannover 96 ging er, mit Manager Schwan und
dem Geld kam er nicht zu Potte. Dabei gehörte er fest wie kein
Zweiter zur Bayern-Familie. Mit Ramona, der feurigen Tochter
von Tschik Cajkovski, hatte er angebändelt. »Bei uns hätte er ein
ganz Großer werden können«, sagt Kupferschmidt.

Heute sind sie wieder zusammen. Nicht nur am Arbeitsplatz
bei »Sport Scheck«, wo der einstige Außenverteidiger als Fachmann im Verkauf für gute Umsätze in der Abteilung Fußball
sorgt. Fast ist es ein bißchen wie damals, wenn an jedem Sonn-
tagmorgen statt Frühschoppen die »Alte Liga« von zehn bis
zwölf in der Halle an der Säbener Straße zum lockeren Kick
aufspielt. Manches Mal steuert gar Franz Beckenbauer seinen
Quattro aus Kitzbühl nach München (»Im Winter hat er mehr
Zeit«), und auch Gerd Müller wuselt vorne mit. Seit zwei Jahren
lebt er wieder in Solln. Die Zeit in Florida mit Steakhouse, Dau-
ersonne und Delphinflippern ist Vergangenheit.

»Elf Freunde müßt ihr sein«, diese heute wunschbetende Fatamorgana über elf Einzelgänger auf dem Fußballfeld, »dieser Satz hat damals auf uns gepaßt.« Kaum zu glauben, was der Alt-Bayer da sagt, wo den coolen Lederhosen doch heute überall gewünscht wird, daß man ihnen dieselben auszieht. »Alle haben die Koffer getragen, auch der Franz«, faßt der Verteidiger nach. Und man muß ihm das glauben.

Der Ursprung der großen Bayern-Ära wuchs wie eine seltene Pflanze. Der Schatz, mit dem dieser Klub seit einem Vierteljahrhundert unaufhaltsam wuchert, wurde bewahrt wie die Kronjuwelen der Queen. Beim FC Bayern wuchs mehr als nur ein Kaiser auf. Mit fünfundzwanzig Spielern startete Bayern München 1965 endlich in der Elite. Dreizehn junge Hüpfer entsprangen der eigenen Jugend und den Händen von Anton und Werner Weiß. An diese Namen ist zu erinnern, wenn nach Gründen für einen einmaligen Lauf im Vereinsfußball gesucht wird: im Tor Fritz Kosar und Josef Maier, Adolf Kunstwadl mit Peter Kupferschmidt, Manfred Mokosch und Hans Rigotti, Karl Schneider und Hubert Windsperger in der Abwehr. Ein Achtzehnjähriger namens Franz Beckenbauer wurde damals noch unter Mittelfeld geführt; und im Angriff Dieter Brenninger, Günter Kaussen, Peter Werner und Rudolf Nafziger. Alle dreizehn aus dem eigenen Stall.

»Wir kannten keinen Druck«, überrascht Abteilungsleiter Kupferschmidt abermals. Und erneut klingt seine Erklärung schlüssig, obwohl doch gleich im ersten Jahr der Erfolg an die Seite der unbekümmerten Newcomer trat: sofort punktgleich Dritter mit Borussia Dortmund und Pokalsieger gegen den Meidericher SV. »Es war ja nicht nur die gemeinsame Zeit von Jugend an«, macht Peter Kupferschmidt den langsamen Aufbau des gesunden Erfolges begreiflich, »wir hatten doch noch gar keine Erfolge, in der Oberliga Süd fuhren wir immer mit der ersten Mannschaft und machten die Vorspiele.« Mit dem Geld, 160 Mark im Monat, hat es auch langsam angefangen, und überhaupt »hatten wir den richtigen Trainer«.

*Pokalendspiel 1966: Bayern siegt gegen Duisburg 4:2. Kupferschmidt fährt Mielke in die Parade. Der ganz junge Beckenbauer eilt hinzu.*

Der hieß schon zu Oberligazeiten Tschik Cajkovski. Ein bauchrundes, väterliches Pendant zu »kleines, dickes Müller«. Der spätere Bomber der Nation konnte dem Coach im Training sagen: »Laß uns mal auf kleine Tore spielen.« Tschik machte, es ging lustig zu. »Tschik war gut, Zebec streng, und Lattek kam, als die Mannschaft auf dem Höhepunkt war. Wir hatten zu jedem Zeitpunkt den richtigen Trainer«, weist Kupferschmidt auf den stetig wachsenden Erfolg mit völlig unterschiedlichen Charakteren auf der Bank hin. »Wollen Sie wissen«, fragt er und beugt sich über den Schreibtisch, »was der Unterschied zwischen Tschik und Zebec war? Ganz einfach, und das sagt fast alles: Unter Tschik hatte Gerd Müller 84, unter Zebec 77 Kilo.«

Drei Jahre Bundesliga mit Tschik Cajkovski, das war Fußball mit Familienanhang. »Der brachte alles mit. Frau und Kinder,

Onkel und Tanten. Ein anderer hätte gar nicht zu uns gepaßt«, erinnert Peter Kupferschmidt an die erste, die wohl schönste Zeit. Zum Essen ging's nicht nur nach den Spielen ins Wirtshaus. Tschik war des öfteren ein großer Freund von Kalbshaxen oder Spießbraten und genoß den vollbesetzen Tisch. Tschik, der stets Lustige, heute bei jedem Heimspiel füllig im Presseblock den ständig reservierten Platz einnehmend, zog damals auch gern mit »Poldi ins Manöver«. Mit Sepp Maier als Wilderer und – wer sonst? – Tschik und Gerd Müller an der Gulaschkanone.

Der lustbetonte Tschik und die Professionalität des Managers: Robert Schwan, pfeiferauchend wie sein Gladbacher Kollege Helmut Grashoff, bot die Gewähr für den Ernst des Lebens. »Mit ihm ging es vom ersten Auswärtsspiel gleich ab ins Flugzeug, und nur in die besten Hotels. Mit dem Zug fuhren wir nur nach Nürnberg.« Peter Kupferschmidt weist auf ein anderes Kapitel bester Bayerntradition hin. Von damals bis heute drei Präsidenten und zwei Manager. Uli Hoeneß meint dazu nur bajuwarisch bissig, aber zutreffend: »Manche Vereine schaffen das in einer Saison.«

Unter Robert Schwan gab es erstmals Geld für die Jugendspieler und das Hotel Bachmaier für Trainingslager. Tschik Cajkovski gefiel der Tegernsee so gut, daß er vor Heimspielen schon donnerstags abfuhr. Und Peter Kupferschmidt fragte damals den Manager: »Herr Schwan, können wir nicht öfter gegen Sechzig spielen?«

An Grundgehalt gab es nämlich vom ersten Jahr an 1 500 Mark, und 500 Mark für jeden Punkt. Nur für einen Sieg gegen die »Löwen« gab es die doppelte Beiß-Prämie, 2 000 Mark für einen Sieg. »Doch die Konkurrenz damals«, sagt Kupferschmidt, »war unter den Spielern weit weniger da.« Er zählt sie gleich der Reihe nach auf, den Reich und den Rebele, Steiner, Perusic und den Radi. »Wir haben uns dufte verstanden. Die Rivalität kam doch mehr von außerhalb.« Und ein bißchen, gibt »Kupfer« zu, war schon dran, daß »die Sechziger den größeren Lärm machten und zu uns eher die feineren Leute kamen«.

Aber einen Wechsel von den Löwen zu den Bayern oder umgekehrt hat es nie gegeben. Nur ein Rheinländer brach die Regel: »Jupp Kapellmann ging zu den Sechzigern, weil er da 50 000 Mark mehr verdienen konnte. Auch deshalb hatten die immer etwas Schulden.«

»Gelohnt hat es sich schon« für Peter Kupferschmidt, der für die ganz große Bayern-Ära etwas zu alt und als ehrliche Haut »auch etwas zu langsam war«. Heute könnte er nicht mehr mithalten, formuliert er frank und frei und ist auf niemanden neidisch. Schließlich sei der Druck, der damals, als mit den Bayern alles anfing, doch gar nicht dagewesen. »Ich kann mich gut einschätzen«, trauert er nichts und niemandem nach, »heute würde ich immer einen Schritt zu spät kommen.«

Konkurrenz hatte Peter Kupferschmidt durchaus. Da stand ihm gleich der von Hannover eingeflogene Werner Olk oft als erste Wahl auf dem Verteidigerschuh. Den »Adler von Giesing« nannte man ihn, »weil er«, und da lacht Kupferschmidt breit über beide Backen, »in die Zweikämpfe mit einer gewissen weiten Entfernung hineinsegelte«. Und auch im sechsten und letzten Jahr bei den Bayern, der ersten Saison für Udo Lattek, kamen nicht nur die Konkurrenten Koppenhöfer und Hansen. Nach einem schlecht operierten Meniskus und 135 Spielen saß »Kupfer« überwiegend auf der Bank, doch Franz Beckenbauer drückte durch, daß die Siegprämie trotzdem auch an den Bayern der ersten Stunde ging. Peter Kupferschmidt ging danach noch für drei Jahre zu Sturm Graz, ehe er die Abteilung Fußball übernahm. Seine angenehm treffende Selbsteinschätzung und die große Geburt der Bayern aus gemeinsamen Jugendzeiten faßt er noch einmal zusammen: »Die Mittelachse war Weltklasse. Alles andere konnte man drumrum bauen.« Zur Achse, beginnend im Tor mit Maiers Sepp über Franz Beckenbauer bis zu Gerd Müller, stieß ein Jahr nach dem Aufstieg »Katsche« Schwarzenbeck. Keine Frage, woher der »Putzer des Kaisers« kam. Aus der Bayernjugend, woher sonst?

# Erinnerungen an den großen
# Meisterschaftskampf 1970/71

## Erst nach dem letzten Pausentee fiel die Entscheidung

Neun Jahre, von 1969 bis 1977, machten die Münchner Bayern und Borussia Mönchengladbach das Meisterrennen in der Bundesliga unter sich aus. Den spannendsten Kampf lieferten sich die Rivalen in der Spielzeit 1970/71. Punktgleich, mit der Winzigkeit von einem Tor Vorsprung für den FC Bayern, gingen sie in die 34. Runde. Dort warteten schwere Brocken: Titelverteidiger Borussia mußte zur stark abstiegsbedrohten Frankfurter Eintracht, Bayern zum Angstgegner nach Duisburg. Es kam zu einem solch dramatischen Einlauf, wie ihn die Bundesliga-Geschichte vorher und nachher nicht wieder verzeichnen konnte.

Borussia Mönchengladbach ging als strahlender Meister in die achte Bundesliga-Spielzeit. Endlich war es den Schützlingen von Hennes Weisweiler gelungen, die Salatschüssel an den Bökelberg zu holen und den großen Kontrahenten Bayern München um vier Punkte distanziert auf den zweiten Platz zu verweisen. Nun wollten die Mönche das Kunststück fertigbringen, den Titel zu verteidigen, was in der Bundesliga bis dato keinem Meister gelungen war. Hennes Weisweiler schickte seine Fohlen weitgehend unverändert ins Rennen, derweil die Bajuwaren mit Erich Maas einen Vollblutstürmer aus Braunschweig abgeworben hatten – der zum Flop des Jahres wurde – und die hochveranlagten Uli Hoeneß und Paul Breitner sofort ins Team einbauten.

Der erste Tabellenführer der Saison hieß Borussia Dortmund, am dritten und vierten Spieltag regierte – RWE-Fans, herhören! – eine dribbelnde holländische Ente die Liga mit ihrem

*Die Himmelstürmer der frühen Bundesliga-Jahre: Borussia Mönchengladbach und Bayern München. Hier fängt Sepp Maier Bernd Rupp den Ball. Kupferschmidt sieht beruhigt zu.*

Essener Team. Dann übernahm der Titelverteidiger den ersten Platz, gab ihn bis zum 14. Spieltag nicht mehr ab. Doch die Bayern blieben dran, und als Mönchengladbach in Berlin vor 80 000 Zuschauern 2:4 verlor, die Münchener gleichzeitig deutlich mit 3:0 beim 1. FC Köln gewannen, wechselte die Reihenfolge zugunsten der Bayern, die als Herbstmeister das Fußballjahr 1970 beendeten.

Die erneute Wachablösung erfolgte schon am zweiten Spieltag der Rückrunde. Mönchengladbachs 3:0-Sieg über den HSV reichte, weil Bayern in Berlin (vor 70 000) nur 3:3 spielte. Kopf an Kopf hetzten die Ausnahmeclubs nun durch die Meisterschaft. Die direkte Auseinandersetzung endete am Bökelberg 3:1 für die Platzherren (Hinspiel 2:2), doch weil die Fohlen sich auch Blößen gaben (Niederlagen in Köln und zu Hause gegen Bielefeld), kamen die Münchener immer wieder heran. Und ausgerechnet am vorletzten Spieltag übernahmen sie gar die Tabellenführung infolge eines mehr geschossenen Tores als der Titelverteidiger. Ausgerechnet zwei späte Gegentreffer durch Stauvermann und Ferner beim 4:3 gegen den abgeschlagenen Tabellenletzten Rot-Weiß Essen kosteten Netzer und Co. den Platz an der Sonne. Denn die Münchener gewannen – auch ohne die auf einer Südamerika-Tournee vom Platz gestellten und deswegen vom DFB gnadenlos gesperrten Müller, Mrosko und Roth – im eigenen Stadion mit 4:1 gegen Eintracht Braunschweig.

Die Spannung vor dem Wochenende der Entscheidung war nervenzerfetzend. Da auch am Tabellenende ein rasanter Abstiegskampf tobte, war die Fußballbundesliga zu Beginn der siebziger Jahre der Gesprächsstoff Nummer eins. Schnell wurde ausgerechnet, nach welchen Ergebnissen es zu einem Entscheidungsspiel auf neutralem Platz zwischen Gladbach und den Bayern kommen mußte. Auch wenn die Erste Liga in ihrer Blüte stand – das gute alte Endspiel als Finale der Saison vermißten die Fans schon. Wenn Punkt- und Torgleichheit der beiden führenden Klubs es nun auch noch ermöglichen würden, es wäre wahrhaft das i-Tüpfelchen auf einer grandiosen Saison gewesen. Ein 1:0-Sieg der Bayern in Duisburg und ein 2:0 Gladbachs im Waldstadion zu Frankfurt hätte ein solches Superspiel beispielsweise erforderlich gemacht.

Schmutzige Wäsche wurde auch gewaschen. Nicht nur an der Isar liefen die Fans Sturm gegen die Sperren der Bayern-Stars. Vor allem das Fehlen von Super-Bomber Gerd Müller wurde als Wettbewerbsverzerrung bezeichnet. Und die Gladbacher haderten mit dem 3. April. Da hatte ein Bruch des Torpfostens am Bökelberg den Abbruch des Spiels gegen Werder Bremen beim Stande von 1:1 erzwungen. Die DFB-Gerichtsbarkeit lastete den Platzherren das marode Holz an und wertete das Spiel mit 2:0 für die Bremer Gäste.

Am Finaltag Schwüle in der ganzen Bundesrepublik. Selbstredend, daß die Stadien in Duisburg und Frankfurt bis auf den letzten Platz ausverkauft waren. Die Mehrzahl in Frankfurt wünschte sich zwei Sieger: Sollte die geschätzte Borussia ruhig Meister werden, wenn nur die Eintracht nicht absteigen mußte. In Duisburg brodelte das Wedaustadion, obwohl es für die Gastgeber strenggenommen um nichts mehr ging. Der MSV war jenseits von Gut und Böse, mit einem Bein schon in den Ferien. Doch wenn die Bayern kamen, war seit jeher in Duisburg »Schlachtfest«. Gnadenlos wurden die Münchener Stars ausgebuht, »VfL« hallte es durch das Rund. Gemeint war die Gladbacher Borussia. Die sah sich 250 Kilometer Luftlinie entfernt in den ersten Minuten einem Sturmlauf der Frankfurter ausgesetzt. Grabowski, Hölzenbein, Nickel heizten den Mönchen-Gladbachern ein, aber ein Tor fiel nicht. Als sich auf beiden Plätzen die Akteure schon auf ein 0:0 zur Halbzeit einstellten, überschlugen sich in Frankfurt die Ereignisse. Günter Netzer brachte die Borussia in der 43. Minute mit 1:0 in Führung, aber mit dem Pausenpfiff glich Bernd Nickel unter dem Jubel der 65 000 aus. Der Spuk dauerte zwei Minuten, dann war alles wieder offen. Erst nach dem letzten Pausentee einer langen Spielzeit sollte die Entscheidung fallen.

Zehn Minuten waren im zweiten Durchgang gespielt, da tobte das Wedaustadion: Rainer Budde hatte die Führung gegen die Bayern erzielt, die sich von dem Tor nicht mehr erholen konnten. Zwanzig Minuten vor Schluß machte die Borussia in Frankfurt den Sack zu. Köppel und zweimal Heynckes schossen ein sicheres 4:1 heraus, Bayern fing sich – abermals durch Budde – ein weiteres Tor. Sepp Maier wurde von auf den Platz stürmenden Zuschauern umgerannt, verließ angeschlagen das Spielfeld. Doch an den Erfolg des sogleich eingereichten Protestes glaubten die Münchener selber nicht. Fair erkannten sie nach dem

*Weil ein Tor zusammenbrach am Bökelberg, wurde die Partie 2:0 für die Bremer Gäste gewertet. Lange befürchteten die Fohlen-Fans, durch diese Entscheidung am grünen Tisch wurde die Deutsche Meisterschaft vergeben. Zum Schluß hieß es: Ende gut, alles gut.*

*Hartmut Heidemann jagt einen Elfmeter an den Pfosten. Trotz der vergebenen Chance siegten die Duisburger 2:0 und Bayern wurde »nur« Vizemeister.*

Schlußpfiff an: Borussia Mönchengladbach war der würdige alte und neue Deutsche Meister!

Der feierte im Frankfurter Airport-Hotel die Nacht durch. Eine »einmalige Mannschaft« (Luggi Müller) hatte in der Bundesliga zum erstenmal den Titel verteidigt und fiel mit dem grandiosen Erfolg gleichzeitig auseinander. Dietrich, Köppel (»Ich habe dem VfB mein Ehrenwort gegeben!«) und Laumen geben ihren Ausstand. Bier, Sekt und Whisky taten Gehaltvolles dazu, daß sich die Spieler in einem Zustand zwischen Traum und Wirklichkeit befanden. Auch die etwas kuriose Übergabe der Meisterschale mag ihren Teil zur Unwirklichkeit der Szenerie beigetragen haben. Der greise Dr. Gösmann mußte Kapitän Günther Netzer dreimal die Schale mit großem Ernst und Pa-

*Gruppenbild mit Meisterschale. Borussia Mönchengladbach und die Salatschüssel 1971 nach dem erregenden Kopf-an-Kopf-Rennen mit Bayern München.*

thos überreichen, weil dem filmenden ZDF jeweils der Hintergrund nicht behagte und die Einstellung erst stimmte, als die Klappe »Meisterschaft, die dritte« aufgerufen wurde.

Auch in Duisburg meldeten die Wirte Überbeschäftigung. An der Wedau fühlte man sich, nicht wenig stolz, als »Königsmacher«. In späteren Jahren weitete sich für die Münchener das unerfreuliche Duisburg-Erlebnis zum wahren MSV-Komplex aus. Wie dominierend die Super-Truppe auch sein konnte, am Niederrhein bekamen sie regelmäßig die Lederhosen ausgezogen, besser: sie schälten sich schon freiwillig aus der Landestracht, bevor die Stadt Montan in Sicht kam.

# Rudi Brunnenmeier oder
## Die unendliche Geschichte vom verblaßten Stern

## Groß am Ball –
## aber wie erwachsen werden?

München, Englischer Garten: Der Biergarten am Chinesischen Turm quillt über vor Menschen. Die Nachbarn am Tisch fallen nicht auf im Pulk der Biertrinker. Einer sagt: »Entweder kommt er, oder er kommt nicht.« »Ja, so ist er eben, der Rudi«, ein anderer. Und der nächste: »Manchmal läuft er stundenlang durch den Wald. Da hört er den Vögeln zu. Oder sammelt Pilze.« Rudi Brunnenmeier kam nicht.

Rudi Brunnenmeier kam mit siebzehn Jahren und sechs Monaten vom Bezirksligisten SC Olching zum Bundesligisten 1860 München. Die Mutter unterschrieb für den noch nicht volljährigen Sohn einen Vertrag für fünf Jahre. 450 Mark im Monat, ein Handgeld von 17 000 Mark. Rudi hatte in der A-Jugend des SC Olching in der Saison 59/60 von 107 Toren allein 87 erzielt.

Drei Jahre später wurde Rudi Brunnenmeier mit 1860 München Meister der Oberliga Süd. Dann Bundesliga. 1964 Deutscher Pokalsieger, 1965 Europapokal-Finale in Wembley, Torschützenkönig der Bundesliga, 1966 Deutscher Meister. Rudi Brunnenmeier war der König unter den »Löwen«, und er war mit 24 Jahren der jüngste Kapitän der Nationalelf. »Rudi« in München, das war wie »Uwe« in Hamburg. Aber während der »Dicke«, Erfinder des Fallrückziehers, an der Alster bereits emsig an dem beruflich zweiten Bein für Drei-Riemen-Schuhe schnürte, ließ Rudi Brunnenmeier die angebotene Generalvertretung für München und Oberbayern sausen. »Wenn Rudi geschickt ist, kann er sich hier eine Lebensstellung schaffen«, offerierten die Marktführer aus Herzogenaurach eine bürgerliche Position. Uwe Seeler soll damals schon Hunderttausend per anno für sich verwandelt haben.

Nicht so Rudi. Mit achtzehn Jahren einen Porsche, danach drei Daimler. Das viele Geld flog offen aus dem Fenster. Der Freund flotter Flitzer und Frauen ließ die Prämien in Casinos oder investierte in Pelzjacken für seine Begleiterinnen. Den Frisiersalon für Freundin Ingrid zuerst und später das Sechsfamilienhaus in Olching konnte Brunnenmeier nicht halten. Rudi war nur am Ball stark. So löwenstark, daß er am 31. Januar 1965 Turins Präsidenten Pinalli schriftlich gab:

»Ich, Unterzeichneter, Rudi Brunnenmeier, geb. 11. 2. 1941, wohnhaft in Olching bei München, Spieler des TSV 1860, verpflichte mich unwiderruflich, bei dem italienischen A-Nationalliga-Verein AC Torino einen Profivertrag mit Beginn 1. Juli 1965 zu unterschreiben, falls ich folgende Zahlungen erhalte:

1. ein Handgeld von jährlich Lira 15 000 000 (also ca. 100 000 DM),
2. das vom Verband vorgeschriebene höchste Monatsgehalt und
3. die vom Verband vorgeschriebenen höchsten Spielprämien.«

Rudi Brunnenmeier, hätte er es nur getan, brauchte nur über den Brenner. Doch er blieb in München, wechselte 1969 in die Schweiz zum FC Neuchâtel, 1973 zum FC Zürich. Vier Jahre Spielertrainer im österreichischen Bregenz folgten, danach noch mal drei Jahre beim FC Balzers in Liechtenstein. 1983 kehrt Rudi Brunnenmeier heim. Beim FC Tuttlingen, Oberliga Baden-Württemberg, endet der fußballerisch letzte Versuch als Spielertrainer plus Fertighaus-Vertretung mit einer Schlägerei beim Tanztee. Die langsame Drift aus der Plastikwelt rund um die Lederkugel, mit echter Kohle und falschen Freunden, in den sozialen Schlagschatten von Alkohol und Geldnot hatte weit früher begonnen. Aber jetzt war Rudi Brunnenmeier ständig abseitsverdächtig. Und heute? Er spürt die Blicke im Rücken, die unsichtbaren Zeigefinger, das lautlose Tuscheln in der Sendlingerstraße, am Isartor oder Viktualienmarkt: »Sieh mal, der Brunnenmeier.« Nicht herzklopfende Bewunderung und Autogrammwünsche wollen da heute Doppelpaß spielen mit dem einstigen Superstar der Stehtribünen. Rudi Brunnenmeier fühlt sich mitten in München und nicht selten verfolgt. Die soziale Ächtung macht ihm angst. Schließlich war er ja auch im Knast. Und die regenbogenfarbene öffentliche Zeitungsmeinung hat Rudi Brunnenmeier im Terminkalender auf Wiedervorlage liegen: »Wir machen jedes Jahr unsere Brunnenmeier-Story.«

Mitten im August '86 wurde er aus dem Bett heraus verhaftet. Wie willenlos und ganz so, als habe er das Gefängnis gewollt. Die gesellschaftliche Dunkelkammer zum Luftholen. Rudi Brunnenmeier mit sich und der Welt fast am Ende, mit einer Zelle als Schlupfloch. Ein Hundertmarkschein im Monat hätte ihm die Unfreiheit erspart. Rudi Brunnenmeier wurde wegen mehrmaliger Trunkenheitsfahrten zu einer Freiheitsstrafe von neun Monaten verurteilt. Die Haft wurde zur Bewährung ausgesetzt. Als Auflage wurde angeordnet, daß er eine Geldbuße von 2 000 Mark in monatlichen Raten abzuzahlen habe. Rudi zahlte zweimal, dreimal. Die Mahnbriefe ließ er ungeöffnet. Am 17. Februar 1987 wurde er aus der Justizvollzugsanstalt Aichach entlassen. Ein Drittel der Strafe wurde ihm wegen guter Führung erlassen. Rudi Brunnenmeier war ein Mustergefangener.

»Ich muß ganz von vorn anfangen«, sagte er wenige Tage nach der Haft in Münchens Cafe Luitpold beim schwarzen Kaffee. Auch dies klang ehrlich und von innen: »Schön, dies alles wieder zu sehen. Ich brauche Arbeit, um aus dem Gröbsten herauszukommen. Wäre damals nur einer gekommen und hätte gesagt: Paß auf, von deinen Hunderttausend im Jahr legst du mal die Hälfte zurück.« Manchmal wehleidig wirkend und mit bitterer Wehmut die Vergangenheit bedauernd, macht er sich lieber zum Opfer und lenkt das eigene Ich einfach um: »Meine Gutmütigkeit war Dummheit.« Er habe das Pech gehabt, an zwei Frauen hängengeblieben zu sein. Zuerst Ingrid und die Frisiersalons, dann Ehefrau Monika. Nur zwei Jahre waren sie verheiratet: »Ich will die Kaltschnäuzigkeit bis heute nicht wahrhaben.«

Erika schrieb Rudi damals nach Neuchâtel, daß sie sich einen BMW kaufen wolle und dazu eine Kontovollmacht brauche. Rudi schickte sie blanko. Damit wurden von der Reuschel-Bank am Ostfriedhof 40 000 Mark, das ganze Guthaben, abgehoben. Vier Wochen später der Erlös aus der Versteigerung des Hauses, 110 000 Mark. Als Rudi Brunnenmeier von seiner Mutter informiert wurde, daß »irgendwas am Laufen ist«, war bereits alles vorbei. Das Konto Brunnenmeier stand in den Miesen. Der Kalender zeigte damals 1971 auf das Jahresende hin. Der Anfang des Abstiegs.

Noch einmal, sechs Jahre später, schien der freie Fall gebremst. Der Halt hieß Fabian, das zarte Gesicht des Stammhalters glich dem Vater. Rudi Brunnenmeier probte in Bregenz die Doppelrolle von Spielertrainer und Hausmann, Lebensgefährtin Gerthild arbeitete tagsüber. Rudi brannte für eine Nacht durch, eine andere Frau in München. Er darf das Haus am Bodensee nie mehr betreten.

Rudi Brunnenmeier stand 1983 nach dreiundzwanzig Fußballjahren mittellos und ohne Arbeit in München. Nach vierzehn Jahren in Österreich, der Schweiz und Liechtenstein ohne Wurzeln. Nur die Mutter ist da, sie lebt fast achtzigjährig mit Wohnrecht im versteigerten Familienhaus. Doch die Mutter in Olching bleibt nur Fluchtburg für Rudi.

Rudi tauchte als Geschäftsführer der »Dolly-Bar« ins Rotlichtmilieu ein. Nach achtzehn Monaten zeigte er sich selbst die rote Karte. Bei einer Brandstiftung in der Bar nebenan rettete er zwei Mädchen aus den Flammen. Er schaffte den Ausstieg. Doch nach den langen Jahren mit beiden Füßen auf dem Rasen jetzt fest im Leben – Rudi und die erwachsene Welt, die beiden konnten nie miteinander.

*Ein Foto aus guten, jungen Tagen. Rudi Brunnenmeier erhält von DFB-Präsident Gösmann den Cup überreicht.*

Eine Anklage wegen Tankstellenraubes endete mit einem Freispruch erster Klasse, aber die Gratwanderung blieb. Eine Anklage wegen Urkundenfälschung und Betrug folgte. Ein Versicherungsagent, mit starkem Umsatz an Promille und Prozenten, verhieß dem längst Abgehalfterten goldene Zeiten als Werbeträger für Versicherungspolicen. Gemeinsam zechten sie von spätmorgens bis zum Nachmittag. Rudi kassierte vorab auf die Hand. Die Verträge schrieb er aus dem Telefonbuch ab, oder setzte in eine Lebensversicherung den Namen Hennes Küppers, Halbstürmer in der legendären Sechziger-Ära. Rudi Brunnenmeier hat und hatte gute Freunde. Einer von ihnen ist Karl Lechner, Anwalt in Schwabings Ohmstraße und für einige Jahre Präsident des FC Wacker. Da sind alte Kameraden wie Petar Radenkovic, Manfred Wagner, Alfred Zeiser oder Hansi Rebele. Karl Lechner verteidigte in Sachen Brunnenmeier engagiert. Nach dem Freispruch im Tankstellenfall kam Rudi Brunnenmeier wegen der getürkten Versicherungsverträge noch mal mit einer Bewährungsstrafe davon.

Der Freundeskreis bezahlte die Zahnarztrechnungen und vermittelte eine Wohnung beim Giesinger Bauverein. Rudi ließ alle Termine mit dem Vermieter platzen. Am Arbeitsplatz brach er regelmäßig bis zum dritten Monat alle Akkorde. Pünktlich, fleißig, am Großmarkt, als Maurer oder Brezelverkäufer. Bis die Lampe durchbrannte, eine Woche zechen ohne Wiederkehr.

»Rudi ist kein Säufer, eher ein Quartalstrinker«, sagen seine Freunde. Sie sind hilflos, weil Rudi sich nicht helfen läßt. Einmal allerdings war die »Hilfe« wie ein Schlag weit unter die Gürtellinie. Der »Löwen«-Präsident wollte ihn bei den Amateuren die Trikots waschen und Schuhe putzen lassen. »Schlimmer als eine Zumutung«, sagten auch die Freunde damals. Sie sagen heute aber auch: »Rudi braucht eine Therapie. Er liegt oft eine Woche im Bett, kriecht bei seiner Mutter unter. Bettelt manchmal bei Zechkumpanen um einen Hundertmarkschein und schämt sich am Tag danach.« Er hat nur ein Paar Schuhe und würde sich auch heute noch sofort für einen Kumpel das letzte Hemd auszuziehen. Rudi Brunnenmeier ist euphorisch und dann wieder depressiv. Er ist ein Sozialfall und würde nie Sozialhilfe beantragen. Rudi Brunnenmeier ist friedfertig und liebenswürdig, kann aus dem Stegreif einen ganzen Saal unterhalten. Aber hat auch in vielen Münchner Schänken Lokalverbot. Wird er provoziert, klinkt er aus. Hat er sich noch so eben im Griff, geht er, ohne zu zahlen. »Das eigentliche Problem ist«, sagen die Freunde, »daß er vom Weltstar zum Niemand wurde. Das verkraftet er nicht.«

Die widersprüchliche Psychologie des Rudi Brunnenmeier liegt weit tiefer. Viele haben nahtlos den Weg vom gutdotierten Profi in den gutversorgten Frühruhestand geschafft. Die wenigen Stars haben sich vielleicht einmal in Bauherrenmodelle verspekuliert, gemachte Fußball-Rentner sind sie allemal. Bis auf Stan Libuda, der ebenso wie Rudi Brunnenmeier sehr wohl »an Gott vorbeikam«, aber vor sich selbst davonlief. Rudi Brunnenmeier hatte niemanden in der Glitzerwelt von neunzig Minuten, der ihm im Alltag Freund, Vaterfigur, ehrlicher Makler war. Spielervermittler waren geil auf seine Unterschrift, die viel zu vielen falschen Freunde scharf auf die Knete. Weil Rudi, der Gigolo, alle leben ließ.

Rudi blieb immer Kind. Sohn Fabian wollte er Heiligabend '85 besuchen. Mit Geschenken stand er vor der Tür. Sie blieb zu. Fabian konnte er durchs Fenster sehen. Auch diese Nacht endete im alkoholertränkten Besäufnis. »Er hätte einen gebraucht wie Robert Schwan«, das sagen alle Alten vom FC Bayern. Der Vater von Rudi Brunnenmeier starb mit dem Beginn der Karriere seines Sohnes an Krebs. Beide Brüder mußten dem Vater folgen, beide Male Krebs. Rudi Brunnenmeier hat mehr verloren als den Fußball.

Brunnenmeiers Tor im »Endspiel« gegen
Borussia Dortmund sicherte 1860 München
die Meisterschaft

## Emmas tolle Klebe –
## doch Radi hielt alles

Im Wonnemonat Mai des Jahres 1966 wollte Borussia Dortmund mit einem Doppelschlag endgültig zur Legende werden.
Europacup der Pokalsieger und Deutsche Meisterschaft hießen
die Ziele. Als im unvergeßlichen Endspiel gegen den FC Liverpool »Stan« Libuda den Ball zum 2:1-Siegtreffer in der Verlängerung in die Maschen hob, zweifelte rund um den Borsigplatz
niemand, daß auch der zweite Teil des BVB-Coups Wirklichkeit werden würde. Als hätte ein kluger Regisseur die Fäden in
der Hand, kam es in der Bundesliga am vorletzten Spieltag der
Saison 1965/66 zum »Endspiel« zwischen der Borussia und
1860 München. Ein Sieg, und die Schwarz-Gelben hätten die
vierte Deutsche Meisterschaft eingefahren. Zwei Punkte vor,
dazu das wesentlich bessere Torverhältnis – der letzte Spieltag
wäre ohne Bedeutung gewesen. Doch – wie so oft im Fußball –,
wenn die Siegesgewißheit am größten, ist die Enttäuschung am
nächsten.

»War wenig Arbeit für mich. Emmerich hat tolle Klebe, aber
stand Radi immer richtig. Wird Trainer zufrieden sein mit
Radi.« So sprudelte es nach dem Spiel aus dem jugoslawischen
Torhüter der Sechziger, dem Unikum Petar »Radi« Radenkovic,
hervor. Trainer, das war Max Merkel, der mit Zuckerbrot und
Peitsche hantierte, wobei er letztere vor allem bei Unstimmig-
keiten mit seinem Torwart-Star bevorzugte.

Doch dazu hatte er nach dem Spiel in der »Roten Erde« keinen Grund. Radenkovic brachte die Dortmunder Stürmer und
die Fans im natürlich ausverkauften Stadion mit ausgezeichne-

*Viel Prominenz auf dem Rasen in der Kampfbahn Rote Erde vor dem Endspiel gegen »60«. Bundeskanzler Ludwig Erhard, damals im Revier nicht so populär, begrüßte beide Mannschaften.*

ten Paraden zur Verzweiflung. Ein einziges Tor fehlte der Borussia im Sturmlauf der ersten halben Stunde. »Radi« verhinderte es, und als die Gastgeber darüber nervös wurden und den Faden verloren, schlugen die bajuwarischen Löwen gnadenlos zu. 0:2 hieß es am Ende. Borussia war – dicht vor dem Ziel – an den eigenen Nerven gescheitert. Dortmunds Trainer Willy »Fischken« Multhaup (»WM«) hatte die Siegerelf von Glasgow aufgeboten, Merkel vertraute seinem Star-Ensemble, das ihn in den Wochen zuvor mehrfach zur Raserei gebracht hatte. Längst hätte der Titel an der Isar sein können, doch nun hing die Hoffnung nur noch an einem seidenen Faden. Ein Sieg in Dortmund – den hielten nur wenige Super-Optimisten für möglich.

Borussia griff stürmisch an, trotz konsequenter Manndekkung der Sturm-Asse Libuda (Patzke), Held (Zeiser) und Em-

*Die Entscheidung ist gefallen. Nach Peter Grossers 2:0 in Dortmund heißt der Meister 1966 1860 München.*

merich (Wagner) ergaben sich Tormöglichkeiten, doch »Radi« machte sie in stoischer Ruhe zunichte. Nur einmal blitzten an diesem Tag seine komödiantischen Ambitionen auf: Einen Freistoß von Paul boxte er aus dem Winkel, den Nachschuß von Sturm aus zwei Metern parierte er sicher und hielt den Ball sekundenlang im Liegen lächelnd hoch, seine Fans auf den Rängen grüßend.

Trotz der Dortmunder Angriffsbemühungen, Radis Ausstrahlung und der sehenswerten Konter der Sechziger über Grosser, Rebele und Brunnenmeier – es war lange nicht alles Gold, was da glänzte. Die insgesamt 16 Nationalspieler auf dem Rasen produzierten zumeist Stückwerk. Wie immer, wenn viel auf dem Spiel steht, verkrampften auch bei den Besten Geist und Muskeln. Nach dem stürmischen Beginn fiel es der Borussia immer schwerer, zu einem geordneten Spielaufbau zu kommen. Libuda wurde zudem von Patzke ausgeschaltet – die rechte Seite lahmte. Kurrat, Schmidt und Sturm liefen im Mittelfeld viel, Emmerich und Held bemühten sich, aus jeder Lage zu schießen, doch es kam nichts Zählbares dabei heraus.

Dann häuften sich die großen Auftritte des Peter Grosser. Unwiderstehlich seine Sprints an der Außenlinie und quer über den Platz. Cyliax folgte ihm kaum noch, wie alle Borussen war er auf die Offensive fixiert, wollte das eine, das »goldene« Meisterschaftstor, und sah nicht, wie im Bemühen um die endgültige Entscheidung sich das Verhängnis für die Borussia zusammenbraute.

Etwas mehr als eine Stunde war gespielt. Peter Grosser überlief erneut die Dortmunder Rumpfabwehr, paßte auf Rudi Brunnenmeier, und der hob den Ball über Tilkowski hinweg ins Netz. Borussia warf nun alles nach vorn, doch die Münchener Abwehr stand – und die Konter liefen schulbuchmäßig. Nein, die Sechziger hatten eher das zweite Tor auf dem Stiefel, als Emma und Co. den Ausgleich. Und eine Minute vor Schluß war es dann auch Grosser persönlich, der mit dem 0:2 nicht nur das Spiel entschied, sondern die Meisterschaft 1966.

Die Dortmunder Spieler verließen stumm den Platz, die Zuschauer marschierten traurig heim. Borussia hatte die große Chance zur Meisterschaft verpaßt, bisher bot sich keine ebensolche. Doch damals, im Mai 1966, trauerte keiner lange am Borsigplatz. Wer sich mit dem Gewinn eines Europacups über eine knapp entgangene Deutsche Meisterschaft hinwegtrösten kann, um den ist es so schlecht nicht bestellt.

## Stan Libuda – ein Sieger, der alles verloren hat

# »Wer hätte ahnen können,
# daß ich mal so daknie...«

Keiner sitzt mehr an der Theke, die ganze Kneipe hat sich im Seitenraum um den Diaprojektor versammelt. Gerd Bosch, der Gastwirt, zieht die Gardinen zu. Der Apparat springt an. Bild eins unscharf, Bild zwei unscharf, Bild drei: stop. »Das soll der Stan sein?« ruft Bosch. Die Männer ringsum schweigen, einer schüttelt den Kopf. »Nie. Nie und nimmer ist das der Stan.« Die Schattengestalten nehmen ihr Pilsglas und einen tiefen Hieb. »Nee, isser nich«, murmelt ein Rentner.

Alles im Eimer. Die ganze Geschichte im Mülleimer. Von Anfang an hatte die *Stern*-Sportredaktion ihre Zweifel gehabt. »Nie ist der, der da gerade mit der Sonnenbrille aus dem Arbeitsamt kommt, der Stan«, hatte Sportchef Jo Villvoye abgewunken. Und mir die letzte Chance gegeben: »Fahren Sie noch mal zum Schalker Markt und fragen Sie die Leute.«

Gerd Nowak, der den Kuzorra-Tabakladen von Libuda übernommen hat, war ebenso unsicher gewesen wie Heinz van Haaren, ehemaliger Mannschaftskamerad von Libuda. Und jetzt, hier im Schalke-Clubheim, das endgültige »Nein«. »Geschichte nur mit Bild«, hatte Villvoye gesagt. Geschichte gestorben. Ich trinke Bier, eins, zwei, drei, vier. Beim fünften werfe ich eine Runde. Bosch trinkt, setzt ab und sagt trocken: »Okay. Hast jetzt ein reingeworfen. Der da vorm Arbeitsamt, das is' Dein leibhaftiger Reinhard Libuda. Hat sich zwar 'n bißchen verändert, der Stan, aber isser.« Im übrigen würde er mir das schon deshalb sagen, weil die Leute »auch so 'ne Geschichte« ruhig mal lesen sollten.

Es war an einem Sonntag im Mai 1986. Ich wollte zur bevorstehenden Fußballweltmeisterschaft in Mexiko ein Interview mit Libuda. Es war gegen 17 Uhr, als ich durchwählte. Niemand nahm ab. Ich wollte schon auflegen, als sich doch noch seine Mutter Martha (70) meldete. Sie weinte; wohl deshalb hatte sie erst gar nicht abnehmen wollen. »Mein Junge ist am Ende«, schluchzte sie. »Wir haben ihn gerade mit dem Notarztwagen ins Krankenhaus gebracht. Er hat eine Darmgeschwulst.«

Noch am gleichen Abend müsse er operiert werden. »Aber wer soll das bezahlen? Seit ein paar Jahren schon hat mein Reinhard doch keine Beiträge mehr für die Krankenkasse eingezahlt. Mein Junge hat nichts mehr. Er hat nur noch Schulden, nichts als Schulden.«

Und nachdem sie sich ein wenig fangen konnte, wimmerte sie leise: »Er hat nicht mal mehr als einen Schlafanzug. Ich hatte ihm vom Papa einen mitgegeben. Was wäre bloß, wenn ich die Garderobe seines verstorbenen Vaters nicht immer fein gebügelt und aufbewahrt hätte . . .?«

Einen Tag später stand ich mit einer Flasche Traubensaft und einer großen Pralinenschachtel an Reinhard Libudas Krankenbett. Es war die Innere Station im Marienhospital in Gelsenkirchen-Ueckendorf. Obwohl Stan, der im Fensterbett lag, nicht aussah wie ein Frischoperierter, machte er einen geschwächten Eindruck. Er mochte weder den Traubensaft noch die Pralinen. Vor allem mochte er keine Journalisten: »Bitte lassen Sie mich. Bitte keine Journalisten«, flehte er. Ich hatte das geahnt. Aber der journalistischen Fairneß wegen mußte ich ihn besuchen. Reinhard Libuda war sehr nett. Er gab mir die Hand. Ich sollte ihn später einmal anrufen. Dann ging ich.

Ich ging seinem Lebensweg nach. Reinhard Libuda wurde 1943 als Kind eines Bergmannes geboren. »Schon wenn er als Kleinkind einen Ball sah, war er nicht mehr zu halten«, so Mutter Martha. »Als Knirps, nicht mal eingeschult, habe ich ihn von morgens früh bis abends spät nicht von der Straße gekriegt. Das

*Reinhard Libuda vor dem Arbeitsamt Gelsenkirchen.*

war ganz schlimm.« Meist sei er mit Älteren und viel Größeren zum Bolzen los. Wegen seiner unnachahmlichen Tricks und Körpertäuschungen spielte er schon als Kind in der Zechenmannschaft »Unser Fritz«. Und dann wurde Schalke 04 auf ihn spitz. Mit 17 hatte er seinen Vertrag in der Tasche. Gegen den Willen der Mutter brach er seine Maschinenschlosserlehre ab. »Was habe ich gebettelt und gefleht, daß er die Lehre beenden soll. Alles Unheil hatte ich schon damals geahnt«, macht sich die Mutter noch heute Vorwürfe. »Aber diese Begeisterung, dieser Jubel um meinen Sohn . . .«

Bei Schalke 04 vernaschte der wohl klassischste Rechtsaußen, den die Bundesliga je hatte, seine Gegenspieler, wie die Fans es haben wollten. Haken, Hacke, ab – zack, zack. »Wenn Reinhard auf dem rechten Flügel durchging, stiegen die Zuschauer auf die Sitzplätze. Nicht ›Schalke‹, nur noch ›Libuda‹

98

*Bereitete mit seinem fintenreichen Spiel den Menschen im Revier viel Freude: Stan Libuda zu Beginn seiner Karriere am rechten Flügel in der Glückaufkampfbahn.*

haben sie geschrien«, erinnert sich Tabak-Novak. Und Gerd Bosch schwärmt: »So einen wie den Stan kriegt der deutsche Fußball nie wieder.« Reinhard wurde zum Flankengott im Kohlenpott. Libuda, Erfinder der Fußballfinte. Ihm durfte man guten Gewissens das Erbe des legendären Sir Stan Matthews überschreiben, der noch mit 50 Jahren in der ersten englischen Division gespielt hatte: aus Reinhard wurde »Stan«. »An Jesus kommt keiner vorbei«, leuchteten die Reklamen für die Veranstaltungen des Predigers Bill Graham von Gelsenkirchener Litfaßsäulen. »Außer Stan Libuda«, notierten blau-weiße Fans darunter. Erinnerungen unter einem Riesen-Sombrero, der noch heute die Wohnzimmerwand ziert: Mexiko, WM 1970. Drei Libuda-Tore gegen Bulgarien. »Manchmal«, sagt heute Mutter Martha, »wenn er vor dem Fernseher sitzt und Fußball guckt, denke ich: Jetzt ist er irgendwo zu Hause, in seiner alten Zeit. Ich lasse ihn dann ganz still gewähren. Er begeistert sich vor allem an den Brasilianern und an den Argentiniern.« Libuda bestätigt, daß sie seinem Verständnis von Fußball noch am nächsten kommen: »Die Südamerikaner haben noch das Können, das ein Vollblut-Außenstürmer haben muß. Bei uns gibt es so was schon lange nicht mehr. Auf der Straße spielen nur noch die türkischen Kinder, die deutschen gehen wohl mehr in die Discos.«

Discos mochte auch seine Ex-Frau Gisela. Der sei, jammert Mutter Martha, nichts gut genug gewesen aus der Glanz- und Glitterwelt. Sportflitzer vor der Türe, der beste Schmuck habe kaum gereicht. »Es mußte ja eine Pelzjacke für 4000 Mark sein. Noch heute hängen 18 Blusen in ihrem Schrank«, seufzte sie, als Stan ins Krankenhaus eingeliefert werden mußte. In seiner ganzen Gutgläubigkeit sei er nur immer von anderen ausgenutzt worden.

Seine drei Häuser, zwei in Gelsenkirchen, eines in Dortmund, mußte Libuda verkaufen. Vom Ertrag des letzten konnten Krankenhausaufenthalt, Anwalts- und Zahnarztkosten sowie Miet- und Stromrechnungen beglichen werden, so Mutter Martha. Die Hälfte sei eh' an seine Ehefrau gegangen. Seit fünf Jahren ist er nun von ihr geschieden.

Gewiß, Ernst Kuzorra, dessen Tabakladen Libuda vorübergehend übernommen, aber den er schnell runtergewirtschaftet hatte, mag heute noch schimpfen: »6000 Mark kriege ich noch vom Stan, aber die habe ich inzwischen abgeschrieben. Ich bin so enttäuscht von ihm.«

Dennoch hat sich der Wunsch Mutter Marthas erfüllt: Rolf Rüssmann, einstiger Mannschaftskamkamerad ihres Sohnes, hat Reinhard Libuda eine Arbeit in einer Druckerei besorgt. So gesehen war Stans Gang zum Arbeitsamt, wo wir ihn schließlich fotografierten, überflüssig gewesen. An seinem heutigen Arbeitsplatz verrichte er, so die Mutter, für 1500 Mark netto Aufräum- und Lager-, Transport- und Säuberungsarbeiten. 500 Mark würden an Unterhaltszahlungen an seine Ex-Frau gehen, 400 Mark müsse er an Kostgeld zahlen. »Was bleibt denn, wenn er seine Zigaretten raucht und abends seine zwei Fläschchen Bier trinkt?« Übrigens: »Der Trinker, den sie dem Stan gern angedichtet haben, ist er nie gewesen«, versichert Gerd Bosch.

Es bleibt ein Leben in Bescheidenheit, das Libuda wohl nie schwerfiel. Und es bleibt ein Rest an Stolz, den die einstige Legende Libuda nie hergeben wird. »Der Reinhard könnte noch heute mit 'ner Einkaufstasche in der Gelsenkirchener City betteln gehen und hätte sie in 'ner Viertelstunde voll«, verspricht Gerd Novak in Kuzorras Tabakladen. »Aber nie würde er das tun.« Der *Spiegel* soll Libuda für seine eigene Geschichte eine fünfstellige Summe geboten haben. Er nahm nicht an. Auch ein Benefizspiel zu seinen Gunsten lehnte er ab. Da schiebt er manchmal lieber ein paar Überstunden. »Das Geld tut er dann mit seinem Sohn Matthias zusammen, der als gelernter Goldschmied in einer Spiegelfabrik arbeitet. Beide wollen einmal zusammen in Urlaub fahren.«

Wünsche wie überall auf der Welt. Am Wochenende besucht

er immer seine ehemalige Frau. Dazu die Sportschau, ein paar Zigaretten, ein Feierabendbier. Einmal monatlich die Freude über das Schalker Clubheft, der regelmäßige Besuch der Heimspiele. Ein Mann wie von nebenan. Manchmal aber, sagt Mutter Martha, komme es ihm doch schmerzlich an: »Als er einmal in der Druckerei vor einer Besuchergruppe auf den Knien einen Ölfleck wegwischen mußte, da sagte er zu mir: »Ach Mama, damals, als ich die vielen Tore geschossen habe, wer hätte da ahnen können, daß ich einmal so daknien müßte . . .«

»Legionäre« aus aller Herren Länder
prägten schon früh das Gesicht der Liga

## »Ausländer rein!«

Als die Liga 1963 aus der Taufe gehoben wurde, spielten ausländische Stars so gut wie keine Rolle. Lediglich fünf Lizenzspieler in den 16 Vereinen besaßen keinen deutschen Paß. Der bekannteste von ihnen war fraglos »Radi« Radenkovic, jugoslawisches Torwart-Unikum in Diensten von 1860 München, der zwischen den Pfosten ebenso seinen Mann stand wie im Plattenstudio („Bin i Radi, bin i König«). Er sorgte für die ersten Show-Einlagen in der Bundesliga und brachte – bis auf seinen Trainer Max Merkel – mit seinen Ausflügen bis weit in die gegnerische Hälfte manch bierernste Miene zum Lachen.

Neben ihm spielten im ersten Jahr der bundesdeutschen Elite-Klasse noch der Holländer Jacobus Prins beim 1. FC Kaiserslautern und Willi Huberts bei der Frankfurter Eintracht einen guten Part als kickende Fremdarbeiter. Währenddessen Dragomir Ilic (Werder Bremen) und der Türke Ünyazici in Braunschweig kaum über die Rolle als Ersatzspieler hinauskamen.

Ein Jahr später hatte sich die Zahl der Legionäre bereits verdreifacht. So einen wie Radi, der die Kassen füllte, konnten sich manche Funktionäre auch in ihrer Mannschaft vorstellen. In den folgenden Jahren begann ein wahrer Run auf die Balkan-Kicker, nach dem Motto: Jedem Verein sein Jugoslawe. Doch nur wenige konnten sich durchsetzen wie das kleine Laufwunder namens Perusic bei 1860 München, der erste stürmende Verteidiger, Fahrudin Jusufi, bei der Frankfurter Eintracht oder Djordje Pavlic, der beim Meidericher SV (später MSV Duisburg) zum Mr. Zuverlässig wurde. Andere wollten zu offen-

*Begeisterte mit seinen Tricks die Club-Fans: Rechtsaußen Srdjan Cebinac, allgemein und kurz »Cebi« gerufen.*

sichtlich nur die »schnelle Mark« machen und enttäuschten und erzürnten die hoffnungsfrohen Fans nachhaltig. So der Spieler

Cebinac, der in Köln in der Spielzeit 65/66 über drei Einsätze nicht hinauskommen sollte, der lauffaule Popovic im Team der fleißigen VfB-Schwaben, der außerordentlich trinkfeste Miladinovic beim Nürnberger Club, der Stopper-Flop Durkovic, der selbst Hennes Weisweiler an der Nase herumführte oder der Schalker Carko Nikolic, bei dessen Stümpereien im hinteren Mittelfeld die Kummer gewohnten Gelsenkirchener Fans bald nicht mehr wußten, ob sie lachen oder weinen sollten. Durchaus als Höhepunkt jugoslawischer »Arbeitsverweigerung« ist der säbelbeinige Sekularec anzusehen, der sich im Badischen ein feines Leben gönnte und die Fans des KSC zur Weißglut brachte.

Jahre später rehabilitierten allerdings Extra-Könner wie Torhüter Milutin Soskic (1. FC Köln), der kahlköpfige Torjäger Hosic beim 1. FC Kaiserslautern und vor allem der wieselflinke Dribbelkönig Cebinac (»Cebiiii«) in Nürnberg ihre Landsleute.

Bei der Integration der Legionäre bevorzugten manche Clubs die »Blockbildung«. Zwei Landsleute sollten sich gegenseitig die Eingewöhnung erleichtern. So verfuhren im zweiten Liga-Jahr der HSV mit den Finnen Peltonen und Mate, die Nürnberger mit Alleman und Wütherich, zwei Schweizer Nationalspielern, und Werder Bremen mit den Dänen Danielsen und Björnmose. Der Nordclub zog mit den Nordmännern zwei wahre Volltreffer, was Schule machen sollte. Als die Jugoslawen in Verruf gerieten, konzentrierten die Einkäufer der Elite-Clubs ihre Begierde auf Skandinavien. Weil ein bißchen Verlust immer dabei ist, war unter den Wickingern auch mal der eine oder andere Flop (Mate, Granstöm, Michaelsen), doch ansonsten kam allererste Fußballer-Sahne über die Ostsee in die Liga geschippert.

Neben Werder Bremen zog der VfB Stuttgart mit seinen Schweden Jan Olsson und Bo Larrson das große Los. In Köln wirbelte sich auf Rechtsaußen Roger Magnusson in die Herzen der Fans. Am anderen Flügel begeisterte am Gladbacher Bökelberg ein Däne die Massen: Ulrik le Fevre.

Zum Abbau mancher Vorurteile hinsichtlich des österreichischen Fußballs leisteten eine ganze Reihe Kicker aus der Alpenrepublik in der bundesdeutschen Erstliga Erstaunliches. Neben dem schon erwähnten Willi Huberts bei der Frankfurter Eintracht waren auch Pumm und Starek bei Bayern München, Thomas Parits in Köln und Frankfurt, Torsteher Fraydl in Berlin, Hansi Pirkner in Schalke und Hickersberger und Schmidradner auf dem Bieberer Berg in Offenbach absolute Leistungsträger. Über allen ist noch »Buffy« Ettmayer zu nennen, Publikumsliebling in Hamburg und Stuttgart, der irgendwann seine Kämpfe gegen überflüssige Pfunde aufgegeben hatte und kugelrund, aber blitzgescheit seine Regiekünste in schöner Regelmäßigkeit mit Toren des Monats garnierte, daß seinen gertenschlanken Gegenspielern nur noch entsetztes Staunen blieb. Da war dann auch ein gewisser Franz Hasil zu verschmerzen, den Günther Siebert für Schalke von Rapid Wien erworben hatte. Zweifellos ein begnadeter Techniker, doch zusätzlich ausgestattet mit einem chronischen Hang zu allen Süßigkeiten des irdischen Daseins. Dem »Franzl« wurde in Gelsenkirchen manche Eskapade verziehen, doch als er nach einem Jahr zurück nach Wien düste, weinte ihm keiner eine Träne nach.

Aus den Beneluxstaaten kamen so hochkarätige Holländer wie der Duisburger und spätere Schalker Heinz van Haaren, Egbert ter Mors (RWE), Jacobus Prins (Kaiserslautern) und der Titelheld dieses Buches, die legendäre Ente Willi Lippens. Luxemburg schickte Nico Braun auf die Schalker Ersatzbank, Frankreich den Stuttgarter Volkshelden Gilbert Gress, Belgien den Torjäger Roger Claessen auf den benachbarten Aachener Tivoli, von dem es hieß, er müsse vor jedem Spiel mindestens zwei »Nummern« machen, um wirklich Großes leisten zu können.

Vor der Arbeiter-Invasion vom Bosporus registrierten die hiesigen Fußballfreunde mit Keeper Arcoc Öczan beim HSV und dem behenden Linksaußen Ender Konca (oder umgekehrt) le-

*Der legendäre »Radi« Radenkovic mit seinem Trainer Max Merkel, der ihm gleicher-
maßen größter Förderer wie Kritiker war.*

diglich zwei Türken auf dem deutschen Grün, aus dem Ostblock flüchteten der Pole Slomiany, der als Geldbriefträger in der Schalker Bestechungsaffäre zu höchst zweifelhaftem Ruhm gelangte, der Rumäne Ghergely und der Ungar Zoltan Varga, beide zur Berliner Hertha. Am Gesundbrunnen landete auch der einzige Engländer in den ersten zehn Jahren Bundesliga. Goodwin kam aus Südafrika, wo er schon keine Bäume ausgerissen hatte, zur Hertha, blieb aber nach enttäuschenden Leistungen nur eine Saison.

Vier wirkliche »Exoten« kamen aus Südamerika, alle waren fußballerisch kaum mehr wert als das Flugticket, mit dem sie über den großen Teich jetteten. Da spielte der Brasilianer Tagliari beim Meidericher SV, Landsmann Zeze beim 1. FC Köln. Oder besser: Sie spielten nicht. Alemannia Aachen setzte nach dem Aufstieg 1967 auf Horacio Troche, der 1966 bei der WM in England Uwe Seeler eine schallende Ohrfeige verpaßt hatte, und Landsmann Borteiro aus Montevideo. Nach einem Jahr flogen sie wieder in die Pampas.

Die richtige Invasion der Legionäre begann nach der Zeit, die uns in diesem Buch interessiert. Doch schon in den ersten zehn Jahren prägten die Ausländer manches Team, bestachen zumeist durch Zuverlässigkeit, Einsatzfreude und Disziplin. In dieser Hinsicht überholte so mancher »Import« die einheimischen Cracks noch rechts – und der Fan auf den Rängen nahm es mit Genugtuung zur Kenntnis. Er akzeptierte die Fleißigen, doch geliebt wurden die Verrückten, die Techniker und Künstler, mit dem Schuß Genialität in den Aktionen. Ihnen liegen die heimischen Fans zu Füßen, gestern wie heute. »Ausländer rein!« heißt deshalb seit jeher und allen dumpfen Zeiterscheinungen zum Trotz die Losung in der Liga.

## Die Spielervermittler:
## Graue Eminenzen diktierten den Schwarzmarkt

# »Menschenhändler, ein Kosewort«

Die Bundesliga stand in ihrem ersten Sommer, als ein blaßgelber VW 1500 sechzehn Städte ansteuerte. Am Lenkrad ein ehemaliger Amateurboxer. Claus Tesch (»Ich bin im Ring kaputtgeschlagen worden«) sollte 301 Lizenzspieler zu Gewerkschaftsmitgliedern machen. Sein Auftraggeber, die Deutsche Angestelltengewerkschaft (DAG), war im Herbst mit dem Ergebnis der Beitritts-Rallye zufrieden. Nahezu komplett unterschrieben die Spieler von acht Klubs. Ex-Boxer Tesch sammelte auf Anhieb 125 Unterschriften und konnte mit dem Schalker Schorsch Gawliczek gar einen Trainer gewinnen.

»Absolut notwendig«, urteilte dessen Kaderathlet Bernie Klodt über die »Fachgruppe Bundesliga in der DAG«, die für einen Monatsbeitrag von zehn Mark die veritablen Mitglieder, so der Auftrag, »in ihren sozialen, wirtschaftlichen und sportlichen Interessen gegenüber dem DFB und den Vereinen mit Nachdruck« vertreten wollte.

In Frankfurt mochte man das zunächst gar nicht gern. DFB-Generalsekretär Hans Paßlack fürchtete die Fatamorgana bestreikter Spielfelder und die freie Wahl des Arbeitsplatzes: Über Freigabe und Wechsel hätten gefälligst und ausschließlich die Vereine zu befinden. Die Sklaven lagen in Ketten, immerhin aus güldenem Edelmetall. Zwei Jahre nach dem 16-Runden-Kampf von Boxer Tesch durch alle Bundesligastädte (nur beim 1. FC Köln mochte niemand unterschreiben, so wie heute Fußball-»Gewerkschaftler« Benno Möhlmann auf das erste Autogramm bei Bayern München wartet) saßen DFB und DAG am

*Trainer und Spielervermittler: Raymond Schwab*

*Dr. Otto Ratz*

gleichen Tisch. Der war rund und sollte den Fußball sauber-
machen.

Der Skandal um Hertha BSC war eben verraucht, als die kon-
servativen Kickerfunktionäre gemeinsam mit den konterrevolu-
tionären Gewerkschaftlern die wahren Bösewichter der Bundesliga ausspähten. Dazu mußte die Runde weit hinter die Kulisse
blicken. Gemeint war eine Handvoll Spielervermittler. Ein Oli-
gopol von Insidern und Drahtziehern der Transfergeschäfte, das
Markt und Preise beherrschte. Bei der Jagd nach Spitzenfußbal-
lern und Talenten kam im Vorspiel kein Klub an den Maklern
vorbei.

Der schwarze Markt überhöhter Handgelder und Ablösesummen nämlich war für die Lederbörsenhändler total legal.
Die Vermittler zwischen Spielern und Vereinen konnten vor
kein DFB-Gericht gezerrt werden. Der im Bundesligastatut
verbotene finanzielle Schmu allerdings fand im ordentlichen
Strafgesetzbuch keinen passenden Paragraphen. Und diese
Lücke teilten sich ganze vier Vermittler, die sich einander spin-
nefeind waren wie Hund und Hase.

Dr. Otto Ratz, in Münchens Prinzregentenstraße residierend
und mit einer Filiale in Basel (Postfach 570), war der größte und
reich an Gewicht. Der Ungar, promovierter Jurist mit Zweitstu-
dium als Fußballreporter beim Rundfunk, ließ sich von Rudi
Brunnenmeier am 11. Februar 1962 die Alleinvertretung für die
Vermittlung ins Ausland unterschreiben. Der »Löwe« wurde an
diesem Tag volljährig.

Der gebürtige Budapester mit Backenbart (»Ich bin sehr eitel«)
besaß das dickste Telefonbuch der Branche und die besten Kontakte in gesamt Europa. Über das Etikett »Menschenhändler«
äußerte sich der große Schweiger fast erfreut: »Im Fußballeben
gelten Worte wie Sklaventreiber und Menschenhändler als richtige Koseworte.«

Der Essener Raymond Schwab agierte im Vorleben als Zir-
kusartist. Einen Pferdekarren zog er mit bloßen Zähnen durch

die Manege. Nachdem er als Trainer bei Rot-Weiß Essen, dem Wuppertaler SV und Bayer Leverkusen den Firmeneinstieg vorbereiten konnte, gefiel es dem pressescheuen Schwab später, längst mit beiden Füßen im Geschäft, sich nur im Trainingsanzug fotografieren zu lassen. Weiße Kragen waren windig und verdächtig, sein Verdacht begründet, ihm und anderen das Wasser abzudrehen.

Vermittler Schwab, der nicht nur Jürgen Sundermann für teures Geld bei Hertha BSC unterbrachte, rühmte sich gar öffentlich seiner guten Dienste für den deutschen Fußball. Horst Szymaniak nämlich holte er 1965 für Tasmania 1900 aus Italien an die Spree und »Schimmi« spielte Monate später beim 2:1 im wichtigen WM-Qualifikationsspiel in Schwedens Göteborg wieder in der Nationalelf: »Gerade jetzt hat der DFB doch Gelegenheit einzusehen, wie nützlich wir sind.« Schwab besaß allerdings auch die Gabe, den Beweis der Nützlichkeit seiner kleinen, nicht unbedingt feinen Zunft mit einem Schlag in Frage zu stellen. Mißtrauischen Journalisten mit heißen Recherchen gab er einen kurzen Haken: »Ich höre immer nur Pressefreiheit, ich wünsche mir nur eins: daß die Pressefreiheit einmal für vierzehn Tage vom Faustrecht abgelöst wird.« Was Wunder, wenn ein pfiffiger Redakteur ausgräbt, daß eben Raymond Schwab im ersten Spieljahr den Münsteraner Manfred Rummel geschmiert haben soll, daß anstelle von Hertha BSC besser die Preußenadler aus Münster die Kurve zum Abstieg nehmen sollten. So geschah es denn. Schwab kam nicht auf Idee, wegen des Bestechungsvorwurfs den Staatsanwalt zu bemühen. So geschah es allerdings bei Karl »Moppel« Alt. Berliner, später Spielervermittler, davor Schiedsrichter. Fritz Walter drohte er einmal mit Platzverweis. Vor dem Berliner Kammergericht mußte er sehr klein beigeben. Er besaß eine Liste von Schiedsrichtern, sechs an der Zahl, die für Zuwendungen über mehr als 25 Mark Tagesspesen hinaus zugänglich waren. Aber gemessen an Ratz und Schwab war Alt ein kleiner Fisch. Sein Mund stand anders als bei den beiden großen Haien

113

im direkt unproportionalen Verhältnis zu seinem Aktionsradius auf dem Transfermarkt. Als Alt mitten im Hertha-Skandal den Medien anbot, »auszupacken«, war in den Redaktionsstuben bereits alles und bestens bekannt.

Nikolaus Berger, als Frankfurter Vierter im losen Bund der Vermittler, konnte eh nicht viel sagen. Das eiserne Rezept der Gilde fiel ihm leicht, er sprach kaum Deutsch.

Aber Fraktur reden war eben in Frankfurt im Advent 1965 angesagt, als sich unter Kerzen und Kranzkuchen die Spitzenvertreter von DFB und DAG für einen sauberen Fußball fertig zum Fest machen sollten. Jawohl, diese heimlichen Konstrukteure der Spielerwechsel machten allein den Fußball kaputt. Sie verdienen, wie Dr. Otto Ratz (»Mr. Zehnprozent«), durch überhöhte Preise und haben kein Interesse an der Einhaltung der Statuten. Woher auch, wenn von Nikolaus Berger in einem seiner wenigen Interviews dokumentiert ist: »Spieler und Vereine kommen zu mir, und sie bitten mich um Hilfe.« Das sollte anders werden, ab Advent. Bei Frankfurter Kranz und leuchtenden Kerzen. Ein Schiff sollte geladen kommen, ein Kind geboren werden: die »Fachvermittlungsstelle Fußball«.

Eine paritätisch besetzte Arbeitsvermittlung für den notleidenden Fußball und arbeitsuchende Ballkünstler mit Vorstandsmitgliedern von DFB, DAG und der »Bundesanstalt für Arbeitsvermittlung und Arbeitsuchende« in Nürnberg wollte den kleinen Markt der Makler schließen. Mit einem Rechtstrick, dessen Flanke noch heute in der Luft ist. Fußballer mit Lizenz nämlich durften sich wirkliche Künstler nennen. Spielervermittler durften nur deshalb vermitteln, weil das Vermittlungsmonopol für Arbeitsuchende beim obersten Arbeitsamt in Nürnberg lag. Einzige Ausnahme der Regel: Artisten und Künstler. Die Arbeitsämter buchten den kleinen Kreis der Lizenz-Kicker unter die frei Vermittelbaren. »Lederartist« oder »Ballkünstler«, das waren keine literarischen Schöpfungen begnadeter 1:0-Berichterstatter, sondern arbeitsrechtlich abgesegnete Vokabeln.

Seit 1966 liegt die Arbeitsvermittlung für alle veränderungswilligen Balltreter beim Nürnberger Monopolpool, delegiert an die »Fachvermittlung Fußball« in Frankfurt. Wie jeder weiß, marschieren seitdem alle Transferwilligen zum Arbeitsamt, lassen sich vom Pförtner das Wartekärtchen mit der Nummer 167 geben und warten in der Schlange auf ein Angebot aus Hamburg, München oder Mailand.

Zwei weitere Dinge haben sich grundlegend geändert. Erstens erschreckt das Arbeitsförderungsgesetz die möglicherweise noch amtierenden Vermittler, die es allein deshalb nicht mehr gibt, weil sie sich Berater nennen, bei Verstoß gegen das Vermittlungsmonopol mit einer Ordnungswidrigkeit bis zu 30 000 Mark. Und die »Bundesanstalt für Arbeitsvermittlung und Arbeitsuchende« heißt »Bundesanstalt für Arbeit«.

## Zum Beispiel Klaus Gerwien und Horst Köppel: Werbung mit Mann und Mannschaft

### Hirschkopf und Toupet

Sie hatten wirklich wenig miteinander zu tun, der Eintracht-Löwe und der Pendler zwischen Stuttgart und Gladbach. Hier Klaus Gerwien, der treu und brav mit den Braunschweigern elf Jahre lang alles von der Deutschen Meisterschaft bis zum Abstieg teilte. Dort Horst Köppel mit der zweifachen Rückfahrkarte zwischen Neckar und Rheinland.

Als Klaus Gerwien auf dem proppevollen Altstadtmarkt zu Braunschweig am Ende der dritten Saison stolz die Salatschüssel reckte – ein Meister der bislang wenigsten Tore und Gegentore –, hatte Horst Köppel gerade das erste Jahr hinter sich. Mit achtzehn gleich im ersten Spiel gegen den 1. FC Nürnberg vor 75 000 Zuschauern dabei, mit neunzehn bereits Nationalspieler. »Das Thema Hackordnung hatte sich damit erledigt«, schmunzelt »Horschtle« schwäbisch. Dabei ist er heute zumindest halber Westdeutscher.

Nach zwei jungen Jahren und einem super Mittelfeld-Duo mit Bo Larssen ging Horst Köppel für drei Jahre nach Gladbach: »Hennes Weisweiler wollte mich von Anfang an.« Als Jugendländerspieler kickte er schon mit Berti Vogts, und nun neben Günter Netzer. »Beides Einzelgänger mit ganz unterschiedlicher Charaktere«, urteilt Köppel, der als gereiftes Fohlen wieder den Zug nach Stuttgart nahm. Nach noch einmal zwei Jahren, »der VfB hatte ein neues Präsidium mit einer neuen Mannschaft, aber trotz UEFA-Cup-Teilnahme kaum Zuschauer«, nahm er wieder die Richtung zum Niederrhein, denn »Günter Netzer ging zu Real Madrid, und Gladbach mußte was machen«.

116

Nach fünf Sommern am Bökelberg blieb er bis heute mit erstem Wohnsitz Gladbacher, steht Woche um Woche im Licht der Liga, fährt tagtäglich mit dem Zug zu seinen ringelbesockten Pokalsiegern nach Dortmund. Wer käme da auf die Idee, nach Gemeinsamkeiten mit Klaus Gerwien zu suchen, der im beschaulichen Bienrode sein Einfamilienhaus hochgezogen hat, in Braunschweigs Zentrum eine chemische Reinigung unter- und sich selbst in der »Alten Liga« der Eintracht und im Prominenten-Team des Norddeutschen Rundfunks fit hält?

Selbst auf dem Rasen gingen sich beide aus dem Weg, denn beide waren Angreifer. In allen Positionen, und am besten auf Rechtsaußen. Sicher, Horst Köppel und Klaus Gerwien waren beide Nationalspieler, beide wurden Deutscher Meister. Doch während Klaus Gerwien elf Jahre Bundesliga in Eintracht und Beschaulichkeit mit zwei Trainern, Helmut Johannsen und Otto Knefler, erlebte, konnte Horst Köppel, später Co-Trainer in Köln unter Rinus Michels, von vielen abgucken: von Weisweiler und Zebec, Sing oder Eppenhoff, Gutendorf und Lattek.

Dennoch, trotz unterschiedlicher Karriereläufe und Nachspielzeiten verbinden sich die Namen Horst Köppel und zum Beispiel Klaus Gerwien wie ein Sinnbild ganz zu Anfang der Siebziger mit dem Auftakt einer neuen Ära. Der eine mußte sich ein Trikot mit Hirschkopf überstreifen, der andere trug freiwillig ein Toupet. Zwei neue Tore wurden aufgestellt, die Werbung mit der Mannschaft und die Werbung mit dem ganzen Mann.

»Es ging nicht nur um Eitelkeit oder Schönheit«, erklärt Schwabe Köppel den damaligen Griff zur künstlichen Pracht auf dem schütteren Haupthaar, »es war auch eine ganze Menge Geld, und da konnte ich nicht nein sagen.« Ein Fußballspieler mit Perücke in der Bundesliga, das verhieß einen meisterlichen Schachzug der Marketingstrategen, als Werbung noch in den Windeln lag. »Allein schon wegen der Haltbarkeit«, blickt Horst Köppel auf die Strapazierfähigkeit mit zweimal täglich

*Einen Torerfolg von Horst Köppel verhindert in dieser Szene Wolfgang Fahrian.*

Training und Duschen zurück. Das damals wehende Kunsthaar hatte auch die Fotografen bewegt, als der Stuttgarter Kapitän am 2. Oktober 1971 aus den Katakomben des Stadions an der Grünwalder Straße trat. Zehnmal mehr Kameras als üblich schossen sich zur Premiere auf das Haupthaar von Horst Köppel ein. Bayern-Sepp Maier wollte ihm noch schnell in die neue Pracht fassen und den künstlichen Skalp vor dem Anpfiff hochhalten. Das konnte nicht gelingen, denn »das Ding war gar nicht runterzukriegen«.

Nicht nur das. »Wenn ich gewußt hätte, wie viel Arbeit das macht und wieviel du darunter schwitzt, also nein«, nie wieder würde er das heute auftun. Aber Horst Köppel (»Ich will ja keine Anti-Werbung machen«) bekannte sich erst am Ende des dritten Haarjahres wieder, und dies bis heute, zu seinem naturbelassenen lichten Haupt. Vorher verlängerte er den haarigen Vertrag noch einmal um zwei Jahre, setzte aber dann vorzeitig das Produkt ab und gab dem Produzenten das Geld zurück.

*Horst Köppel mit Toupet*

Die Werbewelt hatte da längst begriffen, daß mit Stars an den Start zu kommen ist. Vorher posierten zwar Torhüter Tilkowski für Frisiercreme und Uwe Seeler für die Drei-Riemen-Kultur. Die große Zeit der Ein-Mann-Werbung aber begann mit Horst Köppel. So einfallsreich wie seine Marketing-Macher lief nie-

*Klaus Gerwien war ein unwiderstehlicher Dribbler auf dem rechten Flügel.*

mand mehr auf. Kein Franz mit »Kraft auf den Teller« oder »Pilsnase« Jupp Derwall.

Doch zur selben Zeit, da Horst Köppel die Lust auf »Hair« langsam ausging, bastelte ein Mann aus Wolfenbüttel an einem mannschaftlichen Konzept von Werbung via Fußball. Günter Mast produzierte »Jägermeister« und provozierte den DFB. Viel mehr rieselte damals dem Frankfurter staubtrockenen Konservatismus der Kalk von den Wänden, als es jüngst mit Manfred Ommer ein Schnellkommer der Branche vermochte. Die Aids-Präservative des Ex-Sprinters für den FC Homburg verstießen zwar in Augen des Fußballbundes gegen Moral und Ethik, aber das Landgericht Frankfurt bejahte die Gummibrüste auf Bundesligarasen.

Wie anders war dies Anfang der Siebziger, als Oswald Kolle noch für die Aufklärung zuständig war. Ein geweihvoll röh-

*Klaus Gerwien*

render Hirsch sollte da gegen die Spielordnung verstoßen. »Mit oder Ohne?« Die Beantwortung der gänzlich unsexistischen Frage sollte Epoche machen.

Am 20. Januar 1972 wollte Eintracht das erste Mal. Sponsor Günter Mast hatte 800 000 Mark auf fünf Jahre versprochen. Im Umtausch des Braunschweiger Löwen gegen den Hubertus-Kopf aus Wolfenbüttel. »Zum Heimspiel gegen Kickers Offenbach«, erinnert Klaus Gerwien an die leidige Trikotwahl, »sollten wir die neuen Hemden tragen.« Am Nachmittag vor der geplanten Premiere lehnte Eintracht-Schatzmeister Schroeder die telefonische Bitte von Ligareferent Wilfried Straub, auf die neuen Kleider zu verzichten, noch ab. Am selben Abend trudelte ein Telegramm aus Frankfurt auf den Tisch: »Der Bundesligaausschuß des DFB hat nach Prüfung der vorgelegten Unterlagen es dem Verein untersagt, bis zur Entscheidung durch das DFB-Präsidium mit dem neuen Trikot unter Verwendung des Wappenbildes ›Hubertus-Hirschkopf‹ anzutreten.« Klaus Gerwien und Kollegen mußten sich der versteckten Drohung beugen: »Schiedsrichter Eschweiler hätte wegen nicht ordentlicher Spielkleidung die Partie wahrscheinlich gar nicht erst angepfiffen.«

Erst neun Monate später beschloß der DFB-Bundestag in Bad Godesberg, daß künftig Werbung auf der Vorderseite des Trikots erlaubt ist. Und noch eins hinten drauf: »Es soll gestattet sein, auf der Rückseite zusätzlich zur Rückennummer den Namen der Stadt oder einen Firmennamen anzubringen.« Nochmals vier Wochen später, am 30. November 1973, rückte der Vorstand des DFB gerade, wie es seitdem richtig zu sein hat: »Auf der Rückseite des Trikots darf lediglich der Name der Heimatstadt des Vereins angebracht werden.«

So laufen sie denn von dort an bis heute. Für Hardware und Heizöl, Baufirmen und Automarken, für »London hauchzart« und von Anfang an für Alkohol. »Jägermeister« machte die erste Mode und brachte mit Hirschkopf und Köpfchen das Umfeld des Balles in eine ganz neue Umlaufbahn.

Von der ganz natürlichen Wirkung alkoholreicher Kostproben weiß Interims-Haarträger Horst Köppel ein Liedchen zu singen, das am Stammtisch der Veteranen noch bis in alle Ewigkeit wiederholt wird. Gladbach wurde zum zweiten Male Deutscher Meister und begab sich von Frankfurt aus (nach diesem echten Endspieltag am 5. Juni 1971, als Bayern in Duisburg mit 0:2 unterlag und die Fohlen am Main mit 4:1 siegten) gleich auf eine Tournee durch Süddeutschland. Großer Abschied war angesagt beim wirklich allerletzten Spiel der Saison gegen den SC Haßfurth, dem Heimatverein von Luggi Müller. Denn nicht nur der Franke schied. Herbert Laumen und Peter Dietrich gingen nach Bremen, Horst Köppel zurück zum VfB. Er hatte noch nicht die Perücke auf, aber reichlich Restalkohol in sich. »Wir hatten die ganze Nacht durchgesoffen«, machte er den legendär gewordenen Eckball erklärlich, bei dem er die Eckfahne im Holz und die Zuschauer vor Lachen bog.

Eckball Gladbach. Horst Köppel läuft an, holt mit dem rechten Spann aus und haut voll in die Fahne. Doch damit noch kein Ende der Kurzkür. Durch den Querschläger hatte sich der Ball etwas ins Feld bewegt. Als alles lachte, hatte Berti Vogts voll von Spielfreude die Situation als erster wiedererkannt, sprintete mit Volldampf dem Leder zu und mußte im selben Moment mit einer Zerrung vom Platz humpeln. »Ich trage Jägermeister, weil er besser auf Brüste als in Blutbahnen paßt«, Fußballer wissen das spätestens seit dem Eckball von Haßfurth.

Eintracht Braunschweig wurde noch als Meister
»über die Schulter« angesehen

## Die Minimalisten aus Niedersachsen

Am 4. März 1967 hing der Himmel über Braunschweig voller
Geigen. Soeben hatte die Eintracht gegen Schalke gewonnen,
mit 1:0 zwar nicht glanzvoll, aber es hatte wieder gereicht.
32:16 Zähler bedeuteten eine Drei-Punkte-Führung vor der
anderen Eintracht aus Frankfurt, bei noch ausstehenden fünf
Heim- und fünf Auswärtsspielen, letztere großenteils gegen
Teams aus der unteren Tabellenhälfte. Was sollte der Nord-Ein-
tracht, Muster an Beständigkeit und Abwehrstärke (erst 16 Gegentore aus 24 Spielen), noch groß passieren? Aber Braunschweig Meister? Der bescheidene Auch-Bundesligist aus dem
südöstlichen Niedersachsen, der erst vor relativ kurzer Zeit seine
an Radrennfahrer erinnernden Trikots gegen ein bundesligage-
mäßes Styling ausgewechselt hatte, vor den berühmten Mannschaften aus dem Westen und Süden und sogar vor den übermächtigen alten Nord-Rivalen HSV und Werder? Konnte das
wirklich angehen?

Kein Zweifel, zu den Glamour-Teams der Bundesliga gehörten die Welfenstädter auch zu dieser ihrer Glanzzeit nicht. Die
Lobgesänge – und die Titel-Prognosen – galten anderen: den
Europacup-Siegern von Glasgow, Borussia Dortmund; den »anderen Löwen«, nämlich Max Merkels 1860ern aus München,
ihres Zeichens Titelverteidiger; immer noch dem 1. FC Köln
und schon dem 1965 aufgestiegenen Duo Bayern/Gladbach, das
vorerst noch im Mittelfeld der Tabelle residierte, aber von der
Spielkunst her bereits kommende große Dinge erahnen ließ.

Die Eintracht hatte keinen Libuda und keinen Radenkovic,

keinen Overath, keinen Beckenbauer und keinen Netzer. Sie hatte auch keinen Max Merkel (den die Münchener im Dezember 1966 feuerten), aber dafür einen Helmut Johannsen, der schon im vierten Jahr an und mit der Mannschaft arbeitete. »Er verstand es, die unterschiedlichen Charaktere, zum Teil auch gegen deren Willen, dazu zu bringen, seinen eigenständigen, geradlinigen Stil zu spielen«, erinnert sich Hennes Jäcker. Der langjährige Eintracht-Torwart und -Kapitän, zu der Zeit als Integrationsfigur, guter Geist der Mannschaft und Zweittorwart noch dabei, später auch Präsident des Vereins: »Wenn Dulz am Ball war, hieß das, Maas mußte steil gehen, und Gerwien genauso, obwohl er eigentlich lieber kurz angespielt wurde.« Ein System, für das natürlich die geeigneten Spieler vorhanden sein mußten; die beiden Außen und ihr Regisseur Hans-Georg Dulz beherrschten es ebenso wie die übrigen. Dennoch war es nicht selbstverständlich, daß sich die Mannschaft dem Trainer so weitgehend fügte, spielte doch der Kern schon seit Jahren zusammen. Jäcker betont auch die Verdienste von Johannsens Vor-Vorgänger Kurt Baluses, der schon in den späten fünfziger Jahren mit dem Aufbau der späteren Meistertruppe begonnen habe. »Es war eine Mannschaft, die vor allem kämpferisch stark war und in der, wie es oft ist, gerade deshalb auch eine gute Kameradschaft herrschte. Durch Spieler wie Ulsaß und Dulz wurde sie dann veredelt.«

Und obwohl es der Veredelungsprozeß mit sich gebracht hatte, daß mittlerweile recht unterschiedliche leistungsbezogene Gehälter gezahlt wurden, war es nach wie vor die mannschaftliche Geschlossenheit, die in Ermangelung ausgesprochener Stars die Stärke der Blau-Gelben ausmachte. Obendrein waren es fast alles Norddeutsche – sturmfest und erdverwachsen also, wie es das Niedersachsen-Lied ja auch vorsieht.

Und dann kam es doch anders ... fast. Ein 0:2 in Kaiserslautern nach schwacher Angriffsleistung schien nur ein Ausrutscher zu sein, zumal anschließend ein Sieg über den HSV, ein

0:0 in Dortmund und ein grandioses 5:2 über Bayern München – es stand schon 5:0 – schnell alles wieder ins Lot rückten. Das 1:1 in Düsseldorf ging auch noch an, aber dann passierte jenes 0:1 zu Hause ausgerechnet gegen den Nachbarn Hannover 96; Hans Siemensmeyer war es, der mit seinem Tor in der 58. Minute endgültig die Braunschweiger Zitter-Wochen einläutete. Daß sie erst mal mit einer vierzehntägigen Länderspielpause begannen, machte die Sache nicht besser, obwohl man sich moralisch nach Kräften zu sammeln versuchte; heiße Dankgebete gingen währenddessen nach Nürnberg, denn zum Glück hatte der Club in Frankfurt gewonnen, wodurch die dortige Eintracht immer noch zwei Punkte zurücklag.

Dafür zog sie dann am 13. Mai, dem viertletzten Spieltag, durch ein 2:0 in Hamburg gleich, denn die Braunschweiger verloren in Karlsruhe glatt 0:3! »Vielleicht kam da die Angst vor der eigenen Courage durch«, räumt Jäcker ein, doch den eigentlichen Grund für den vorübergehenden Einbruch sieht er in der Spielweise der Eintracht, die »unheimlich viel Kraft« gekostet habe. »Aber«, so der Ex-Torwart, damals im Hauptberuf Sport- und Lateinlehrer, heute Geschäftsführer einer Fachklinik für Rehabilitation, »es ist im Fußball wie im Leben – man lernt zu kämpfen, wenn man mit dem Rücken zur Wand steht.« Die Braunschweiger kämpften sich durch, besiegten im nächsten Spiel Borussia Mönchengladbach mit 2:1 (durch ein Tor von Erich Maas in der 89. Minute) und waren damit wieder auf Meisterkurs, denn die Frankfurter hatten in Bremen 0:3 verloren. Eine Woche später spielten beide unentschieden: die Hessen gegen Dortmund 3:3, die Niedersachsen in Essen 0:0, und das machte sie wegen ihres deutlich besseren Torverhältnisses schon vor der letzten Partie (4:1 gegen Nürnberg) zum Meister.

Elf zu neun Punkte aus den letzten zehn Spielen – das mag dazu beigetragen haben, daß die Eintracht auch als Titelträger gelegentlich noch über die Schulter angesehen wurde. »Einige

*So bejubelte Braunschweig 1966 den deutschen Meister Eintracht. Libero Böse und Schmidt mit der Salatschüssel.*

Zeitungen schrieben vom ›schwächsten Deutschen Meister überhaupt‹, erinnert sich Jäcker und fügt trotzig hinzu: »Hat uns nicht gestört.«

Es war vollbracht, und spätestens als sie im Europacup erstaunlich auftrumpfte und im Viertelfinale beinahe Juventus Turin ausgeschaltet hätte, gehörte die Eintracht »dazu«. Auch im Notizbuch des Bundestrainers kamen nun verschiedene Braunschweiger vor: Wolter, Bäse und Maas trugen einige Male den DFB-Adler, desgleichen Gerwien, der im Winter 63/64 noch unter Sepp Herberger eine Afrikareise mitgemacht hatte und nun nach fast fünf Jahren wieder berufen wurde. Wie schon angedeutet, war es praktisch eine Nord-Auswahl, die den ersten und bis heute einzigen Deutschen Meistertitel nach Braunschweig holte.

Vier Niedersachsen und ein Holsteiner bildeten die Abwehr: Horst Wolter im Tor, Achim Bäse als Libero, Klaus Meyer und der frühere Mittelstürmer Jürgen Moll als Außenverteidiger sowie Peter Kaack aus Neumünster auf dem Stopperposten. Ganze 27 Gegentore ließ dieses Bollwerk, in das sich gelegentlich Wolfgang Grzyb nahtlos einfügte, während der gesamten Saison zu – durchschnittlich also alle 113 Minuten und 20 Sekunden einen Treffer; die Torjäger der Liga mußten sich ihre Erfolgserlebnisse in Spielen gegen andere Vereine holen. Erst 1988 konnte Werder Bremen diesen Rekord brechen!

Weitere Nordlichter waren Walter Schmidt als Läufer, Klaus Gerwien am rechten Flügel und die beiden Innenstürmer, nämlich der Kieler Gerd Saborowski sowie, als einziger Vielleicht-doch-Star, Lothar Ulsaß. Er war Nationalspieler schon seit 1965, erzielte in zehn Länderspielen immerhin acht Tore, in der Bundesliga insgesamt 84 und traf in der Saison, von der hier die Rede ist, fünfzehnmal. Nur zwei von weiter her Zugereiste komplettierten die Stammelf: Linksaußen Erich Maas, der Ex-Saarbrücker, der aus dem Eifelland stammte, siedelte später ins Land des Eiffelturms über, nachdem man bei Bayern München seine Fähigkeiten nicht gewürdigt hatte. »Schorschi« Dulz hatte in Dortmund und Reutlingen gespielt, beim HSV hingegen fast nur die Ersatzbank gedrückt und war nun als Mittelfeldspieler, getarnt mit der Nummer 9, eine tragende Säule. »Der hatte die Gnade«, so Jäcker, »auch die 40-Meter-Pässe schlagen zu können.«

# Ein tolles Innen-Trio schoß Mönchengladbach in die Bundesliga

## Professor Hennes und die Fohlen

Aus der Sicht der Lederball-Fans sind die 70er Jahre eng mit den Gladbacher Borussen verbunden. Die Elf vom Bökelberg holte in diesem Jahrzehnt fünfmal die Meisterschale und wurde zweimal Vizemeister. Hennes Weisweiler prägte einen Angriffsfußball, der die »Fohlen« zur fraglos beliebtesten deutschen Mannschaft werden ließ. Der Grundstein dazu wurde bereits in den sechziger Jahren gelegt, als der Borussia nach dem Aufstieg 1965 zunächst nur ein 13. und ein achter Platz in der Endabrechnung blieben. Zwar schossen die Mönche in der Saison 1966/67 die meisten Treffer in der Liga, doch an der brüchigen Abwehr scheiterte das Ziel »Spitzenplatz« vorzeitig. Aber den Anhängern des ungestümen Offensivfußballs war die Plazierung der Borussia gar nicht so wichtig. Sie blieben dauerhaft fasziniert von der Art, wie Mönchengladbach in die Bundesliga gestürmt war. Erinnerungen an die Aufstiegsrunde 1965.

Schwierigkeiten mit dem neuen 4–2–4-System hatte Hennes Weisweiler noch in der Endphase der Regionalliga West gesehen und seinen Himmelsstürmern für die Aufstiegsrunde nicht die besten Chancen eingeräumt. Das konnten die Fußballfreunde trotz der 92 geschossenen Tore nicht allein als Zweck-Pessimismus begreifen. In der Tat hatte vor der Saison kaum einer mit der Borussia gerechnet. Die Abgänge von Höttges (Werder Bremen), Mülhausen (Hannover 96), Crawatzo (Schalke) und Kohn (Bielefeld) schienen kaum kompensierbar, ein mehrjähriger Neuaufbau unvermeidlich. Doch Weisweiler formte in kürzester Zeit eine Mannschaft mit dem jüngsten Durchschnittsalter aller Regional- und Bundesliga-Mannschaften, die nicht nur im Westen viele Sympathien genoß. Prunkstück war das Innentrio mit Heynckes, Rupp und Netzer, das es gemeinsam auf 67 Tore in der Regionalliga gebracht hatte. Regierender Mann im Team war Günter Netzer, der als vielfacher Junioren-Nationalspieler als größtes Borussen-Talent galt und später allen Vorschußlorbeeren gerecht werden sollte. Bernd Rupp stammte vom SV Wiesbaden und Jupp Heynckes aus der Gladbacher Kreisklasse, wo er gemeinsam mit seinen Brüdern kickte.

Hinzu kamen die pfeilschnellen Außen Laumen und der dunkelhäutige Waddey. Dagegen war die Abwehr Weisweilers Sorgenkind. Zwar war Manfred Orzessek ein Torwart, der an guten Tagen einen gegnerischen Sturm alleine zur Verzweiflung bringen konnte, doch die nur selten überzeugenden Außenverteidiger Wimmer (nicht verwandt oder verschwägert mit dem späteren Netzer-Substituten »Hacky« Wimmer) und Ernst und die nur kämpferisch starken Raßmanns und Pöggeler sorgten für manche steile Sorgenfalte auf der Stirn des Fußball-Professors »Hennes«. Kurz vor Beginn der Aufstiegsrunde stellte er nochmals um, zog Milder auf den Stopper-Posten zurück. Eine Maßnahme, die erheblich zur Stabilisierung der Defensive beitrug. Vorne klappte es sowieso wie am Schnürchen. Der Start konnte nicht besser gelingen: 5:1 wurde bei Wormatia Worms gewonnen, im folgenden Heimspiel Holstein Kiel 1:0 besiegt (durch ein Tor von Milder in der 92. Minute). Nach einem dürftigen 1:1 in Reutlingen wurde derselbe Gegner am Bökelberg mit 7:0 schier auseinandergenommen. Im Wechsel erzielten Rupp und Heynckes binnen siebzehn Minuten vier Treffer. Als Holstein Kiel sich mit 4:2 für die überaus unglückliche Hinspiel-Niederlage revanchierte, brauchte die Borussia unbedingt noch einen Zähler aus dem letzten Spiel gegen Wormatia Worms. Beim 1:1 vor 35 000 gelang dies auch; doch das Tor von Netzer war auch die einzige Aktion, die während der 90 Minu-

*Die Entdeckung des Jahres 1954: Der legendäre Gladbacher Innensturm mit Heyn-*
*ckes, Rupp und Netzer. Nach dem Aufstieg machten sie auch in der Bundesliga Furore*
*und kamen zu einigen Länderspiel-Ehren.*

*Wieder ein Tor gegen den armen Jupp Elting im Schalker Kasten. Diesmal durch Jupp Heynckes.*

ten Freude auslöste. Nachher allerdings war der Jubel grenzenlos, der Bökelberg ein Meer schwarz-weißer Fahnen. Kölns Präsident Franz Kremer gratulierte Hennes Weisweiler: »Man muß nicht unbedingt eine Meisterleistung bringen. Wichtig ist, daß man Meister ist.« Weisweiler gab zu bedenken, daß seine Mannschaft 53 Meisterschaftsspiele absolviert hatte und seine blutjunge Elf schlicht »platt« war.

In der anderen Aufstiegsrunden-Gruppe hatte sich souverän der FC Bayern durchgesetzt. Die Bundesliga – vom Skandal um Hertha BSC und der Aufstockung auf 18 Vereine in einer ersten Zerreißprobe – versprach sich durch Bayern und Mönchengladbachs begeisterndem Angriffsfußball viel – und sollte recht behalten. Nach einer kurzen Eingewöhnungszeit wurden die beiden Neulinge aus der Spielzeit 1965/66 die erfolgreichsten Klubs der Elite-Liga.

Für die erste Spielzeit in der Bundesliga verzichtete Weisweiler auf spektakuläre Neueinkäufe. Von Armina Hannover kam »Amigo« Elfert an den Bökelberg und aus Neuss-Büttgen stieß ein Nobody zum Aufsteiger, der später noch einiges Ansehen erwerben sollte. Ein gewisser Hans-Hubert Vogts, den alle nur »Bertie« riefen.

# 1967 gewannen die Gladbacher »Fohlen« zweimal zweistellig

## Die Torfabrik vom Niederrhein

Auf die ganz großen nationalen und internationalen Erfolge ließ Borussia Mönchengladbach seine Fans bis in die siebziger Jahre warten. Vorher ließen die Fohlen allerdings immer wieder mit Highlights aufhorchen, die zwar nicht zum ganz großen Durchbruch reichten, die bundesweite Beliebtheit bis in die heutige Zeit aber fundamentierten. Der Sturmwirbel der Weisweiler Schützlinge stand für Spielfreude, Schnelligkeit und Tordrang schlechthin. Die Fußballfreunde waren aus dem Häuschen, die Gegner fuhren mit gemischten Gefühlen zum Bökelberg. 1967 erwischte es zwei besonders schlimm: Schalke 04 und Borussia Neunkirchen kamen zweistellig unter die Räder.

Der 7. Januar 1967 geht in die Annalen des FC Schalke 04 ein – Abteilung schwärzeste Stunden. Die höchste Niederlage, seit die Menschheit Schalke als Verein registriert hat. Das 0:11 in Mönchengladbach war den Blau-Weißen bitter auf den Magen geschlagen. Fünf Zentimeter hoch lag die Winterpracht, in der die Fohlen eher Schneehasen glichen, hinter denen die Schalker Abwehrrecken Pyka und Nicolic hinterherhechelten wie lange pensionierte Schlittenhunde. Gladbach fuhr einen furiosen Spezialslalom, Schalke übte auf dem alpinen Idiotenhügel. Jeder Gladbacher war seinem Gegenspieler in puncto Schnelligkeit peinlich überlegen, der erbarmungswürdige Jupp Elting stand im Schalker Kasten unter Dauerbeschuß, die Tore fielen zwangsläufig und wie reife Früchte.

Mit millimetergenauen Pässen löste Günter Netzer immer wieder die Lawinen aus, die da in Gestalt von Laumen, Rupp,

Wimmer und Heynckes auf das Schalker Gehäuse trieben und unter denen die desolate Langner-Truppe begraben wurde. Musterbeispiel dafür das vierte Tor: Netzers Traumvorlage über 40 Meter schaltete gleich fünf schlecht postierte Gelsenkirchener aus – Schneehaserl Rupp brauchte nur noch einzuschieben. Ohne Gnade berannten die ganz in Weiß »getarnten« Gladbacher Schneejäger bis zum Schlußpfiff das Tor von Elting. Auf der Gegenseite verbuchten die Gäste nichts weiter als einen Lattenschuß von Klose. Ansonsten blieb Torsteher Danner beschäftigungslos.

Fast auf den Tag genau elf Monate später erlebten die Borussen aus Neunkirchen ihr Waterloo am Bökelberg. »Das war ja fast so wie gegen Schalke«, freute sich der abermals überragende Günter Netzer. Viermal traf der lange verletzte Meyer, der nachher jubelte: »Ja, der Pitter ist wieder da.« Von »Superfußball« sprach DFB-Trainer Heddergott, derweil der völlig verzweifelte Gäste-Coach Zeljko Cajkovski alle Schuld auf sich nahm, weil er nach der Pause mit offenem Visier kämpfen und seine hoffnungslos unterlegenen Borussen ins offene Messer des Namensvetters laufen ließ. Acht Tore in der zweiten Hälfte, auf dem kalten, windigen Bökelberg feierten die Fans eine Woche zu früh den Einstieg in den Karneval.

Noch einmal zurück zum Schalke-Spiel vom Januar. Eine Woche später zeigten die Fohlen ihr weniger beliebtes zweites Gesicht. Im DFB-Pokal mußte man in Gelsenkirchen gegen die so vernichtend geschlagenen Schalker antreten. Ergebnis: 4:2 für Blau-Weiß.

Noch Fragen, warum der Fußball damals so interessant war?

# Willi Lippens:
## Die Legende von Ballkunst und Klamauk

### »Als die Ente Amok lief«

Gungstraße – mitten im Pott, auf der Mittellinie zwischen Essen und Bottrop. Sommer und ein blauer Himmel und die Wiesen grünbunt. Eine Idylle ganz nach den Wünschen der hochglänzenden Broschüren des Kommunalverbandes Ruhrgebiet: Urlaub im Revier.

Aber hier ist alles echt. Wallach »Filius« trabt nervig in der Koppel. Hühner und Schweine laufen frei. Die Kaninchen kauen Kohlrabi im Stall. »Rex«, halb Schäferhund und halb Rottweiler, knurrt im Zwinger. Zwei Mulis, zwei Ponys und ein Esel weiden sich am Kaiserwetter. Und, wie anders, die Enten.

Hier lebt das Original. Das Refugium hat er mit Millionenaufwand hergerichtet. An der Zufahrt zum Landsitz des Willi Lippens ein schmiedeeisernes Tor, in der Mitte schwingt das Metall in den Initialen »WL«, rot und weiß wie Rot-Weiß Essen. Immerhin, den Zeitläufen entsprechend, etwas abgeblättert. Die Hafenstraße liegt keine fünf Autominuten entfernt.

Hier, wo alles so echt ist, steht das Landgut der »Ente« in Nachbarschaft mit der Zentralkokerei Prosper, der Flachglas-AG und VEBA-Chemie, der Müllverbrennungsanlage Essen-Karnap und zwei Autobahnen. Und in die Mannschaftskasse des Landesligisten VfB Bottrop fließt ein Zwanziger, wenn Deoroller oder Rasierschaum mit Fluorchlorkohlenwasserstoff in der Duschkabine entdeckt werden. Hier ist Willi Lippens Trainer. Seine Antwort auf die widersprüchliche Realität von Heimatscholle, Umwelt und Ozonloch: »Mitten im Pott.« Jawoll, so isses.

*So werden ihn die RWE-Fans immer in Erinnerung behalten: Willi Lippens jubelnd nach einem seiner Tore. Hinten freut sich Klaus Senger mit.*

»Mitten im Pott«, so taufte Lippens, Angehöriger des filigranen fußballerischen Hochadels, seinen Landsitz. Hier trieb er Schweinezucht, heute werden Gesellschaften bewirtet. Feiern bei »Ente« ist in. Angefangen hat er vor zwanzig Jahren, bereits bodenständig und naturbelassen, als Obst- und Gemüsehändler an der Essener Florastraße. Die Kappesköppe, so ging die Kunde, soll er per Fallrückzieher in die Regale befördert haben. Aber erst mal die Lederkugeln!

»Es gab keinen gefährlicheren«, sagte Sepp Maier über Willi Lippens. Und wenn Gladbach, Bremen oder der HSV an die Hafenstraße kamen, brachen auf Berti Vogts, Horst Höttges und Manni Kaltz die schwärzesten neunzig Minuten ein. »Ja, ja, die Nationalspieler«, schmunzelt »Ente«, »die hab ich am liebsten gehabt. Das hat mir sehr viel Spaß gemacht.« Und noch einmal Maiers Sepp, bayrisches Karl-Valentin-Pendant über den Watschel-Linksaußen: »Der technisch beste Stürmer, den die Bundesliga je hatte.«

Die Bestnote in Technik reicht für den Tausendsassa vorn und hinten nicht. Willi Lippens am Ball, das war Intuition statt Reißbrett. Ein Homo ludens am Leder, ein Humanist im Sport. Ein Schalk, der niemals verletzen konnte. Genügsam, selbstbescheiden im Erfolg. Die Freude teilte er mit der Westkurve. Einer wie »Ente« hatte nicht nur das ständige Auge für die Mitspieler: »In jedem Zuschauer habe ich meinen besten Freund gesehen.« Und dieses »Elf Freunde müßt ihr sein«, diese idealistisch verklärte Gruppendynamik mit dem Erfolg, der ganz aus der Mitte dieses Geistes zu kommen hat? »Das gab es zu meiner Zeit nicht, das gab es auch '54 in Bern nicht. Manchmal sitze ich stundenlang mit Helmut Rahn zusammen. Nee, nee. Das gab es selbst bei den Weltmeistern nicht, das kann man sich vonne Backe putzen.«

In der Hackordnung, ganz darwinistisch, sitzen nur die Besten oben auf der Leiter. »Es gab Trainer«, lacht Lippens, »die mich doch tatsächlich in ein Konzept stecken wollten. Der Witzler, der Horvath. Am Ball konnten die mir ja nix mehr beibringen, aber taktisch. Von wegen Abwehraufgaben übernehmen.« Für Solo-Enten völlig indiskutabel, und diskutiert hat Willi Lippens nicht. »Ich hab das nie befolgt, da muß man stark sein. Es setzt sich immer der Stärkere durch, und das war ich.«

*Willi Lippens heute: Vor dem Eingang seiner Öko-Oase mitten im Ruhrgebiet. Das Wappentier ist eine kickende Ente, was sonst?!*

Basta, denn: »Ich hab zwar fürs Publikum gespielt. Aber nie vergessen, beizeiten ein Tor zu machen oder den Paß zu spielen. Meine Art, Fußball zu spielen, ist die schwerste. Erst das Spiel, dann kam die Galerie.«

Tore und rasende Ränge machen, das besorgten unglaubliche Körpertäuschungen, unbeschreibliche Bewegungen. Jonglieren mit allem, was an den Beinen ist. Willi Lippens war der erste und einzige, der den Ball mit dem Hintern stoppte, sich draufsetzte und diebisch mit dem Zeigefinger längs der Nase wischte. Vor allem, wenn die Seelen kochten. Kurz vorm Überlaufen nahm »Ente« einfach auf dem Leder Platz. Zwanzigtausend lachten.

Zwei Lachnummern aus dem Entenkabinett blieben unaufgeführt. Einmal der Doppelpaß mit Sepp Maier. Auch Torwart-»Otto« Kleff bezeugt die Anekdote: »Mir hat er das auch vorgeschlagen.« Abstoß vom Tor, Zuspiel auf Lippens am Sechzehner, Rückpaß. Meier wie Kleff mochten das nicht wahrhaben. Der Gladbacher hatte die furchtbare Angst, »daß der Willi mir die Kugel reinhaut. Ich wär sofort durchs Marathontor gelaufen und nie wiedergekommen.«

Und dann das Kopfballtor im Handstand. In der Jugend, in Kleve, hat er's fabriziert. Mit anschließender Verwarnung wegen Unsportlichkeit. Im bezahlten Fußball ließ man ihm nicht die Zeit, kopfstehend zu köpfen. »Da spielst du alle schwindelig, der Torwart liegt am Elfmeterpunkt. Doch statt daß der mal liegenbleibt und zuguckt, kommt er hinterhergekrabbelt.« »Ente« einmal beißend ernst, das gab es nicht. Und wenn, wo sonst, dann auf Schalke. Einmal »Ente« völlig anders, an einem schwülen Septembertag in der Skandalsaison. Ausverkauf im heute denkmalgeschützten »Glückauf-Stadion«. Willi Lippens schießt nach einer Viertelstunde das 1:0, spielt Hannes Becher schwindelweich. Rot-Weiß beherrscht die Knappen. Bis Schiedsrichter Dittmer auf den Punkt zeigt. Ein paar Fans laufen auf den Platz, »Ete« Beer tritt dem Schiri vors Schienbein. Und dann läuft endlich Heinz van Haaren an. »Es war Elfmeter«, erinnert Lippens, »aber drin war er nicht.« Fred Bockholt lenkte den Ball mit den Händen gegen den Querbalken. Von der Unterkante prallte er auf die Kreide, die Zeitungen schrieben vom »Wembley-Tor«. Wie von einem größeren Insekt gestochen, rannte »Ente« auf den Pfeifenmann los. Trainer Burdenski, selbst Alt-Schalker, schrie von »Anfänger und Betrug«. Hunderte stürmten den Rasen, Willi Lippens von fünf Polizisten umzingelt. Ein Abbruch drohte, gar eine Spielpause für die wutschnaubende »Ente« im Amoklauf: »Richtig, ich hatte immer einen klaren Kopf. Aber da war ich an der Grenze, auszuticken.« Schalke gewann 4:1, die Entenelf wurde eben dort »oft genug vergackeiert«. Und am Ende erst. Essen mußte absteigen, 70/71, als die Punkte mammonmäßig verschoben wurden. »Wir sind bös betrogen worden, wir hatten nichts gemacht. Wenn das Schalke gewesen wäre, die hätte man sicher dringelassen. Wir haben uns gesagt: Scheißegal, sind zusammengeblieben und wieder aufgestiegen.«

*Mußte aber nun wirklich überall seinen Senf dazugeben: Willi »Ente« Lippens hatte stets gehörig was zu schimpfen.*

Elf Jahre spielte Willi Lippens für den Arbeiterverein aus dem Norden Essens. Unvorstellbar heute, daß eine unvergleichlich legendäre Figur wie er fast bei der Lackschuhkonkurrenz ETB Schwarz-Weiß angeheuert hätte. Dessen Trainer Fritz Pliska lispelte 1965 nach den ersten Proben: »Der ist keiner.« Willi Lippens nahm seine erste Wohnung in den Katakomben im Georg-Melches-Stadion, zwanzig Schritte bis zum Rasen. »Willi, du darfst nicht gehen«, riefen vier Jahre später die Fans. Im Winter '69 klopfte Ajax Amsterdam mit reichlich Gulden an die Transfertür. Zu keinem anderen Verein wäre er gegangen. In Spanien, vor allem in Italien hätten ihm die Tifosi spätestens nach dem dritten Stück aus dem Entenkabinett das letzte Unterhemd auf den Platz geworfen. Wer legte sich schon damals mit der rechten Hacke den Ball auf den linken Spann? Stan Libuda war weiß Gott nicht der einzige, der dribblings am Herrn vorbeikam. »Das Ausland war nie Thema«, sagt Lippens, der Holländer. Eben bis auf Ajax. Aber da hielt ihn diese eindrucksvolle »Du darfst nicht gehen«-Aktion ab. Ein halbes Jahr später war Amsterdam Europacupsieger. Mit Rot-Weiß Essen blieb »Ente« im Fahrstuhl. Dreimal auf-, dreimal abgestiegen. Dann drei Jahre Borussia Dortmund, ablösefrei als Dankeschön.

»Ich habe, weit vorher schon, mit allen Bundesligavereinen verhandelt. Das ist schon spannend, mit allen zu reden, den Marktwert erforschen.« Willi Lippens blieb im Revier: »Die Menschen liegen mir. Ich bin bodenständig und vielleicht auch etwas faul. Eine eingefahrene Kiste kann ich nicht verändern.« Willi Lippens – mitten im Pott: »Spontan war ich eigentlich nur einmal.«

Amerika rief da. Acht Monate hielt er es bei den Dallas Tornados aus, ein Dreijahresvertrag mit Endlos-Dollars lag fertig zur Unterschrift. Doch »das waren mir zuviel Flugzeuge und noch mehr Air-condition«. Statt Dallas und Denver gab's nur eins: zurück.

Wehmut beim Blick zurück auf zwanzig Jahre Fußball kommt nur auf beim Blick ins Buch der internationalen Bilanz. Dreimal für die Niederlande. Vater Willi wollte nie, daß Sohn Willi den zahlreichen Anrufen des »Langen« nachgab: »Helmut Schön hat oft mit mir telefoniert. Ich wäre bestimmt auf vierzig, fünfzig Länderspiele gekommen.« Das Veto des Vaters mit der Erinnerung an den Nazi-Faschismus stand dagegen. Wenige Jahre vor dem Tod sagte er: »Willi, es war ein Fehler. Du hättest dich doch einbürgern lassen sollen.«

Der Zenit der Flanken war da schon längst überschritten. Willi Lippens ist heute stolz, »vielleicht zu den besten zwanzig Fußballern der Bundesliga« zu zählen. Die Fußball-Geschichte packt noch heute bei Promi-Spielen die Ententricks aus: »Die Zuschauer sprechen vorher von Netzer und Overath. Hinterher nicht mehr.« Doch nach dem Duschen muß die »Ente« wie auf Eiern laufen: »Nach so vielen Jahren hast du Knie wie ein Siebzigjähriger.« Manchmal hilft nur noch Cortison: »Da kommst du kaum ins Auto rein. Doch wenn die Kugel rollt, vergißt du das.«

Und ganz ohne Fußball, das geht gar nicht, »oder soll ich jeden Tag in der Zeitung schreiben, wie schlecht die heute alle spielen?« Dann doch lieber Trainer in der Landesliga, dreimal die Woche mitschwitzen. Sohnemann Martin spielt Vorstopper. Überraschend? »Ach was. Auf Talente gibt's kein Monopol. Der Michael Beckenbauer wurde immer mit dem ›Franz‹ verglichen und hat verbittert aufgehört, Fußball zu spielen.«

Und das Konzert der Großen heute, mit dem ständig beklagten Verlust der ersten Geigen? »Die Persönlichkeiten fehlen, weil die Schatten der Trainer zu lang sind. Der Spielraum fehlt nicht nur auf dem Rasen. Der fehlt überhaupt, sein eigenes Ich zu finden. Und dann muß man eben groß sein. Ich habe erst mein Tor und dann die Witze gemacht. Und den Trainer hätte ich sehen wollen, der mich da rausgenommen hätte.« Keiner hat das gewagt, ein Schiedsrichter hat es besorgt. Und eine

Anekdote für die Ahnengalerie. »Herr Lippens, ich verwarne Ihnen«, hat er gesagt. »Ich danke Sie«, antwortete »Ente« und mußte gehen.

»Ich habe gern Fußball gespielt. Und die Art, zu spielen, habe ich mir von niemandem nehmen lassen. Ich war ein Dickkopf und schwerer Typ.« Willi Lippens, dieses Unikat aus Fußballkultur und Klamauk, wurde von einer Zeitung auf »Ente« getauft: »Alle Großen hatten Spitznamen, das bürgt für Qualität. All die Braven taugen nichts.« Auf der Weide wiehert zustimmend Wallach »Felix«.

## *Der Verlust der Spitznamen*

Zebras mit merkwürdigen Namen liefen durch Duisburg. Da war der »Pitter«, der bürgerlich immer nur Dieter hieß, »Pille« und »Eia« oder »Lulu«. Später, viel später, stieß »Ennatz« zu der Horde. Ihr Herdentreiber hieß Rudi, nach kurzer Zeit »Riegel-Rudi«, weil er seine Zebras so arg viel im Roll-System rennen ließ. Nicht im städtischen Zoo waren die zweibeinig Gestreiften zu sichten und am wenigsten im Wedaustadion. Dort traten sie nur alle zwei Wochen auf, wenn Saison war. »Wir liefen uns ständig auf der Straße über den Weg«, legt Horst Gecks, den niemand beim Vornamen nennen konnte, weil er einfach »Pille« hieß, das Zentrum der Zebras fest. Der Mittelpunkt von Fußball-Duisburg war Meiderich. Genauer, für die Lokalpatrioten: Mittelmeiderich. Und »Pille« war einer aus Meiderich – pardon, aus Mittelmeiderich.

Mit fünfzehn Jahren spielte er noch Handball. Vielleicht lag's schlicht daran, da er am Kreis immer Zweikämpfe gewinnen mußte. Mit dem Ball am Fuß konnte er später locker vier bis fünf Verteidiger wie Spalierobst umkurven, um auf den sechsten zu warten. Kam der nicht, stand da immer noch die Eckfahne. Bei den Soli von »Pille« stöhnte niemand, die Dribblings wurden allenfalls gestört durch das feixende Volk. Wer Sitzplätze hatte, stand auf den Bänken.

Vielleicht lag es aber auch an den Pillefüßen, Fußball so völlig an allen Lehrbüchern vorbei zu spielen. »Du hast Füße wie eine Pille-Ente«, befand Fischken Multhaup beim Training. Rhythmisch-gymnastische Übungen konnten einem Horst Gecks nie gelingen. Da verknotete sich eher sein Geläuf, anstatt im Hop-serlauf oder Entengang für Lockerheit zu sorgen. Wäre die »Ente« nicht längst an Willi Lippens vergeben worden, der nur ein paar Kilometer entfernt watschelte, Horst hätte nie »Pille« geheißen. Aber seit diesem Trainingsmorgen mit Fischken Multhaup war Gecks die »Pille«. Ein Spitzname war geboren, der die Reihe der Kosewortkicker wie »Pitter« Danzberg, »Lulu« Nolden oder »Eia« Krämer weiter verlängerte.

Die Namen der Zebras schimmern heute aus der Gründerzeit wie ferne Nostalgie. Die meisten Großen hatten Spitznamen. Und damals mußte man kein Nationalspieler sein, um groß zu sein. Die Persönlichkeiten, die spätestens mit »Franz, dem Kaiser«, der selbst noch einen »Putzer namens Katsche« hatte, in der Taktik der Systeme verlorengegangen sind, die gab es in fast jeder Elf gleich im halben Dutzend. Nicht überall so phantasie-voll wie in Meiderichs Zebra-Zoo. Aber immerhin hieß ein Lo-thar noch »Emma«, ein Gerd Dörfel »Charly« oder Dieter Kur-rat eben »Hoppy«. Selbst simple Namenskürzel wie bei Horst Szymaniak (»Schimmi«) oder Uwe Klimaschewski (»Klima«) spiegelten verbal den Umgang der Fans mit Idolen und Indivi-dualisten. Heute fällt bei Hansi Pflügler mal eben noch »Ram-bo« ein. Nomen est omen, aber sonst? Auch kein gutdotiertes Preisausschreiben dürfte helfen, griffige Spitznamen für die stromlinienförmigen Stars der Jetztzeit zu finden. Was paßt denn schon auf Bodo Illgner oder Jürgen Kohler? Lili Marleen würde sich zumal in der Ära von Glasnost (selbst den Schalkern fällt zum ersten Sowjetimport Borodjuk nicht viel mehr als »Gorbi« ein) gelangweilt an die Laterne lehnen und über die Spitznamen jammern: »Sag mir, wo sie geblieben sind.«

Der Verlust der Spitznamen als ein Zeitzeichen von Verände-rung. »Vielleicht, ja vielleicht«, sinniert »Pille« über die Hypo-these. »Bestimmt aber ist es auch der Verlust der Hinterhöfe, der Straßen und Gassen.« Gebolzt wurde auf Deubel komm raus. Otto Rehhagel, der damals als Malergeselle den Pinsel auf Es-

*»Pille« Gecks*

sens Zeche »Helene« schwang, trauert mit Wehmut dem ver-
flossenen Talentbecken nach. Die neue Heimat der Mini-Kik-
ker kennt nur Burgen von Beton mit »Fußball verboten«. Und
zur Bundesliga mit heutigem Gesicht sagt einer wie Rehhagel
bemerkenswert doppeldeutig einsilbig: »Eine Scheinwelt.«

»Mensch, früher«, kommt Horst Gecks aus dem Kreuz, »da
haben wir auf dem Bürgersteig manchmal nur drei Meter Platz
gehabt. Da konnste passen lernen.« Wer so lernt, faßt dem Torwart schon mal beim Eckball in die Tasche. Liebend gern hat
»Pille« die Keeper so am Hochsprung gehindert oder ihre Hosen
auf die Knie fallen lassen. Den Ernst des Toreschießens hat
er dabei nicht vergessen. In acht Jahren Bundesliga, davon eine
Saison in Offenbach und in Essen, hat er 53 »Dinger gemacht«,
eine ganze Menge für einen Rechtsaußen. Allein in Meiderich
waren es 41, »weil wir immer viel Späßken hatten«. Die Jungs
aus Mittelmeiderich, weil sie sich doch ständig auf der Straße
über den Weg liefen, konnten von Donnerstagabend bis Freitag-
morgen »einen draufmachen«. Für »Pille« und andere kein Problem: »Am Samstag haben wir dann den HSV mit 4:0 nach
Hause geschickt.« »Da fällt mir eine Weihnachtsfeier ein«, öffnet er die Kiste der Anekdoten. Wann das war, das weiß er nicht
mehr, »aber da können Sie mal sehen, wie das damals bei uns
war«. Meiderich war Tabellenvorletzter und hatte eine schwarze
Serie von 1:15 Punkten hinter sich. Eine Woche vor Heiligabend war Winterpause, und zwei Tage vor dem Weihnachts-
mann diese Feier: »Die Kapelle war bis zwölf Uhr gemietet, und
dann sind wir jede Stunde sammeln gegangen. Um sechs hör-
ten die auf. Wir haben nach der Winterpause die Serie umge-
dreht, 15:3 Punkte. Ich glaub, wir sind sogar noch Vierter geworden.«

Und Vater ist er geworden. Stein und Bein schwört er, daß er
deswegen 1966 nicht zu den Bayern gegangen ist. »Die Frau
schwanger. Nee, nee, das ging nicht.« Aber der Zufall stand
Pate, der MSV geriet ins Pokalendspiel gegen Bayern München.

*»Eia« Krämer*

»Wen sollen wir zuerst holen«, fragte der Oberarzt im Duisburger Krankenhaus, »den Nachwuchs oder den Pokal?« Genau zur Anstoßzeit um 16 Uhr kam Sohn Michael auf die Welt, Bayern allerdings gewann mit 4:2. Den Pokal holte »Pille« später nach, mit Offenbach.

Denn so, wie die Spitznamen verschwanden, verließen nach und nach einige Zebras den Klub. Die Fütterung geriet an anderen Orten reichlicher als in Duisburg. »Pille« plappert offen darüber, daß die Verhandlungen mit Meiderich scheiterten. Zwei Jahre vor Horst Gecks ging Werner Krämer, ein ganz großes Zebra auch im Nationaltrikot. In Schweden schoß er 1965 beim 2:1 die bundesdeutsche Staffel nach England, traf einmal selbst und legte beim zweiten vor. Uwe Seeler hatte in Zweiergesprächen den »Eia« zu zwei Jahren beim Hamburger SV überredet. Eigentlich wollte das schmächtige Handtuch mit den Flattertoren danach nicht mehr, aber dann stieg er doch noch mit dem VfL Bochum in die Bundesliga auf und hängte noch mal zwei Jahre dran. Seine Frau soll schuld gewesen sein, daß »Eia« noch mal Überstunden am Ball machte. Bochum, das war eben eine ganz und gar andere Fußballwelt. Die Vereinskneipe lag eine Minute Fußweg von der Duschkabine entfernt, vor dem Lokal wehte die blau-weiße Fahne und drinnen gab's Wiener Schnitzel mit Röstkartoffeln. Das war wie Familie.

Wer wie Werner Krämer mitten aus dem Pott stammt, weiß das als Heimkehrer zu würdigen. Sein Spitzname hat nämlich sehr viel mit den einfachen Dingen der guten Küche zu tun. Mit Kartoffelsalat und Eiern zog seine Klasse im zweiten Schuljahr in den Duisburger Zoo. Klein Werner – wer hätte schon geglaubt: der wird mal Nationalspieler – sah wie ein fliegengewichtiger Hänfling aus und wurde dauernd gehänselt. Im Zoo wurde es ihm zu bunt. Die unflätigen Schmähungen beantwortete er mit fliegenden Eiern. Zwei Stück hatte er im Gepäck, weichgekocht. Das Bild vom verstummten Widersacher mit dem fließenden Eigelb auf dem frischen Hemd machte dem kleinen Krämer so viel Freude, daß er wie wild um Nachschub rief: »Eia, Eia!« Die Freude war allgemein und ungeteilt. Es gab reichlich »Eia«. Das Hemd des Klassenkameraden kam noch am gleichen Tag in die Wäsche. Seinen Spitznamen hat »Eia« bis heute nicht loswerden können.

# Drei Nibelungen: Willi Entenmann, Ferdinand Wenauer und Hermann Nuber

## »Wir waren die Deppen auf deutsch«

Bereits in den Gründerjahren der Liga gab es Spieler, die alle zwei Jahre den Umzugsunternehmer mit dem Möbelwagen beauftragten. Das schnelle Handgeld kursierte regelmäßig mit dem Wechsel der Trikots. Sechs Akteure, die während der ersten zehn Jahre Liga die Regel der rollenden Münze blickten, hätten gut, gerne und ganz nebenbei eine Zweitausbildung zum Spediteur abschließen können. Spitzenreiter mit sechs Vereinen und Umzügen waren Werner Lorant, Jürgen Weber und »Max« Rynio, Erwin Kostedde, Herward Koppenhöfer und Dieter Krafczyk. Daneben gab es den Typus des bodenständigen Wasserträgers, der ständig auf derselben Scholle hockend von jeder Wünschelrute sofort zuckend aufgespürt worden wäre. In Braunschweig vor allem. Dort hatte die Erdverbundenheit zur niedersächsischen Tiefebene die meisten Wurzeln geschlagen.

Daneben gab es die Großen. Den Seeler und Overath, die zu Hamburg und Köln gehörten wie »Radi« zu Sechzig. Und es gab die lokalen Größen, genau auf der gesunden Mitte zwischen den mitlaufenden Kofferträgern und Superstars. Fußballfan, kommst du heute nach Offenbach, Nürnberg oder Stuttgart, die guten alten Zeiten (und auch die aktuellen) kommen dir dort mit drei Namen entgegen: Hermann Nuber, Ferdinand Wenauer und Willi Entenmann. Treu wie die Nibelungen das ganze Leben als Fußballer nur mit einem Verein verbunden. Von Jugend an bis in den fußballspielerisch frühen Vorruhestand. Doch Ferdinand Wenauer begradigt gleich den hehren Eid der Nibelungen, dem König Treue bis in den Tod zu schwören und den Vereinsschatz

*Willi Entenmann*

niemals herzugeben. »Heute muß ich zu meiner Schande gestehen«, sagt der einstige Club-Libero, »daß ich nicht so viel Biß hatte wie Haller, Schnellinger oder Brülls.« Viele haben angeklopft bei dem Abwehrchef, der in 169 Bundesligaspielen nicht einmal das Tornetz inwendig traf (»Ich war kein Torjäger, und bei Csaknady durfte ich nicht über die Mittellinie«). 1965, als die Legende Santamaria die Stiefel auszog, wollte Real Madrid den »Nandl« als Nachfolger. »Da habe ich am meisten mit mir gekämpft«, sagt der Sohn einfacher Eltern, der beim Arbeitersportverein Nürnberg (»Das sagt alles«) als Schüler mit Fußball begann, ehe er 1954 zur Clubjugend kam.

Atletico Madrid klopfte schon ein Jahr vor der Bundesliga an. Die Südvereine, vor allem der KSC und München 60, wollten nicht lockerlassen. Wenauer blieb standhaft, und die Bodenständigkeit hatte ihren Grund: »Von der Erziehung, vom Elternhaus her war es nicht faßbar, in ein anderes Land zu gehen.« Nicht einmal in eine andere Stadt. Ferdinand Wenauer war Einzelkind, die Schwester starb sehr früh. Die enge Bindung an die Eltern schweißte ihn an die Noris. »Selbstverständlich hat der Club im Laufe der Jahre was draufgelegt«, vergißt Wenauer nicht den finanziellen Rückhalt. Doch die nachdenkliche Seite von dreizehn Jahren Vertrags- und Lizenzfußball immer im gleichen Stall kehrt er ebenso offen hervor: »Heute denke ich anders über einen Vereinswechsel. Wir waren doch die Deppen auf deutsch.« Trotz aller finanzieller Nachbesserungen, was Gaststars wie Aleman oder Cebinac an Gagen aushandelten, war nur bei einem Transfer möglich. Die Treueprämien konnten da nicht mithalten.

Nicht nur das Geld ist es, wenn Ferdinand Wenauer unbewußt die gleichen Argumente wie der »Italiener« Jürgen Klinsmann anführt. »Ein Wechsel bringt dich auch menschlich weiter, macht den Horizont freier. Wenn einer wie ich dreizehn Jahre in der ersten Mannschaft steht, dann haben dich die Leute irgendwann satt gesehen.« Ferdinand Wenauer war mit 32 Jahren noch nicht zu alt, aufzuhören, »aber wenn etwas krumm-

*Ferdinand Wenauer*

läuft, dann wird den Alten nichts verziehen«. Und weiter: »Du kannst in der gleichen Firma als Lehrling anfangen und Meister werden, du bleibst immer der Kleine.«

Nicht ganz, denn Ferdinand Wenauer ist auch heute noch in Nürnberg lokale Größe. Manche Altvorderen geben per du ihren Lottoschein in der Äußeren Läufergasse bei »Nandl« ab, andere kommen mit einem respektvollen »Grüß Gott, Herr Wenauer«.

Respekt und eine fast weihevolle Hochachtung genießt auch Willi Entenmann. Willi im Ländle, das ist der Musterschwabe. Manche mögen schwören, daß sie ihn einmal haben lachen sehen. Bei der Vorstellung von Arie Haan nahm er doch tatsächlich den Niederländer, der ohne jede Trainerlizenz weltmännisch am Neckar werkelt, lachend in den Arm. Auch ein Haan hat mit einem Entenmann gut lachen. So weit, so gut zumindest. Denn den Schein zum Fußball-Lehrer, den trägt selbstverständlich der Pädagoge Willi Entenmann in der Tasche.

Lange mußte er überlegen, ob er denn nun wirklich weg vom Schulmeister für Sport und Werken (Examen mit Eins) auf die harte Bank des Co-Trainers soll. Zehn Jahre hatte er doch für den VfB seine Pflicht getan, hat sich nicht nur als defensiver Mittelfeldler in 236 Punktspielen trotz 28 Toren immer zurückgehalten. Das Häusle war grad fertig, und Willi Entenmann wäre wohler gewesen, man hätte ihn mit Familie und Hausmusik in Ruhe gelassen. Und dann mußte er doch noch einmal kämpfen, bis er schließlich sein Jawort zum Vize-Coach gab. Auch sein Trainerexamen absolvierte er mit einem Einser. Alle, die Willi kennen und schätzen, sagen: »Wir haben es nicht anders erwartet.«

Und Entenmann sagt zu alledem: »Was, eine Geschichte wollen Sie mit mir machen? Ja, muß das denn sein? Ich tu doch bloß meine Pflicht.«

Helmut Benthaus und Otto Baric, auch das Kapitel Coordes hat der Co-Trainer überdauert. Und wenn nach Arie kein Hahn mehr kräht, wird Willi Entenmann weiter nichts tun als seine

*Hermann Nuber*

Pflicht. »Er tut das noch in zwanzig Jahren«, sagen die Schwaben über ihr Musterstück. Ein wirklich wahrer Schatz ist er, ein Segen für den VfB. Superserien hat er als Interims-Trainer für die Gefeuerten hingelegt. So starke Punkteläufe, daß die Nordbadenser aus Mannheim und Karlsruhe aus Willi Entenmann bedingungslos einen Cheftrainer machen wollten. Doch der kratzte sich nur kurz den Kopf: »Das ist wohl zu weit weg.«

Willi Entenmann, das ist ein Leben für den Sport ohne Alkohol und Nikotin. Beim Lauftraining sprintet er vorne weg. Sein einziges Problem hieß Sreko Katanec, der lief gleich schnell. Einen wie Didier Six schickte er kurzerhand zum Duschen. Der Franzose gab im Training lustlose Flanken. Mangelnde Einstellung zum Beruf, das paßt zu Willi Entenmann wie der Teufel zum Weihwasser. Da kann Arie Haan während der Woche getrost auf Reisen gehen und sich lächelnd mit einem »Du machst das schon« verabschieden. Willi macht, weil er nichts kennt als seine Pflicht. Der offizielle Cheftrainer beim VfB Stuttgart.

Hermann Nuber trainiert fünf Klassen tiefer. Bei Germania Bieber, wo Sohnemann Ingo als offensiver Mittelfeldler in der A-Klasse spielt. Der Vater bevorzugte die Verteidigung, stand noch mit 36 Jahren als Libero wie die Säule. Hermann Nuber gehört bis heute zu Offenbach wie das Leder zum Ball. Auch wenn die Zeiten zwar unvergessen, aber lange her sind, da die Bundesstraße zum Bieberer Berg hoch von Fans flugs übergepinselt und in Hermann-Nuber-Allee umgetauft wurde.

Hermann Nuber und die Bundesliga, das waren zwei kurze Jahre im Auf und Ab. Zwei rasche Episoden, die zunächst gar nicht in die Kontinuität des Offenbacher Metzgermeisters passen wollen. 1968 aufgestiegen und Letzter geworden. »Wir hatten uns 28 ehrliche Punkte erkämpft und sind trotzdem abgestiegen. Wir wußten noch nicht, wie das Spiel läuft«, zieht Hermann Nuber frei weg den Bogen zur Skandalsaison. Was für ein Jahr! Die Kickers stiegen sofort wieder auf und wurden vier Wochen später Pokalsieger. Bei dem Autokorso durch die

Innenstadt sprangen drei Fans im Jubel besonders hoch. Ein Reifen fuhr ihnen über die Füße. Doch am Ende der Spielzeit steckte erneut der Abstieg in den Knochen. Offenbach beendete die verschobene Saison als Vorletzter. Untendrauf der Lizenzentzug für zwei Jahre.

»Betrogen wurden wir von Anfang an. Ein Betrug an Verein und Spielern, dem wir noch heute hinterherlaufen«, mault der Metzger noch nach über einem Vierteljahrhundert über die bevorzugte Konkurrenz des Frankfurter Nachbarn im Gründerjahr. Die Eintracht konnte zwar in einem der wohl herrlichsten Endspiele 1959 mit 5:3 gegen die Kickers Deutscher Meister werden, »aber die Macht in Hessen, das waren trotzdem wir«, reklamiert Nuber noch heute mit unverkennbarer Säuernis, »daß Kickers Offenbach und nicht Eintracht Frankfurt Nachkriegsgeschichte im Fußball geschrieben hat«. Warnend predigt er eine Parallele: »Man hat uns damals weggewischt, wie man heute am liebsten mit einer kleineren Bundesliga Bochum und Mannheim ausradieren will.«

Und Offenbach, zwangsrelegiert in die Amateurklasse, nun doch weg vom großen Fenster des Fußballs? »Nie und nimmer«, sagt das Offenbacher Urgestein. Hermann Nuber hält nach 25 Spielerjahren, elf Jahren Jugendtrainer und fünf Saisons als Amateurcoach bei den Kickers wieder einen beratenden Platz im Vorstand besetzt: »Wir müssen wieder an die Traditionen anknüpfen. Das Geld macht den Sport kaputt. Wir müssen wieder dahin kommen, daß die Zuschauer den Verein finanzieren.«

Hermann Nuber und eine wiederbelebte Vergangenheit für ein gutes Stück Offenbacher Zukunft, dafür stehen Namen wie Rudi Bommer und die Traser-Zwillinge, Tommy Kroth und Rudi Völler, Uwe Bein, Oliver Reck oder Jörg Neun. Sie alle gingen, ehe sie weg von Offenbach wanderten, durch die arbeitenden Trainerhände von Hermann Nuber. In seiner Stimme liegt ein bißchen Trauer: »Wir hätten schon eine schöne Mannschaft.«

Kickers Offenbach

# Die Stehaufmännchen vom Bieberer Berg

Welch ein Wechselbad der Gefühle muteten die Offenbacher Kickers ihren Anhängern allein in den ersten zehn Jahren Bundesliga zu. Dreimal rauf, zweimal direkt wieder runter, jeweils Abstiegskämpfe, die unter die Haut gingen, und erst am letzten Spieltag die Lösung der Aufgabe, die für den OFC zu schwer war.

Trotz der Abstiege schwärmen die Fans am Bieberer Berg noch heute, wo die Kickers mittlerweile in die Amateurliga Hessen abgetaucht sind, von den Akteuren dieser Jahre. Tatsächlich war in Offenbach stets ein Spieleraufgebot vorhanden, das eher einen Spitzenplatz als den Abstieg vermuten ließ. Doch die Fußballgötter meinen es schon lange nicht mehr gut mit den Mannen aus der Lederwarenstadt.

Unter Paul Osswald gelang 1968 erstmals der Aufstieg in die Eliteklasse. Eine verschworene hessische Gemeinschaft hatte sich da im OFC-Trikot zusammengefunden. An der Spitze das Offenbacher Fußball-Idol schlechthin: Hermann Nuber. Doch allein mit Jungs aus der engen Umgebung des Bieberer Bergs wollte man das Abenteuer erste Liga nicht wagen. Man nahm eine Spieler-Anleihe beim großen FC Bayern München auf. Mit dem Ex-Schalker Nationalspieler Hansi Nowak, Mittelfeldregisseur Dieter Koulmann und Stürmer Peter Werner wurden gleich drei Mann von der Isar an den Main geholt. Zusätzlich kam der österreichische Internationale Helmut Siber zum Zwecke des Toreschießens nach Offenbach.

Direkt das erste Heimspiel begeisterte die Fans auf dem restlos ausverkauften Bieberer Berg. Der Deutsche Meister 1. FC

Nürnberg wurde mit 2:1 geschlagen. Es sollte nicht die einzige positive Überraschung bleiben, die die Offenbacher in dieser Spielzeit zu bieten hatten. Dazu zählte auch der sagenhafte 4:2-Sieg gegen den Main-Rivalen Eintracht Frankfurt und das 0:0 gegen den späteren Double-Gewinner Bayern München. Die Heimstärke wurde legendär, doch auswärts brachten die Osswald-Schützlinge einfach nichts zuwege. So gelang es nicht, sich aus dem dramatischen Abstiegskampf, in den die halbe Liga verwickelt war, herauszuhalten. Hier wurden die Kickers ein Opfer ihrer eigenen Nervenschwäche. Die unglückliche 2:3-Niederlage in Frankfurt leitete am 28. Spieltag die Talfahrt ein, die 0:2-Heimniederlage gegen Werder Bremen in der vorletzten Runde besiegelte das Abstiegsschicksal, das im letzten Durchgang bei der 0:3-Niederlage in Dortmund nur bestätigt wurde.

Lange wurde gerätselt, wie der sofortige Abstieg hätte vermieden werden können. Während in Offenbach alle mit den Eigengewächsen und den jungen Spielern zufrieden waren, wurde doch heftige Kritik an den bayerischen Importen laut, von denen keiner zu einer Säule im Mannschaftsgefüge werden konnte.

Doch die Kickers verzagten nicht, hielten die Talente beisammen und verstärkten sich ausgesprochen geschickt. So dauerte die Verbannung in die Regionalliga nur ein Jahr, dann gehörte man wieder zum erlauchten Kreis der 18 Elite-Vereine.

Die Saison begann mit einem Hammer. Nach einer Niederlage in Bielefeld und einem Unentschieden zu Hause gegen den VfB Stuttgart stellte Trainer Aki Schmidt, der die Kickers zurück in die Bundesliga geführt hatte, sein Amt zur Verfügung. Für ihn, den braven, disziplinierten Arbeiter, heuerten die Verantwortlichen ausgerechnet den größten Paradiesvogel an, den die Liga überhaupt zu bieten hat: Lederball-Weltenbummler Rudi Gutendorf sollte den zweiten direkten Abstieg verhindern. Doch die Hessen hatten nicht lange Freude am Ex-Riegel-Rudi.

Nach einem vorübergehenden Hoch rutschten die Kickers in den Wintermonaten vollends in den Keller der Tabelle. Und nach vier sieglosen Spielen zu Beginn der Rückrunde nahm auch Gutendorf seinen Hut. Für ihn kam der alte Haudegen Kuno Klötzer – und führte sich mit einer happigen 1:5-Niederlage auf eigenem Platz gegen Hannover 96 denkbar schlecht ein. »Ritter Kuno« gelang es, die Mannschaft zu festigen, aber weil auch die anderen abstiegsgefährdeten Klubs punkteten wie die Teufel, konnten die Kickers sich nie aus dem Liga-Keller verabschieden. Doch als dann die Spieltage 32 und 33 zwei Auswärtssiege bei Rot-Weiß Essen und in Schalke brachten, war in Offenbach auch der größte Skeptiker davon überzeugt, daß diesmal Abstieg kein Thema sein würde.

Nicht zuletzt wegen einiger manipulierter Spiele fanden sich die Kickers zum Schluß aber doch auf dem vorletzten Platz wieder. Ausgerechnet die Heimniederlage gegen Eintracht Frankfurt leitete das Verderben ein, in Köln – am letzten Spieltag – konnten die entsetzten Funktionäre nur noch über Transistorradios zur Kenntnis nehmen, daß alle Konkurrenten »unten« fleißig punkteten und die Kickers, die einmal mehr äußerst unglücklich 2:4 verloren, auf den letzten Zentimetern einer kilometerlangen Bundesligasaison noch überholten. Präses Canellas sah rot, packte auf einem Gartenfest die Mitschnitte seiner eigenen Bestechungsversuche aus und brachte den großen Liga-Skandal ins Rollen. Damit »verhalf« er zwar einer Unmenge von Spielern und Vereinen zu drastischen Strafen, retten konnte er die Offenbacher dadurch nicht.

Die Offenbacher Stehaufmännchen erholten sich auch von diesem Schlag rasch. Zwar wurden mit den Kremers-Zwillingen die überragenden Spieler der Saison an Schalke 04 verkauft, doch ansonsten blieb die Mannschaft erneut zusammen, stieg souverän zum drittenmal direkt wieder auf und verstärkte sich klug. Die Elf, die von Trainer Gyula Lorant 1973 in die Bundesliga-Runde geschickt wurde, war die beste, die nach dem Krieg in den OFC-Trikots spielte. Am Ende stand ein toller siebter Platz. Drei Jahre hielt man sich im oberen Mittelfeld der Bundesliga und begeisterte die Fans mit großen Spielen in Serie. Dann ging auch dieser großen Kickers-Elf die Luft aus, und der nächste Abstieg folgte im Jahre 1976.

An die 73er-Elf lohnt es sich zu erinnern. Fred Bockholt war der Torwart, von Essen gekommen. Libero spielte der Nationalelf-verdächtige Lothar Skala, Vorstopper war der Österreicher Schmidradner, außen verteidigten Semlitsch und Mayer. Im Mittelfeld überragte der zweite Österreicher, Josef Hickersberger, neben den Rennern und Rackerern Winnie Schäfer und Amand Theiss. Prunkstück war der Angriff mit den Nationalspielern Manfred Ritschel, Erwin Kostedde und Siggi Held, die es zusammen auf 33 Tore brachten. Vor allem die »schwarze Perle« Erwin Kostedde war der ungekrönte König Offenbachs. In seinem Schatten wuchs ein weiterer großer Mittelstürmer heran, der später beim 1. FC Köln eine große Karriere machen sollte: Dieter Müller. Wie überhaupt die Offenbacher sich in den letzten Jahren vornehmlich als Nachwuchslieferanten betätigten. Selbst hatten sie wenig von den großen Talenten, die rund um den Bieberer Berg seit jeher üppig gedeihen.

# Kurzes Gastspiel von RW Essen und
# Fortuna Düsseldorf in der Saison 1966/67

## *Die Liftboys vom Nordrhein*

Als Willi »Ente« Lippens noch ein ganz besonders junger Erpel war, regierte an der Hafenstraße ein »Hase«: Heinz-Dieter Hasebrink war die Seele des RWE-Spiels Mitte der sechziger Jahre. Nach dem umjubelten Aufstieg in die Elite-Liga sorgten die Essener anfänglich auch dort für Furore, namentlich in den Heimspielen. Ebenso fühlte sich Nachbar Fortuna Düsseldorf, mit den Essenern hochgeklettert, anfänglich in der Bundesliga pudelwohl. Doch zum Ende der Saison ging beiden die Puste aus. Der schöne Traum Bundesliga war schon nach einer Saison wie gewonnen, so zerronnen.

Obwohl in der Bundesliga ein härterer Wind pfiff als in der guten alten Regionalliga West, fanden sich die Neulinge zunächst prima zurecht. Fortuna ließ gleich mit einem Startsieg in Dortmund aufhorchen – Siegtreffer durch »Pitter« Meyer, der später noch eine tolle Zeit in Mönchengladbach erleben sollte –, Rot-Weiß vernaschte in den ersten Heimspielen Schalke (4:1), Bayern München (3:1) und Hannover 96 (3:0). Mitte der ersten Serie hatten sich die westdeutschen Liga-Frischlinge vornehmlich im oberen Tabellendrittel aufgehalten. Fortuna war gar stolzer Dritter am fünften Spieltag. Die Rot-Weißen um Ente und Hase rangierten vom 22. Oktober bis zum 12. November 1966 auf Rang fünf. Niemand sprach vom Abstieg.

Doch die erste Liga war schon damals tückisch. Selbst kleine Durchhänger wurden sofort bestraft. So ausgeglichen war die erste Klasse, daß man nach drei Niederlagen in Serie aus der

Mittelfeldloge Marke »Sorgenfrei« in die Tabellenniederungen der Abteilung »Kellerkinder« purzelte.

Rot-Weiß erlebte diesen Knick bei der unglücklichen 0:1-Heimniederlage gegen Werder Bremen am ominösen 13. Spieltag. Und die Liftboys der Fortuna hatten den Abwärtsknopf am neunten Spieltag bei der 0:1-Heimniederlage gleichfalls gegen Werder Bremen betätigt. Die vorherige Niederlage in Nürnberg eingerechnet, lautete die wenig erfreuliche Bilanz der Fortuna im Herbst 1966: acht Spiele, ein Sieg, zwei Unentschieden, fünf Niederlagen, bei 4:12 Punkten und 7:19 Toren.

Trostlos begann für die Schicksalsgefährten vom Nordrhein auch die zweite Serie. RWE verlor zu Hause 0:1 gegen Duisburg, und die Dortmunder Borussia rächte sich in Düsseldorf bitterlich für die 1:2-Heimniederlage vom ersten Spieltag. 5:0 hieß es für Emmerich, Neuberger und Co. Fortuna sollte sich von diesem Schock nie wieder richtig erholen. Beide hatten sie zwar noch ihre Erfolgserlebnisse – so gewann Düsseldorf bei Bayern München und bei Rot-Weiß Essen (!), RWE spielte viermal hintereinander 1:1 und entwickelte sich auswärts zum »Punkteklau« – aber es reichte für beide nicht. Am 27. Mai, dem 33. Spieltag, brachte das 0:0 an der Hafenstraße Eintracht Braunschweig den Meistertitel, RWE dagegen die Besiegelung des Abstiegs. Und obwohl die Fortuna zu Hause den 1. FC Kaiserslautern mit 3:1 besiegte, mußten auch die NRW-Landeshauptstädter an diesem Tag alle Hoffnungen begraben. Der kurze Sommer der Eliteliga war für beide schon vorüber.

Dennoch schwärmen die Fans am Flingerbroich und in Essen-Bergeborbeck noch heute von den glorreichen Absteigern. Ausnahme-Kicker prägten die Mannschaften. Heinz Simmet und Peter Dietrich, Weinberg, Kik, Frankowski, und natürlich der aufstrebende Willi Lippens auf Essener Seite. Der säbelbeinige Ex-Schalker Waldi Gerhardt, Biskup, Lungwitz, Hesse und die Spitzen Hilmar Hoffer und »Pitter« Meyer bei der Fortuna.

Sie blieben so unvergeßlich, weil der Fußball und seine Protagonisten vor 22 Jahren noch einen anderen Stellenwert im Leben der Fans einnahmen. Im Georg-Melches-Stadion mögen Professionals aus allen Windrichtungen zukünftig ihr Geld verdienen, in die Herzen der Zuschauer werden sie sich nicht mehr spielen können. Was den letzten Fans bleibt, ist die Verbundenheit zum Verein. Zähneknirschend haben sie begriffen, daß sich der »Angestellte« halten muß. Früher waren die Akteure in die Liebe zu den Clubs eingeschlossen. Nie wurden Kik, Frankowski, Fetting oder Dörre von den RWE-Fans ausgelacht, ausgepfiffen, verhöhnt. Heute gehören Schmähungen zum Alltag der Kicker. Es ist der hohe Preis für die Gier nach der schnellen Mark. Einige sind dem Stahlbad gewachsen, entsprechen den immer wahnwitzigeren Leistungs- und Erfolgsansprüchen der Ränge. Die meisten ziehen weiter, von Klub zu Klub, wie moderne Nomaden, Glücksritter der Neuzeit. Wenn das Lederball-Schicksal es gut mit ihnen meint, haben sie vielleicht zum Abschluß der Karriere ein paar Mark mehr auf dem Konto als die Kicker aus den Kindertagen der Eliteliga. Doch ihre Namen sind Schall und Rauch und vergessen nach wenigen Jahren. Fragt auf der Kö mal nach Franz-Josef Hellingrath oder Egon Köhnen. Die Absteiger von 1967 sind noch heute bekannter als Krümpelmann, Walz und Co., die Aufsteiger von 1989.

RW Oberhausen stand einmal auf Platz eins
der Fußball-Bundesliga

## Der »schwarze Franz« war die Perle vom Niederrhein

Rot-Weiß Oberhausen steht auf der Schwelle zur Vergessenheit.
Verantwortungslose Finanz-Jongleure, Trickser vor dem Finanzamt, haben den Klub vom Niederrhein ins Fußball-Dunkel
gestürzt. 1973 stieg RWO aus der höchsten Liga ab. Vier Jahre
hatte dort der »Todeskampf« gedauert, dann war der Abgang in
die Zweitklassigkeit nicht länger zu vermeiden. Doch angesichts
des bevorstehenden Abstiegs in die Verbandsliga war der letzte
Platz in der Bundesliga vergleichsweise ein großer Erfolg, zumal
die »Kleeblätter« auch im permanenten Abstiegskampf in der
Elite-Klasse nicht wenige Sternstunden erlebten. Am fünften
Spieltag der Saison 1969/70 hatten die Oberhausener gar für
eine Woche den Fußball-Thron bestiegen: Rot-Weiß stand an
der Spitze der Bundesliga.

»Addy« Preisler hatte RWO in die Bundesliga geführt. Der
gesamte Kader, der 1969 zum größten Abenteuer in der Vereinsgeschichte aufbrach, bestand, bis auf zwei süddeutsche Importe,
aus »Jungs« aus dem Kohlenpott. Entsprechend hervorragend
war der Zusammenhalt in der Mannschaft, die Begeisterungsfähigkeit und der Einsatzwille.

Von der Konkurrenz schwer unterschätzt, begann RWO seine Bundesligazeit auf der Tabellen-Sonnenseite. Nach dem
Startsieg über Eintracht Frankfurt (3:1), einem beachtlichen
Unentschieden am Betzenberg (0:0) und weiteren Siegen gegen
Borussia Dortmund und in Braunschweig (4:0!) fand man sich
am fünften Spieltag nach einem 3:1 über Werder Bremen an der
Tabellenspitze wieder.

Überragende Akteure im Team waren Torhüter »Yogi« Scheid, der souveräne Libero Friedhelm Dick, der offensive Außenläufer Lothar Kobluhn – ein Jahr später wurde er Torschützenkönig der Bundesliga! –, der vom FK Pirmasens geholte Torjäger Hugo Dausmann und vor allem Franz Krauthausen auf dem linken Flügel.

Der Publikumsliebling an der Landwehr sollte später noch glänzende Jahre beim FC Bayern München neben Maier, Müller und Beckenbauer erleben und als Dauerverletzter seine Karriere beim FC Schalke 04 beenden. Krauthausen, der »schwarze Franz«, war ein temperamentvoller, schneller, trickreicher und torgefährlicher Stürmer – aber auch ein Hitzkopf vor dem Herrn, stets am Rande des Platzverweises, schimpfend wie ein Rohrspatz.

Doch es ging relativ schnell bergab mit RWO, bis man in jener Kellerregion angelangt war, die für Oberhausen in den nächsten dreieinhalb Jahren zur »Tabellen-Heimat« werden sollte. So in der Spielzeit 1970/71: Wolfgang Sühnholz und Uwe Kliemann waren aus Berlin von Hertha Zehlendorf gekommen; der »Funkturm« Kliemann wurde in Oberhausen zu einem der besten Stopper der Bundesliga, in späteren Jahren in Frankfurt und bei Hertha BSC brachte er es bis in die Nationalmannschaft.

Die Saison nahm einen dramatischen Verlauf. Erst am letzten Spieltag konnte sich RWO auf den 16. Platz retten, nachdem die Lage vorher schon als aussichtslos angesehen werden konnte. Schließlich gab das um die Winzigkeit von einem Törchen bessere Torverhältnis gegenüber den Offenbacher Kickers den Ausschlag. Und daran hatte mit Sicherheit der grandiose 8:1-Erfolg gegen den HSV vom 8. Spieltag den größten Anteil.

Auch in der Spielzeit 71/72 – Schalke 04 wurde Vizemeister und Pokalsieger – konnte sich RWO nur mit Mühe vor dem Abstieg retten. In diesem Jahr begannen zwei Talente in Oberhausen ihre Karriere, die es zu Nationalspieler-Ehren und zahl-

*Ein sensationelles Spiel mit einem Schützenfest-Ergebnis erlebten 25.000 Zuschauer am 26. 9. 1970 im Niederrhein-Stadion in Oberhausen. 8 : 1 endete die Partie für die Kleeblätter. Auf dem Bild klärt Öczan vor Krauthausen.*

reichen nationalen und internationalen Erfolgen bringen sollten. Ditmar Jakobs (jetzt HSV) und Franz-Josef Tenhagen, der
derzeitige Coach des VfL Bochum. Doch im nächsten Jahr ließ
sich der Kraftakt nicht wiederholen. Obwohl Hugo Dausmann
zurückkehrte, war der Abstieg nicht zu vermeiden. Vom ersten
Spieltag an stand RWO auf einem Abstiegsplatz, auch als Friedhelm Kobluhn für Günter Brocker die Trainingsverantwortung
übernahm, änderte sich nichts. Immerhin: Mit einem Sieg verabschiedete sich RWO aus der Bundesliga. 2 : 1 wurden die Offenbacher Kickers im Niederrhein-Stadion am letzten Spieltag
der Saison 1972/73 besiegt. Dann gingen an der Landwehr die
Bundesliga-Kronleuchter aus. Heute sind auch die allerletzten
Funken verloschen.

# Alemannia Aachen als Bundesliga-Vizemeister

## Der Yogi-Bär und die Kartoffelkäfer

Als Alemannia Aachen vor mittlerweile gut 20 Jahren im Konzert der Bundesliga-Größen mitspielte, gehörte der Tivoli auch für die Spitzenklubs zu den unangenehmsten Spielstätten. 26:8 Punkte lautete die fast makellose Heimbilanz der »Kartoffelkäfer« in der Spielzeit 1967/68. Im darauffolgenden Jahr verlor die enge Kampfbahn in der Kaiserstadt zwar ein wenig ihre Schrecken (5 Heimniederlagen), dafür entwickelte die Alemannia aber eine enorme Auswärtsstärke, so daß es am Ende zur vielumjubelten Vizemeisterschaft hinter den souveränen Bayern reichte. Nach dem größten Erfolg in der Vereinsgeschichte kam ein Jahr später der herbste Rückschlag. Abgeschlagen landeten die Aachener auf dem letzten Platz. In einem Jahr machten die Gelb-Schwarzen alle Höhen und Tiefen des Fußballs durch und haben sich von diesem Wechselbad der Gefühle bis heute nicht vollständig erholen können.

Die Mannschaft aus der Stadt im Dreiländer-Eck gab sich international: Zur Verstärkung der Abwehr war der uruguayische Nationalspieler Horacio Troche 1967 an den Tivoli gekommen. Zweifelhaften Ruhm genoß er in der Bundesrepublik durch seinen Platzverweis, den er bei der WM 1966 in England nach einer Ohrfeige hinnehmen mußte, die er ausgerechnet Uwe Seeler verpaßt hatte. Troche enttäuschte nicht, schoß in 24 Spielen als Libero neun Tore, doch seine Rauhbeinigkeit minderte die vorhandenen Qualitäten. Mit ihm war sein Landsmann Carlos Borteiro gekommen, der allerdings überhaupt nicht »warm« wurde im kalten Aachen. So dominierten im Auf-

*Zwei Stützen der Alemannia im ersten Bundesligajahr: Mittelfeldrenner Erwin Hermandung und Torsteher Gerd Prokop.*

stiegsjahr, das einen ordentlichen 11. Platz brachte, die bodenständigen Aachener im Team wie der zuverlässige Torhüter Gerhard Prokop, die Verteidiger Pawellek und Thelen, die Mittelfeldspieler Martinelli, Hermandung und Hoffmann, sowie die wieselflinken Außenstürmer Gerd Klostermann und Herbert Gronen.

Die meisten Tore erzielte ein ganz besonderes Unikum: Mittelstürmer Hans-Jürgen Ferdinand, genannt »Yogi-Bär«, brachte die Bälle gelegentlich auch mit dem verlängerten Rücken oder anderen, zum normalen Fußballsport weniger geeigneten Körperteilen im Netz unter.

Im ansonsten gefürchteten zweiten Bundesligajahr setzte die Alemannia dann zum Höhenflug an. Entscheidenden Anteil

171

hatten die zwei neuen »Exoten«, die für die Südamerikaner Troche und Borteiro die Ausländerplätze besetzten. Der Belgier Roger Claessen und der feine rumänische Techniker Ion Ionescu sorgten zum einen für die erforderlichen Tore, zum anderen verstärkten sie das spielerische Element bei den Grenzstädtern erheblich. Vor allem zum Ende der Saison bewies die Mannschaft von Trainer Stollenwerck langen Atem, verlor nur noch gegen die alten Westrivalen aus Schalke und Dortmund und holte allein aus den letzten neun Spielen 13:5 Punkte. Hinter den lange enteilten Bayern konnte man im Schlußspurt sogar noch die Gladbacher Borussen vom zweiten Platz verdrängen.

Wie es in der darauffolgenden Saison zu einem solch dramatischen Einbruch kommen konnte, daß am Ende der Abstieg stand mit dem deprimierenden Rückstand von acht Punkten auf den Vorletzten, darüber wird noch heute am Tivoli gerätselt. Die Formkrisen und Verletzungen der Torhüter Prokop und Scholz, die insgesamt 83 Gegentreffer kassierten, der Ausfall des Torjägers Claessen und das Heimweh des Rumänen Ionescu, alles wird einen Anteil zum Absturz beigetragen haben. Heute bleibt nur eine gute Erinnerung an die unselige Saison 1969/70: »Jüppchen« Kapellmann begann seine tolle Laufbahn in Aachen – doch dafür können sich die einstigen Aachener »Kartoffelkäfer«, seit Jahren am Rande des finanziellen Kollapses, heute auch nichts mehr kaufen.

»Unternehmen Bundesliga« dauerte
für den Wuppertaler SV drei Jahre

# »Meister« Pröpper köpfte und die Fans »schwebten«

Wenn der Wuppertaler SV heute seine Meisterschaftsspiele gegen den FC Viersen oder Jülich 10 in seinem baufälligen Stadion am Zoo bestreitet, fällt es schwer, sich die Blau-Roten im strahlenden Licht der Bundesliga vorzustellen. Dabei muß man »nur« eben 15 Jahre zurückblicken, um sich an den WSV mitten im Konzert der Großen zu erinnern. Der Höhenflug reichte bis in den UEFA-Cup. Den folgenden freien Fall bis in die Niederungen der Amateurliga empfanden deshalb viele nur um so schrecklicher.

Doch im Repertoir menschlicher Überlebenskunst ist das Verdrängen unerquicklicher Begebenheiten ein besonderes Glanzstück. So erinnert sich im Bergischen Land der Fußballfreund mit Recht an den legendären Goalgetter Günter »Meister« Pröpper und wenige daran, daß auch dessen Tore den Abstieg nicht verhindern konnten.

Grandios hatte Trainer Horst Buhtz seine Mannschaft durch die Aufstiegsrunde 1972 geführt. Ohne Verlustpunkt war der WSV durch das Fegefeuer der Qualifikationsrunde spaziert. Buhtz vertraute auch in der höchsten Klasse auf seine eingespielte Mannschaft. Der Erfolg gab ihm recht. Die Radrennbahn am Zoo wurde zur uneinnehmbaren Festung, und auch auswärts konnte so mancher Punkt ergattert werden. Viele Klubs, die in der Elite-Liga Rang und Namen hatten, mußten am Zoo Federn lassen. Stuttgart (4:0) und der HSV (5:1) kamen gar böse unter die Räder, Bayern (1:1) und Köln (2:2) mit einem blauen Auge davon. Jeweils über 30 000 Zuschauer waren begeisterte Zeugen.

Das eingespielte, wenig verletzungsanfällige Team bot einen gleichermaßen kampf- wie spielstarken Fußball nach dem Uhrwerk-System. Im Tor stand Manni Müller. Von Schwarz-Weiß Essen gekommen, war er der große Rückhalt. Später sollte er noch große Jahre bei Bayern München und beim Club in Nürnberg erleben. Vor ihm fegten die grundsoliden Meisen und Miß als Ausputzer und Vorstopper den Strafraum leer. Mit den stürmenden Außenverteidigern Cremer und Reichert spielte Buhtz Woche für Woche seine größten Trümpfe aus. Sie waren die Schrecken irritierter Abwehrreihen, wenn sie – pausenlos unterwegs – den Weg zur gegnerischen Eckfahne suchten, von wo aus die präzisen Flanken auf den Schädel von »Meister« Pröpper flogen. Im Mittelfeld wieselten Hermes, Stöckl, Lömm und Kohle um die Wette. Allesamt laufstarke, technisch beschlagene Spieler, taktisch hervorragend aufeinander abgestimmt. Vorne schließlich war nicht nur Pröpper ein »Meister« seines Fachs. Neben ihm, nominell auf dem rechten Flügel, doch ständig rochierend, dribbelte Gustl Jung. Ein Typ wie heute Kögl: klein, flink, dribbel- und flankenstark. Doch, anders als der Wiggerl, konnte Jung auch Tore schießen – elf waren es allein in der ersten Bundesliga-Spielzeit des WSV.

Der große Star des Teams und der ungekrönte König von Wuppertal war aber Günter »Meister« Pröpper (so genannt nach der kuriosen Figur in der Putzmittel-Werbung). Schon bei Rot-Weiß Essen ein gefürchteter Goalgetter, erreichte er in Wuppertal – übrigens schon im fußballfortgeschrittenen Alter von 30 Lenzen – den Höhepunkt seiner Laufbahn. 50 Tore erzielte er alleine in der Regionalliga West im Aufstiegsjahr 1972, 21mal traf er auch in der Bundesliga, vornehmlich mit dem Kopf.

Ein vierter Platz sprang am Ende der Saison 1972/73 heraus, damit die Qualifikation für den UEFA-Cup. Die Fans benötigten nicht das originale öffentliche Verkehrsmittel der Stadt, um über dem Boden zu »schweben«. Alle dachten, die sieben fetten Fußballjahre hätten nun im Bergischen Land ihren Anfang ge-

*Trainer Horst Buhtz vom SV*

nommen. Doch der Einbruch folgte auf dem Fuße. Schon in der
darauffolgenden Spielzeit – als Verstärkung war lediglich Willi

*Der »Meister« in einer für ihn typischen Situation: Kopfballtor durch Günter Pröpper für den Wuppertaler SV gegen Borussia Mönchengladbach.*

Neuberger gekommen, ansonsten vertraute Buhtz weiter auf seinen langsam aber sicher angegrauten Stamm – konnte nur noch mit Mühe die Klasse erhalten werden.

1975 war das Wuppertaler Fußballmärchen schon zu Ende. Nur zwei Siege konnten errungen werden, in der Rückrunde gelang kein einziger doppelter Punktgewinn. Abgeschlagen landete das Team auf dem letzten Platz. Dabei standen noch die gleichen Spieler wie in den erfolgreichen Jahren zuvor auf dem Rasen. Doch das kräftezehrende WSV-Spiel war »ausgekundschaftet« und die Jahre an den Spielern nicht spurlos vorübergegangen. Mit einem Durchschnittsalter von 30 Jahren war der WSV zu einer Oldie-Truppe geworden. Vor dem Untergang hatte der Kapitän von Bord gehen müssen: Horst Buhtz war schon im Oktober '74 entlassen, Janos Bedl für ihn verpflichtet worden. Retten konnte auch der Ungar nichts mehr. Der freie Fall, der in der Amateurliga endete, hatte seinen Anfang genommen: Der WSV war »über die Wupper« gegangen. Die drei Jahre »Unternehmen Bundesliga« werden in Wuppertal unvergeßlich bleiben. Wer fein hinhört, kann es bestätigen: Heute noch hallen die Sprechchöre »Pröpper, Pröpper« vom Betonoval der Radrennbahn in das Bergische Land. Wetten, daß damit nicht der Neffe des »Meisters«, der heute für den Oberligisten kickt, gemeint ist?

# 1970 stieg Arminia Bielefeld erstmals in die Bundesliga auf

## *Riesenstimmung in der Kartoffelkiste*

»Auf der Alm, da gibt's koa Sünd'« Die süddeutsche Volksweisheit mag ja auf so manche abgelegene Bergwiese der Alpen passen, dieser Satz charakterisiert das Bielefelder Stadion allerdings weniger treffend: Bei den Blau-Weiß-Schwarzen aus Ostwestfalen, 1905 im vornehmen Bielefelder Westen gegründet, ging's oft alles andere als vornehm zu. Mit Vorliebe wurden Trainer angeheuert und kurz danach entlassen. Gesättigte Fußballprofis, die ihren Leistungszenit in der Regel schon längst überschritten hatten, zog es häufig zur »Alm«: Hier konnte man noch einmal so richtig absahnen. Trotz vieler vorprogrammierter Rückschläge schaffte es die Arminia dennoch häufig, irgendwie auf die Füße zu fallen. Entscheidenden Anteil daran trägt das begeisterungsfähige Publikum, das immer dann in Scharen auf die »Alm« strömte, wenn es dem DSC mal wieder dreckig ging. Jüngstes Beispiel: In der Oberliga-Saison 1988/89 kamen fast 100 000 Fans zu den Heimspielen. Zum Spitzenspiel gegen den Erz-Rivalen Preußen Münster passierten gar 18 000 die Stadiontore.

Das Auf und Ab des Klubs verdeutlicht besonders eine Episode: der erstmalige Aufstieg 1970 der Arminen in die damals sieben Jahre alte Bundesliga. Den Grundstein für den Erfolg legte diesmal der entschlußfreudige Arminen-Vorstand. Nachdem die Bielefelder in der Regionalliga West im Spieljahr 69/70 ins Mittelfeld abzurutschen drohten, wurde der fleißige Coach Hans »Papa« Wendtland – wenn kein Training oder Spiel war, half er auf der Geschäftsstelle aus – am 10. November 1969 ge-

*Die Großen waren Gast auf der Alm. Hier der »Putzer des Kaisers«, Katsche Schwarzenbeck, im Laufduell mit Gerd Knoth.*

feuert und über Nacht durch den ehemaligen polnischen Auswahlspieler Egon Piechaczek ersetzt. Das war ein Trainer nach dem Geschmack der Arminen. Die Spieler nahm der »harte Hund« mächtig ran. Ulli Braun, der im Bielefelder Mittelfeld die Fäden zog, erinnert sich: »Er legte großen Wert auf eine saubere Spieltechnik. Da mußte er bei uns schon Schwerstarbeit leisten, denn wir hatten den ein oder anderen ›Klumpfuß‹ in der Truppe. Trotzdem: Da er schon als aktiver Fußballer ein glänzender Techniker war, konnte er uns eine Menge beibringen. Die angebliche Fußball-Weisheit, daß gute Spieler schlechte Trainer sein sollen, ist Blödsinn. Genau das Gegenteil ist richtig.« Auch mit Vorstand und Presse wußte »Piecha« umzugehen. So endeten die Pressekonferenzen, die damals im Vereinslokal

Schütze stattfanden, meist um vier Uhr (morgens); Kaffee und Mineralwasser, die heute üblichen Getränke bei derartigen Zusammentreffen, bildeten die Ausnahme. Kritik vom Vorstand erstickte der Pole meist im Keim. »Aaach, er nun wieder. Hat keine Ahnung von Fußball«, wies er häufig die pikierten Arminen-Vorständler aus der Kabine. Sportlich ging's bergauf: Im Sommer 1970 belegte Arminia hinter dem VfL Bochum Platz zwei in der Regionalliga. Zum Glück, denn so wurde Bielefeld in der Aufstiegsrunde der leichteren Gruppe I zugeteilt: Hier setzten sich die Arminen gegen den Karlsruher SC, SV Alsenborn, Tennis Borussia Berlin und VfL Osnabrück durch. »Der Sommer 1970 war gnadenlos heiß. Besonders die Spiele gegen den Nachbarn VfL Osnabrück forderten uns alles ab. Die ausverkaufte Bremer Brücke war bei unserem, zum Aufstieg entscheidenden 0:0 ein Brutkasten«, beschreibt Braun. In der zweiten, vom Papier her stärkeren Gruppe scheiterte West-Meister VfL Bochum an den favorisierten Offenbacher Kickers. Der Aufstiegskader Bielefelds: Torwart Gerd »Bulli« Siese, der inzwischen verstorbene Ersatzkeeper Andreas Triebel, die Abwehrspieler Horst Wenzel, Klaus Köller, »Stopper« Dieter Schulz, Detlef Kemena, Georg Stürz, die Mittelfeldler Ulli Braun, Gerd Knoth, Peter Dammann, Bernd Kirchner, Horst Stockhausen, Klaus Oberschelp, Gerd Kohl, sowie die Sturmzange mit den Außen Gerd »Zick-Zack« Roggensack, Norbert Leopoldseder und dem Mittelstürmer Ernst Kuster (ebenfalls verstorben). Für die Bundesliga-Saison wurden als Verstärkungen geholt: der polnische Verteidiger Waldemar Slomiany (»Es ist so schön am Teutoburger Wald«), Dieter Brei, Karl-Heinz Brücken, Volker Klein, Herbert Bittner, »Geldbote« Jürgen Neumann (einziger Einsatz: eine Halbzeit) und das unbekannte Torwart-Talent Dieter Burdenski. Auch die Alm wurde aufgerüstet. Für fast drei Millionen wurde in Windeseile die Ost- und Westtribüne hochgezogen. Das meiste davon aus Holz, ein guter Resonanzkörper. Wenn die 23 918 Zuschauer, die 70/71 im

Schnitt kamen, mit den Füßen auftrampelten, lief dem Gegner ein kalter Schauer über den Rücken – der Hexenkessel »Alm« war geboren.

Höhepunkte des ersten Bundesligajahres waren die Spiele gegen Bayern München und Werder Bremen. »Die Bayern kamen gerade irgendwo aus dem Norden von einem Europa-Cup-Spiel. Die haben sich wohl gedacht, sie könnten uns im Schongang abfertigen«, schmunzelt Ulli Braun. In der mit 27 000 Zuschauern restlos ausverkauften »Kartoffelkiste« kämpfte Bielefeld am 3. Oktober das Münchener Starensemble (u. a. Maier, Beckenbauer, Schwarzenbeck, Roth, Brenninger, Müller, Hoeneß und Breitner) mit 1:0 (Ulli Braun, 60. Minute) nieder. Knapp vier Wochen später wurde gegen Werder Bremen die Flutlichtanlage auf der Alm eingeweiht. Ulli Braun: »Es war unglaublich. Die meisten Zuschauer waren schon Stunden vor dem Anpfiff gekommen, um einen Platz zu kriegen, trotz strömenden Regens. Nach dem Anpfiff konnte man auf dem Feld sein eigenes Wort nicht mehr verstehen.« Mit 20 000 im Rücken wurde Bremen 3:0 gefegt. Für die Tore sorgten Knoth, Leopoldseder und Slomiany. Im Frühjahr 1971 erstürmten die Alm-Männer dann sogar den Gladbacher Bökelberg. Eiskalt wurden die Weisweiler-Fohlen (der spätere Meister) ausgekontert. Dieter Brei sorgte zwei Minuten nach der Halbzeit für das 0:1, Borussias Abwehrspieler Heinz Wittmann stellte mit einer Eigenmarke den 0:2-Endstand her. Gladbach spielte mit Kleff, Vogts, Luggi Müller, Sieloff, Wittmann, Köppel, Netzer, Laumen, Wimmer, Heynckes und Le Fevre. Am Abend vor dem Spiel stiegen die Arminen in einem Hotel an der Autobahn ab. Piechaczek, der auch einmal polnischer Amateur-Boxmeister war, ordnete an: Die Mannschaft nimmt die Zimmer nach hinten raus, der Vorstand die zur Straße. Als Präsident Stute dann umdisponierte, verschwand der Coach zornentbrannt und tauchte erst am Morgen wieder auf. Spielführer Gerd Roggensack: »Daraufhin testeten wir erst mal die Hotelbar. Bis drei Uhr morgens ergötzten wir uns an dem rheinischen Altbier, was für die meisten Spieler bis dahin völlig unbekannt war.« »Spielerisch waren uns fast alle Teams weit überlegen, aber wir haben immer gekämpft bis zum Umfallen. Egon Piechaczek forderte, pedantisch wie er war, nicht nur 90 Minuten, sondern 95 Minuten totalen Einsatz. Er kalkulierte immer eine Nachspielzeit mit ein«, resümiert Braun. Am Ende des Spieljahres hatte Arminia 29:39 Punkte und 34:53 Tore (8mal traf der legendäre »Johnny« Kuster ins Schwarze), der Klassenerhalt war geschafft. Nicht zuletzt durch einen 1:0-Erfolg (Torschütze war Kapitän Gerd Roggensack) am 17. April 1971 in der Glückaufkampfbahn beim FC Schalke 04. Was damals kaum jemand ahnte: Es ging nicht alles mit rechten Dingen zu, das Spiel war verkauft worden. Dunkle Wolken zogen über der »Alm« auf.

Hannover 96

# Als das Niedersachsen-Roß noch schnaubte

Zu den erfreulicheren Entwicklungen im heutigen Fußball gehört der Sommer-Kick auf dem Dorf. So etwa in Nienstädt im Landkreis Stadthagen – wenn sich dort Hannover 96 und der Vejle Boldklub zum Intertoto-Spiel verabredet haben, bedeutet das einen rundherum angenehmen Mittwochabendtermin. Zur Einstimmung ein Abstecher ans Steinhuder Meer und ein Aalbrötchen daselbst; dann gondelt man gemütlich durch die sanft gewellte schaumburgische Landschaft mit ihren saftiggrünen Weiden, ihren Kornfeldern und kleinen Waldstücken, überquert per Uralt-Eisenbrücke den Mittellandkanal, und mit etwas Glück gibt es ein Storchennest auf der alten Meierei, mit echten Störchen drin, zu sehen.

Wenn dann all das noch von der milden Abendsonne beschienen wird, mag anschließend neunzig Minuten lang kommen, was will. So wie damals wird es ja sowieso nicht, 1965, als die 96er mit 10:2 Punkten durch die Aufstiegsrunde in die Bundesliga stürmten, in der die Kronsbein-Elf dann Fünfter wurde, als einer der besten Neulinge aller Zeiten, und im Schnitt 41 000 Zuschauer das Niedersachsenstadion füllten. Damals...

Ein paar hundert sind nach Nienstädt gekommen (nach den rundherum geparkten Sciroccos und Subarus hätte man glatt die dreifache Zahl vermutet). Der örtliche SV 09 feiert Jubiläum und Sportwerbewoche; es gibt Musik, Bier und Bratwurst satt, und auch die Spieler machen sich schon warm, in Rot und Weiß die Dänen, wie es sich für sie gehört, in hoffnungsvoll grünen Leibchen die Hannoveraner, die heuer zum vierten Mal aus der

Eliteliga haben absteigen müssen. Schön grün ist auch der Rasen, ausgesprochen schockgrün sogar der Pullover von Slobodan Cendic, dem neuen Trainer, den Lokalpresse und RTL plus noch schnell interviewen.

Junge Leute mit großenteils unbekannten Gesichtern zeigen da ihre Ballfertigkeit; von den noch verbliebenen Stars ist nur Karsten Surmann zu sehen. Hellberg und Dierßen sollen ja verletzt sein, aber wo ist Sigi Reich? Und der Schatzschneider, haben sie den nun doch ausgemustert? Und der Lange mit der Nummer 2, am Ball gar nicht schlecht, wie heißt der? Der Stadionsprecher hilft und nennt, wenn auch zum Teil nuschelnd, die Aufstellungen, natürlich erst nach dem Dank an die zahlreichen Sponsoren, immerhin hat der örtliche VW-Vertragshändler fünf kostenlose Ölwechsel gestiftet und die Konkurrenz von Citroen sogar eins ihrer Autos (für einen Tag!), oder war es umgekehrt? Verlost wird dies und noch anderes in der Halbzeitpause unter den Eintrittskartenbesitzern. Mit den Endziffern meines Presseausweises kann ich da vermutlich nichts werden; doch da wird, während ich ihn noch traurig betrachte, die Partie angepfiffen. Surmann, Reich und Geils sitzen auf der Bank.

»Der bringt alles mit, figürlich und auch technisch«, erteilt jemand hinter mir das erste Lob an den Langen mit der Nummer 2. Kaum ausgesprochen, geht das erste Stöhnen durchs Publikum, als just dieser junge Mann, er heißt Köpper, kurz nacheinander durch zwei Stellungsfehler auffällt. Kann passieren, meßt ihn nicht gleich an Heinz Steinwedel, seinem Verteidiger-Vorgänger aus der 65er Mannschaft. Dem hat nicht mal Charly Dörfel Knoten in die Beine gespielt, aber der hatte da auch schon ein paar Spiele mehr hinter sich.

Die Dänen halten mit, wirken routinierter; Thychosen (war der nicht mal bei Gladbach?) umdribbelt Kuhlmey ... nein, Hannovers linker Verteidiger, ein Terrier-Typ, 23 und schon ein paar Jahre dabei, bremst ihn gerade noch. »Daß der Kuhlmey geblieben ist, wundert mich echt, der paßt doch gar nicht in den

Verein vom Niveau her«, sagt mein Nebenmann. Der ist höchstens zwanzig und kann Klaus Bohnsack also gar nicht mehr spielen gesehen haben, der 1965 und später auf dieser Position verteidigt hat, 107mal in der Bundesliga, meistens mit Niveau. Erster Beifall nach vier oder fünf Minuten für die Nummer 4, Prange, als er geschickt seinen Mittelstürmer freispielt, der mit der Chance aber nichts anfangen kann. Prange ist auch im weiteren Verlauf einer der aktivsten und besten, mit großem Aktionsradius fädelt er eigene Angriffe ein, nachdem er gerade noch im eigenen Strafraum geklärt hat. Ob der mal ein Winfried Mittrowski werden kann? Hannovers damalige Nummer 4 war aus der Schalker Schule in den Norden gekommen. Etwas abgeklärter war der Vorgänger allerdings; Prange schubst einen Jütländer, der ihm zu nahe getreten ist, ganz böse weg, und jetzt legt sich auch Kuhlmey mit seinem Gegenspieler an; als ihn der Schiedsrichter ermahnt, will er nicht zuhören. Nein, das ist noch nicht Mittrowski- und Bohnsack-Niveau.

Da spielt Pagelsdorf seinen Libero-Part schon ruhiger; wenigstens ein alter Hase, der zwar nicht mehr viele Haken schlägt, auch nicht der Schnellste ist, aber weiß, wie man im Strafraum aufräumt ... Der Fünfer war damals Otto Laszig, auch ein Ex-Schalker, mit den Knappen 1958 sogar Deutscher Meister gewesen, ein Stopper alter Schule, der keinen Uwe Seeler, keinen Brunnenmeier und keinen Matischak fürchtete. Pagelsdorf hat, als er noch in Dortmund spielte, einem Bild-Redakteur Cola über den Kopf gegossen; wenn der jetzt hier wäre, würde er just in diesem Moment notieren: »17. Minute – Pagelsdorf wie begossener Pudel, Christensen schießt, trifft Nagel auf falschem Fuß, bums, 0:1.«

Andreas Nagel will jetzt die Nummer 1 im Tor werden, nachdem die Raps-Blüte beendet ist; der Vorgänger wurde weggeschickt. Einmal kann der bisherige Reservist glänzen, als er kurz nach dem 0:1 gegen Petersen oder Andersen rettet; viel mehr bringt auch Vejles Angriff nicht zustande. Einen Podlasly hat es zwischen Hannovers Pfosten nie mehr gegeben, seit der populäre Ex-Hamborner, Horst mit Vornamen, damals nach 187 Bundesligaspielen abtrat.

Soeben ist doch noch mal Gefahr vor dem 96-Tor, als Sundermann, ein 21jähriger mit berühmtem Namen, ins Leere rutscht. Da springt Cendic' erstmals von seinem wackligen (vorher von drei Männern zusammengeflickten!) Stuhl auf: »Du bist kein langsamer Mann, daß du grätschen mußt!« Naja, Bodo Fuchs mußte es auch erst lernen; der war rothaarig, bissig und linker Läufer der Kronsbein-Elf.

Wieder Beifall für Prange, als er einmal aufs Tor schießt; ein ironischer Unterton ist nicht zu überhören, denn seine Stürmerkollegen haben das auch nach einer halben Stunde noch nicht getan. Und ausgerechnet jetzt produziert Wanner noch einen falschen Einwurf. Oder wer war das? Die tiefstehende Sonne läßt manches gnädig verschwimmen, aber die Nummern 7 und 8 haben beide keine guten Karten beim Publikum; zu oft landen ihre Bälle beim Gegner. Fredy Heiser am Flügel, Werner Gräber im Mittelfeld – eine rechte Seite, deren bloße Erwähnung noch heute Zungenschnalzen auslöst.

Die Nummer 9 kommt besser an: ein junger Mann mit Popperfrisur, der mutig in die Spitze geht und um jeden Ball kämpft. Vielleicht auch um einen Vertrag? Seinen und die übrigen Namen habe ich nicht so recht mitbekommen, ab der Nummer 8 hat sich das Nuscheln des Ansagers verschlimmert, aber vielleicht war das auch besser so. Denn den Angriff betreffend, wäre der Mann-für-Mann-Vergleich mit den früheren Cracks endgültig unfair. Walter Rodekamp hieß der Mittelstürmer, von Helmut Schön nicht ohne Grund dreimal in die Nationalelf berufen: ein echter Sturmtank, der gleich beim ersten Spiel des Aufsteigers in Dortmund zweimal traf und Rudi Assauer bei dessen Bundesliga-Debüt halb zur Verzweiflung brachte. Udo Nix, ein gescheiter Spielgestalter, später noch bei St. Pauli, bildete den linken Flügel mit Dribbelkönig Georg Kellermann, den in der Bundesliga dann Jürgen Bandura bald verdrängte. Er und »Kaschi« Mülhausen, später auch mal Trainer der 96er, waren damals die Neuen... Halbzeit in Nienstädt; keine, ungelogen keine einzige Hand rührt sich zum Beifall für die bis jetzt dargebotenen Bemühungen. Haben die jungen Leute das verdient? Bitici (eingewechselt) soll in der 2. Halbzeit ihr Tor zum 1:3-Endstand erzielt haben. Da war der Schreiber dieser Zeilen schon wieder auf der Autobahn; 200 Kilometer wollten zurückgelegt sein. Der Weg von Hannover 96 zurück in die Herzen der Niedersachsen ist, so scheint es, noch weiter.

Gegen Schlußlicht Saarbrücken
rutschte der Geißbock aus

## Das Meisterstück des Absteigers

Nach der Winterpause der ersten Bundesliga-Spielzeit kam es am 16. Spieltag zum Duell des Ersten gegen den Letzten. Für die Kölner Titelaspiranten sollte das Spiel gegen Saarbrücken zu einer reinen Formsache werden – nur die Höhe des Erfolges war vorher umstritten. Doch die Kellerkinder machten den Domstädtern einen Strich in die überhebliche Rechnung.

Mit bösen Augen schritt FC Köln-Trainer Knöpfle nach dem 1:3 gegen Saarbrücken hinter seinen Spielern in die Kabine. Natürlich war er unzufrieden, gar nicht einverstanden mit seiner Elf: »Wie kann man ein Spiel nur so aus der Hand geben. Es gab doch gar keinen Grund, nach dem 1:0 so nach vorne zu drükken. Bestimmt war auch ein Schuß Überheblichkeit mit dabei.« Zur Saarbrücker Elf meinte Knöpfle: »Sie hat sich diesen Erfolg vollkommen zu Recht verdient. Gespielt und gekämpft haben sie vorbildlich.«

Die Kölner konnten die Ursache ihrer Niederlage nicht in den Bodenverhältnissen suchen, denn der Rasen war für den Tabellenletzten nämlich genauso hart gefroren und tückisch glatt. In der ersten Hälfte spielten sie noch dann nach dem Motto »Was kann uns schon groß passieren«, als sie bereits mit 1:3 in Rückstand lagen. Erst nach dem Wechsel hatten sie die Situation offenbar richtig erkannt. Jetzt rannten sie mit aller Macht gegen das Saarbrükker Bollwerk an, scheiterten nun aber an ihrer eigenen Taktik. Jeder Ball wurde hoch in den gegnerischen Strafraum gedroschen, wo aber immer das Bein oder der Kopf eines Saarbrücker Abwehrspielers zur Stelle war, um meist im letzten Augenblick zu klären.

Der Wiedereinsatz von Schäfer schien seine Kameraden wenig zu beflügeln. Hornig und Thielen verstanden es nicht, sich gegen die aufmerksamen Verteidiger Remark und Rohe durchzusetzen. Müller, der freistehend vor dem Tor die wohl größte Chance vergab, fand seinen Meister in Stopper Hesse. Nur Overath kam in etwa an seine Normalform heran, wirkte aber zu verspielt.

Nachher war die Stimmung bei den Saarländern kaum zu beschreiben. Gratulationsworte flogen hin und her. Das Schulterklopfen nahm fast kein Ende. Schließlich gab Trainer Schneider seinen Kommentar: »Das war endlich die Leistung, die wir oft lange erwartet haben. Endlich einmal gab es die rechte Mischung zwischen Spiel und Kampfgeist. Hesse in der Abwehr und der klug das Spiel im Mittelfeld aufbauende Rinas ragten aus der Elf noch heraus.«

Strahlend kam auch Präsident Keller in die Kabine zu seinen Spielern: »Kinder, wie ich mich freue. Dieser Sieg soll der Grundstein für eine bessere Rückrunde werden. An Abstieg brauchen wir nicht zu denken.«

Des Präses' Euphorie war verständlich, wenngleich leider grundlos. Die Saarländer konnten den letzten Platz nie mehr verlassen und stiegen zum Ende der Saison – weit abgeschlagen – in die Regionalliga Südwest ab. Ihr Triumph beim FC Köln, der sich keine weitere Niederlage mehr erlaubte und mit großem Vorsprung Deutscher Meister wurde, hatte aber allein die Teilnahme an der ersten Bundesliga-Meisterschaftsrunde gelohnt.

Entscheidung per Fernduell in einem
irrwitzigen Abstiegskampf

## Die Totgesagten auf Hennes' Einkaufsliste

Der letzte Spieltag einer langen Bundesliga-Saison kann eine
langweilige Angelegenheit werden. Wenn Meisterschaft und
Abstieg in den hektischen Wochen zuvor bereits entschieden
wurden, findet die Verabschiedung von Spielern und Trainern
zumeist vor leeren Rängen statt. Die Luft ist raus, die Saison
tot – es lebe die nächste. Doch die 34. Runde in der Spielzeit
1968/69 war allein die Einführung der Fußball-Bundesliga
wert: Ein irrwitziger Abstiegskampf, in den bis kurz vor Ende
die halbe Liga verwickelt war, stand vor der Entscheidung. Fünf
Klubs mußten zittern bis zum Schluß, und vier davon trafen an
diesem denkwürdigen 7. Juni 1969 direkt aufeinander.

Zwei Spieltage vor Schluß der Spielzeit 1968/69 stand die
Dortmunder Borussia am Tabellenende. Die Schwarz-Gelben
waren nach der 1 : 2 Niederlage beim 1. FC Köln mit den Nerven
blank, denn die Mannen um Wosab, Held und Emmerich hatten sich eigentlich einen Spitzenplatz versprochen. Statt dessen
hingen sie mit dem Gebiß im letzten Grasbüschel über dem
Abgrund. Immerhin allerdings in guter Gesellschaft – mit Eintracht Frankfurt, Werder Bremen und dem 1. FC Köln schweb-
ten drei weitere potentielle Meisterschaftskandidaten zu diesem
Zeitpunkt in höchster Abstiegsgefahr. Und – um allem die Kro-
ne aufzusetzen – der amtierende Deutsche Meister, der Club aus
Nürnberg, stand nach diesem 32. Spieltag auch nur einen Punkt
besser als der BVB.

Doch an der Noris war man wieder zuversichtlich geworden.
Ein 3 : 3 in Bremen, das sprach für die Moral des Meisters, des-

*Entscheidendes Spiel um den Abstieg 1969: In Köln erwischt es ausgerechnet den amtierenden Deutschen Meister 1. FC Nürnberg, der mit 0:3 verliert und in die Regionalliga Süd zurück muß. Auf dem Foto klärt Torhüter Rynio vor Kölns Karl-Heinz Rühl. Hennes Küppers und Luggi Müller sind Beobachter der Situation.*

sen Abstieg sich wirklich kein Fan vorstellen konnte. Nun sollten in der 33. Runde die Dortmunder zu Hause besiegt werden, was so etwas wie die Rettung bedeutet hätte. Doch die Borussen rissen sich zusammen, holten mit dem 2:2 einen Punkt, gaben die Rote Laterne an Kickers Offenbach ab und behielten mit 28 Pluspunkten Tuchfühlung zu Nürnberg (29) sowie Köln und Kaiserslautern (jeweils 30). In dieser Reihenfolge bog man in die Zielgerade ein.

Als hätten höhere Mächte die Hände im Spiel, trafen vier der fünf gefährdeten Clubs am 34. Spieltag aufeinander. Nürnberg mußte nach Köln, Dortmund erwartete Offenbach; Kaiserslautern (Platz 14) mußte zum VfB Stuttgart, der sich – wie es für brave Schwaben angesagt ist – zu diesem Zeitpunkt der Saison schon lange jenseits von Gut und Böse befand.

Im Fernduell fiel in den ausverkauften Stadien von Köln und Dortmund die Entscheidung. Es war die Hochzeit des Transistor-Radios, jeder zweite Fan hatte einen Stöpsel im Ohr oder einen klobigen Volksempfänger im Arm. Nach neun Minuten der erste Jauchzer in der Konferenzschaltung. »Schotte« Trimhold hatte den BVB in Führung geschossen. Vor der Halbzeit legte »Acker« Weist noch eins drauf – es sah gut aus für die Borussen. Aber in Köln war noch kein Tor gefallen. Erbittert kämpften die Alt-Meister an diesem glutheißen Tag darum, dem Abstieg zu entgehen. Ein Punkt reichte den Geißböcken, vielleicht auch dem Club, wenn Kaiserslautern mit fünf Toren Unterschied in Stuttgart verlor oder Dortmund gegen Offenbach nicht gewann.

Sechs Minuten nach dem Wechsel fiel die Vorentscheidung: Gerade hatten über 50 000 in Köln die 1:0-Führung durch Wolfgang Overath bejubelt, da schoß in Dortmund Willi Neuberger das 3:0 für den BVB. Offenbach stand so als erster Absteiger fest. Und auch der Deutsche Meister 1. FC Nürnberg müßte daran glauben, wenn er nicht noch den Spieß herumdrehte und die Kölner ins Verderben stieß. Sie gaben alles, die Cebinac, Zaczyk, Küppers, Volkert und Co. Doch die Kölner ließen sich nicht mehr von der Siegerstraße abbringen. In der Schlußphase schossen die Flügelstürmer Rühl und Hornig in die Daueroffensive des FCN zwei weitere Tore. Weil Dortmund den 3:0-Sieg über Offenbach sicher nach Hause brachte, Kaiserslautern nur 3:4 in Stuttgart verlor, erwischte es am Ende zwei süddeutsche Clubs.

Offenbach und Nürnberg wurden (für lange Jahre!) zweitklassig.

Tränen flossen bei den Nürnbergern. Als Titelverteidiger abgestiegen – fast unvorstellbar. Auf der Kölner Tribüne disponierten derweil die Geier in den Seidenhemden, die Spielervermittler, um die Stars der unterlegenen Elf in alle Winde zu verkaufen. Unter ihnen auch Hennes Weisweiler, Coach der

Trainer-Freuden erlebte in der Liga-Frühzeit Helmut Johannsen mit Überraschungs-Meister Eintr. Braunschweig. Hier bei einer »Ehrenrunde« im Käfer.

Mönchengladbacher Borussia, auf der Suche nach Abwehr-Verstärkungen für seine »Fohlen«. Luggi Müller oder Wolfgang Weber standen auf seinem Einkaufszettel. Auch der Vertrag war fertig. Nur der entsprechende Name mußte noch eingesetzt werden. So unterschrieb der Franke Luggi Müller auf dem Kölner Parkplatz einen Kontrakt in Mönchengladbach und wurde ein Jahr nach dem schmerzlichen Abstieg mit dem Club wieder Deutscher Meister am Niederrhein.

Dortmund und Köln, die Sieger in diesem Lederball-Drama ersten Ranges, blieben auch im nächsten Jahr Tabellennachbarn. Diesmal aber auf den stolzen Plätzen vier und fünf. Der Abstiegskampf hatte sie gestählt. Wer aus diesem tiefen Loch herausfand, dem mußte zwangsläufig wieder die Sonne lachen.

# Die ersten Trainerjahre:
## Filzpantoffeln statt Geldwelt

## Verhaftung im Bordell

Ludwig Erhard (»Maßhalten!«) war Bundeskanzler, quasi der Interimscoach auf Bonner Parkett zwischen dem Rhöndorfer Rosenzüchter und dem groß-koalierenden Kiesinger. Wer käme da auf die Idee, einen Vergleich zwischen dem Kanzler und Max Merkel zu wagen? Doch siehe da, die Gehälter der beiden waren im März 1965 sehr von Interesse.

Die Informationen über das Einkommen der Trainerzunft kamen durch Zufall an die Öffentlichkeit. Rolf Hofmann, ein Münchner Sportjournalist, fragte bei den Sechzigern nach, ob er denn Einblick in die monatlich laufenden Kosten nehmen könnte. Konnte er, und ihm liefen die Augen über: Aus der säuberlichen Aufstellung ragte die Position Merkel mächtig heraus – 11 000 Mark monatlich kassierte der Super-Max. Die öffentlich-rechtliche Besoldungsliste dagegen sah für den Kanzler lediglich 8 156 Mark vor. Die restlichen fünfzehn Kollegen kamen im Schnitt auf etwas mehr als drei Tausender im Monat. Schon Rudi Gutendorf brachte es als Dritter der Tantiementabelle auf vergleichsweise magere vier große Scheine. Doch das Kuriosum lag in der Mitte von Merkel und Riegel-Rudi. In Frankfurt teilte sich ein Trainerdoppel das Amt in Eintracht, Paul Osswald und Ivica Horvath. Fünftausend bekamen sie zusammen. Horvath, der für den herzkranken Osswald nachmittags die Arbeit tat und ein Drittel der Summe verdiente, schaffte noch an den Vormittagen in einer Frankfurter Sparkasse.

Bei den »Löwen« waren Halbtagsjobs längst verboten, das ließ Merkels Max nicht zu. Der in jeder Beziehung erste Vollprofi auf dem Trainerstuhl kassierte nicht nur selbst. Der schlaue Wiener wußte auch, daß seine Spieler satt werden mußten. Gleichwohl stöhnte sein Bernd Patzke: »Ich kann doch nicht den ganzen Tag vorm Fernseher liegen« und drohte vor Langeweile, »bald irgendeinen anzufallen.«

Max Merkel schob das Karussell der Knete an. Rudi Gutendorf erkannte als einer der Ersten, »daß wir auch dafür bezahlt werden, weil uns jeden Tag der Stuhl vor die Tür gesetzt werden kann«. Davon konnte bei den Tabellenletzten nicht die Rede sein. Absteiger war Helmut Johannsen in Braunschweig mit 2 500 Mark. Die Rote Gehaltslaterne hielt Jupp Schneider bei Hertha. Brutto 1 600 nahm er im Monat nach Hause, Merkel lag fast fünfstellig darüber.

Aber es war nicht die Geldwelt, die in den ersten Jahren der Liga das Trainerleben ausmachte. Zwar hatte bereits in der ersten Saison das Gesetz vom Heuern und Feuern in Nürnberg begonnen – nach nur neun Spieltagen mußte Herbert Widmayer als erster die Beschleunigung des Schleudersitzes erfahren. Doch in Dortmund übten Spieler und Trainer eine einmalige Solidarität. Gastwirt Heinz Dolle, ein Astabsäger, ließ sich mit Hilfe eines Brauereidirektors in den Vorstand wählen und entließ Trainer Hermann Eppenhoff (3 500 Mark im Monat). Gar ein Hausverbot verpaßte er dem honorigen Hermann. Da streikten die Spieler, Dolle mußte gehen. Ein seltenes Beispiel, daß die Mannschaft ihren Vorstand feuert. Einer hielt es besonders lang aus, bevor er sich endgültig als Paradiesvogel auf ferne Palmeninseln absetzte. Dabei hatte »Ledergesicht« Gutendorf gegen Ende seiner Bundesligastationen ein feines Gespür für den Wandel der Branche. »Die Trainer von heute sind doch alle brave Jungs, die schon Opas Filzpantoffeln tragen«, urteilte »Riegel-Rudi« über die alten Haudegen der Knöpfle, Multhaup, Baumann, Brocker oder Gawliczek, die noch der alten Schule von Professor Nerz und Sepp Herberger angehörten. Die neue Gilde der Trainer, aus den Händen von Dettmar Cramer und

Hennes Weisweiler entlassen, etablierte sich erst in den Siebzigern, als aus dem Filzpantoffelkritiker der Rudi Ratlos wurde. Im Sand von Sylt entwarf Gutendorf mit Manager Peter Krohn die legendäre Taktik mit nunmehr zwei erlaubten Auswechslungen. »Zwei kotzen sich bis zur Halbzeit aus, dann bringe ich zwei neue«, solch geniale Strategie konnte nur in den Sand gesetzt werden. Rudi Gutendorf hier und Max Merkel dort. Zwei der schillerndsten und am meisten umstrittenen Persönlichkeiten des öffentlichen Fußballebens markierten die Szene. Natürlich gehörte die radebrechende Frohnatur eines Tschik Cajkovski dazu. Aber der war eben nicht der ständige Trommler oder Paukenschläger. Tschik, der nie richtig Deutsch lernen wollte, war einfach nur lustig. Mit ihm und Max Merkel arbeiteten eine Zeitlang zwei Trainer in einer großen Stadt. Sie trafen sich einmal zufällig in einem Münchener Kaufhaus und redeten eine Stunde nur über den Fußball. Dann gingen sie, eingekauft hatte keiner.

Oder Hennes Weisweiler, der Dozent und Fachmann par excellence. Seine Schlagzeilen schrieb nur der Erfolg der Fohlen. Der erste Importeur dänischer Fußballer konnte gut und gerne auf ein Glas Kölsch. Bei Hennes aber stand stets die Arbeit vor Anekdoten. In Everton tanzte er nach dem 1:1 im Europapokal im Schottenrock auf dem Tisch. Torwart-»Otto« Kleff hat die Szene nie vergessen. Auch nicht dieses Spiel seines Lebens: »Der Schiedsrichter hatte ständig die Pfeife im Mund und wollte reinpusten. Da hab' ich den Ball wieder rausgehauen.« Wolfgang Kleff sagt stellvertretend für so viele, die als Spieler Hennes Weisweiler erleben durften, daß es »kaum einen Trainer gab, der so geachtet wurde«.

Rudi Gutendorf wird fast ebenso einhellig für »einen der Unmöglichsten« gehalten. »Was heißt den schon Rollsystem?« fragt Manfred Manglitz heute, »wenn wir den Ball hatten, ging alles nach vorne. War er weg, lief alles nach hinten. Na und?« Gewundert hatten sich die Meidericher, warum ihr Coach im

Der »Eiserne Fritz«: Schalkes Trainer Langner, der mit Schalke zunächst abstieg und nach der »Rettung« durch den DFB die Knappen erfolgreich durch zwei Abstiegskämpfe führte.

stadtrandnahen Trainingslager morgens immer glattrasiert als erster am Frühstückstisch saß. Bis sie das Geheimnis lüfteten, ins Zimmer gingen und unter die Bettdecke schauten. Kein Rudi lag da, der nächtigte in Düsseldorf.

»Die Probleme mit der Aufstellung«, lacht »Pille« Gecks, »löste Gutendorf per Abschlag vom Fünfer.« Es gab ja weder eine Bank noch Auswechselspieler. Den Kopf über die Nummer elf und zwölf zerbrach sich Gutendorf wie folgt: Zumeist Pitter Danzberg und Johann Cichy mußten freitags antreten und Weitschießen proben. Wer den Kürzeren schoß, durfte nicht spielen. Dafür durften sich die Schalker unter Gutendorf frühmorgens um halb sechs der scheidenden Nachtschicht und der kommenden Frühschicht als arbeitende Jogger vor dem Zechentor präsentieren. Erwin Kremers, der erst später zu Königsblau kam, über diese Verbindung von Fußball und Arbeit: »Bei mir hätte der alleine laufen können.«

Trainingslehre und Methodik hatten vor allem in den Schädeln der »ollen Kommißköppe« einen sehr eigenen Stellenwert. »Zapf« Gebhardt war ein Paradebeispiel. Der konnte nur rennen lassen und nicht mehr gut sehen. »Montags fing er an mit einer Runde Seilchenspringen«, feixt Cassius Manglitz über die Episoden mit dem Trainer, der bei Hausbesuchen in den Schränken nach Alkoholischem fahndete, »die Seilchen wurden in der ersten Runde eingerollt und erst auf der Zielgeraden wieder ausgepackt.«

Der Obergefreite Wißmann konnte bei »Zapf« leider nicht mogeln. Frisch vom Bund entlassen, mußte er einen Tag später in höllischer Hitze Steigerungsläufe ableisten. Gebhardt hatte die Stoppuhr in der Hand. »Der war klinisch tot«, berichtet Horst Gecks, »der ist gelaufen wie beim goldenen Schuß. Ein bißchen mehr nach links, ein bißchen mehr rechts.« Kein Wort haben sie in Duisburg manchmal mit ihrem Trainer gesprochen. Das konnte Robert Gebhardt, der sich nebenbei mit dem Verkauf von Spielzeug ein Zubrot verdiente, nicht verknusen. Fast weinend bettelte der dann um die Gunst seiner Schweiger, die Nachwuchs daheim hatten: »Willst du ein Auto für deinen Sohn?«

Da war Max Merkel doch aus anderem Holz. Nicht wenige seiner damaligen Akteure sagen: »Der konnte mit Jüngeren nicht umgehen und brauchte nur fertige Spieler.« Für Ferdinand Wenauer allerdings ist unbestritten, daß der 1. FC Nürnberg »im ersten Jahr einen Merkel erlebt hat, wie ihn sich jeder Klub wünschen kann«. Der Vorstopper weiß, daß nicht jeder seine Meinung teilt, und seine Erklärung für Meisterschaft und Abstieg mit Merkel ist deutlich: »Im zweiten Jahr war der Max überall, nur nicht auf dem Trainingsplatz. Als er merkte, daß er den Motor wieder anwerfen mußte, war es zu spät. Das war wie bei einem schlecht eingefahrenen Auto.« Zu oft stand Assistent Robert Körner mit den Meistern allein auf dem Rasen, »ein Kumpeltyp, aber Spieler brauchen die Peitsche. Merkel hat mehr verlangt wie jeder andere, seine Vorbereitung war unheimlich.«

Bei Luggi Leitner im Kleinen Walsertal ließ er sie die Berge rauf und runter laufen wie die Steppenwölfe. Wenauer, Küppers und Volkert ließen rennen und warteten auf den Rückmarsch der Gipfelstürmer. Aber Merkel war schon längst oben mit dem Auto. Mit einer Paßstraße auf der anderen Bergseite hatten die Abseiler nicht gerechnet. »Oh weh, jetzt reißt er dir den Kopf ab«, fürchtete Wenauer. »Aber er sagte mir nur: Von dir hätte ich das nicht erwartet, und ich hab mich furchtbar geschämt. Solche Sachen hatte der drauf, Merkel war ein wahnsinnig guter Psychologe.«

Er konnte abends zechen mit der Mannschaft und morgens zur knallharten Konditionsarbeit bitten. »Wir hätten nie geglaubt, daß uns einer am anderen Tag so schleifen kann«, gibt Wenauer eine weitere Probe aus der Trickkiste des Trainers zum besten, »aber er sah dann auch, daß gar nichts ging. Er schickte uns nach Hause, und wir dachten alle, am Nachmittag gibt's Sau-

*Zwei der großen Trainer der ersten zehn Jahre Bundesliga: Willy »Fischken« Multhaup und der Mann mit der Peitsche, Max Merkel.*

res.« Und dann trafen sie sich alle Stunden später und besser ausgeschlafen wieder. Max Merkel verteilte Trikots und ließ spielen, mehr nicht. »Was gibt es Schöneres im Training für einen Fußballer?« zollt »Nandl« dem peitschenknallenden Zuckerbrotverteiler (»Das Schönste an Schalke ist die Autobahn in den Süden«) immer noch späten Respekt.

Ob Buffi Ettmayer in Ochsenzoll Trainer Klötzer die Luft aus den Reifen ließ und die Fahrradpumpe klaute, weswegen Ritter Kuno manches Mal schieben mußte, oder der »Eiserne Otto« Knefler mit verlängertem Arm von seinem Hausrecht Gebrauch machte und die weiblichen Romanzen seiner Mannen kurzerhand aus deren Wohnungen komplimentierte, alle diese Geschichten aus der Trainerwelt werden von den Ereignissen am 19. März 1970 in Hamburg übertroffen. Borussia Dortmund spielte beim HSV, Torhüter Jürgen Rynio langweilte sich am Freitagabend im Hotel und erinnerte sich an einen alten Bekannten aus gemeinsamen Jahren beim Karlsruher SC. Mit Klaus Zaczyk verabredete er kurzerhand am Telefon einen Bummel über die Reeperbahn. Lust auf die Meile besaßen noch Ferdi Heitkamp und Reinhold Wosab für die Dortmunder Farben. Es sollte bunt werden am anderen Morgen.

Das Quartett mit einem Hamburger und drei Borussen entdeckte an diesem Abend eine Druckerei. Mit wenig Wartezeit konnten dort selbstgewählte Schlagzeilen auf die Seite eins der »St. Pauli Nachrichten« gesetzt werden. Auf das Original ließen die vier in dicken Balken »Trainer Lindemann im Bordell verhaftet« drucken. Mehrere Exemplare der raren Ausgabe verteilten die Heimkehrer auf dem bereits eingedeckten Frühstückstisch. Sehr aufmerksam bekam Hermann Lindemann (nicht zu verwechseln mit dem Wuppertaler Lottogewinner aus dem Loriot-Kabinett) die Seite direkt neben den Teller gelegt. Kreidebleich schrie »Judy«, wie der Coach von der Mannschaft liebkost wurde, vor dem ersten Bissen nach der Polizei. Dann stürzte er zum Telefon, um sofort seiner Frau zu melden, daß dies doch alles gar nicht stimme und er ein ganz treuer Trainer sei. Auf dem Weg zum Anruf kam ihm Ferdi Heidkamp entgegen: »Trainer, schon Zeitung gelesen heute morgen?«, und auf dem Weg zurück feixte Reinhold Wosab: »Mensch Trainer, die gehn in Dortmund weg wie warme Semmeln.«

Das Frühstück fiel an diesem Morgen für den armen Hermann aus. Klaus Zaczyk kommen noch heute die Tränen vor lauter Lachen: »Die Dortmunder hatten vor dem Spiel so viel mit dieser Verhaftung zu tun, daß wir mit 4:3 gewannen.«

# Die Aufstiegsgeschichten von Sepp Piontek

## Der Dänen-Kaiser ist ein Preuße

»Alt har en ende«, seufzte das Boulevardblatt B.T. und präsentierte seinen Leserinnen und Lesern ein großes Foto, auf dem Preben Elkjaer-Larsen gesenkten Hauptes vom Platz schlich, wobei seine Gemütsverfassung auch noch deutlich durch die zerrissene Hose hindurchleuchtete: Alles hat ein Ende.

Zwei Jahre später war alles wieder gut im Staate Dänemark; vergessen war das unglückliche Ausscheiden im Halbfinale der Europameisterschaft 1984 gegen Spanien (im Elfmeterschießen), gelungen soeben ein 2:0 über den südlichen Nachbarn und dessen Teamchef Franz Beckenbauer in der Vorrunde der Weltmeisterschaft. Die 1986er Schlagzeile bedurfte auch für die deutschen Touristen keiner Übersetzung: »Nu er Sepp Kaiser«.

Für Sepp (eigentlich Josef) Piontek war es ein langer Weg von Ostfriesland an den Kopenhagener Hof, genauer: vom Mittelstürmer bei Germania Leer zum gefeierten pfeiferauchenden Chef der dänischen Nationalelf, die sich mit ihm vom ewigen Prügelknaben zum Danish Dynamite entwickelte. Also praktisch gleich zwei klassische Aufstiegs-Geschichten, wie sie das Leben nicht oft schreibt, und wenn doch, dann handelt es sich nicht selten um Fußball. Ein Vierteljahrhundert lag zu dem genannten Zeitpunkt schon der erste größere Erfolg des Fußballers Piontek zurück: Werder Bremens DFB-Pokalsieg 1961. Da war er 21, Student, seit Saisonbeginn unter Vertrag und jüngster Spieler einer Mannschaft, deren Star Willi Schröder hieß. Der hatte, als einziger Bremer, zwölf Länderspiele, und wenn Sepp Piontek zu der Zeit damit gerechnet hat, auch mal Nationalspieler zu werden, hat er es für sich behalten. Schröder erzielte eines der beiden Bremer Tore zum 2:0 über Kaiserslautern (beim Endspielgegner wirkte noch der Weltmeister Werner Liebrich mit); seiner Torjägerqualitäten wegen hatten ihn Werder und auch der HSV schon 1953 (!) mit Handgeldern in fünfstelliger Höhe sowie anderen verbotenen Tricks zu ködern versucht (soviel zum Thema »gute alte Zeit«). Piontek, inzwischen schon auf der nicht so spektakulären rechten Verteidigerposition, bezog das oberligaübliche Entgelt (erlaubt waren 160 Mark plus Prämien) und wurde mit der für ihn gerade rechtzeitigen Einführung der Bundesliga belohnt, in der gute Spieler auch in den Anfangsjahren schon ordentlich verdienen konnten.

Werders Nummer 2 war ein guter Spieler und ließ sich auch durch den krassen Fehlstart in die neue Ära nicht aus dem Takt bringen. Den legte nämlich Werders Abwehr hin, indem sie sich das erste Bundesliga-Tor aller Zeiten einschenken ließ, gleich in der ersten Minute der Premiere gegen Borussia Dortmund. Einen jubelnden, damals noch weithin unbekannten Lothar Emmerich zeigten anderntags die Fotos in den Zeitungen, und einen weniger begeisterten Sepp Piontek (obwohl nicht sein Gegenspieler, »Emma«, das Tor geschossen hatte, sondern Konietzka).

In der Folgezeit wurde der Name Piontek, wie schon zur Oberligazeit, auch in den Bundesliga-Spielberichten oft fett gedruckt, was damals eine Hervorhebung der besten Spieler bedeutete (das Benotungswesen setzte sich erst später durch). Als zuverlässig erwies er sich auch noch dann, wenn es andere nicht waren: »Die größte Enttäuschung«, schrieb der Kicker nach einer Heimniederlage gegen den Nordrivalen Eintracht Braunschweig – die die Zuschauer ihren Bremern sehr übelnahmen – »war Stopper Jagielski, dessen Extravaganzen die ganze Mannschaft aus dem Konzept brachten, aber auch Lorenz, Schimeczek und Schütz waren keine Säulen der brüchigen Bremer Hintermannschaft.« Man beachte, welcher Name da als einziger nicht auftauchte (sondern in der Aufstellung fett gedruckt erschien).

Das war in der Jungfernsaison der Bundesliga; in der zweiten stiegen die Anforderungen. Da verlangten die Bremer Zuschauer (und die Presse) mehr als den zehnten Platz, der Trainer weniger als 62 Gegentore; es wurden nur 29 und der Meistertitel, und an beidem hatte Sepp Piontek großen Anteil, der im modernisierten, variantenreichen System von Willy Multhaup eine wesentliche Rolle spielte und nicht von ungefähr seine ersten drei Bundesligatore schoß. Auch der Sprung in die Nationalelf gelang ihm jetzt; sechsmal, unter anderem in Rio gegen Brasilien und auf Zypern in der WM-Qualifikation, spielte Piontek in der Mannschaft, die im Jahr darauf in England Vizeweltmeister werden sollte. Dort allerdings wirkte er nicht mehr mit, anders als der schon erwähnte Beckenbauer, der ein halbes Jahr nach ihm international debütiert hatte und sehr viel später als Teamchef sein Gegner werden sollte. Rechter Verteidiger spielte in England ausgerechnet Horst-Dieter Höttges, in Bremen Pionteks Partner auf der anderen Seite.

Dieses Doppel machte im Werder-Dress jahrelang gemeinsam gegnerischen Außenstürmern (die gab es noch) die Räume eng; 1970 gehörte Piontek zur ersten Generation der Bundesligaspieler mit 200 Einsätzen. Der 203. und letzte fiel dann in die Saison 71/72, als sich, auch verletzungsbedingt, schon der fast übergangslose Wechsel vom Spieler zum Trainer Piontek vollzog. Beim Kölner Fußballlehrer-Examen mit der Note 1 Lehrgangsbester, mußte er das Gelernte schon im Oktober 1971 im eigenen Verein anwenden, nachdem »Zapf« Gebhard mit der damaligen Bremer Millionen-Elf an der hohen Erwartungshaltung gescheitert war. Piontek faßte auch in der neuen Rolle schnell Fuß und blieb dreieinhalb Jahre Werder-Trainer – ein Rekord, den später erst Otto Rehhagel verbesserte. 1975 zu Fortuna Düsseldorf gewechselt, traf ihn erst dort, im April des folgenden Jahres, der Karriereknick, ohne den ein Trainer kein

*Sepp Piontek bei der 0:1-Niederlage der Bremer in Meiderich im Jahr 1964. Neben Piontek sind zu erkennen: »Picco« Schütz und »Lullu« Nolden.*

richtiger Trainer ist: der Rausschmiß. Der gebürtige Ostpreuße wußte sich auch weiterhin zu beschäftigen, auch wenn seine nächsten Trainerstationen eher den Hauch des Exotischen trugen. Das gilt, zumindest rückblickend, nicht nur für die Nationalelf von Haïti, sondern auch für den FC St. Pauli, dessen Mannschaft er 1978 übernahm, als sie gerade in die 2. Bundesliga (Gruppe Nord) abgestiegen war. »Das ist eben die Situation des Vereins«, antwortete er nach seinem Einstand gegen eine Amateur-Auswahl von Norderstedt bei Hamburg noch gelassen auf die Frage, ob nicht die zahlreichen Abgänge guter Spieler seine Arbeit erschweren würden. Wer konnte auch ahnen, daß die Situation des Vereins so war, daß er am Ende der folgenden Saison wg. Lizenzentzugs in die Drittklassigkeit abstürzen würde?

Sepp Piontek jedenfalls wurde an jenem Abend zum Meilenstein in der Laufbahn eines Redaktionsvolontärs, dem er ein sehr freundliches Interview gab (garantiert hätte er sich auch fotografieren lassen, aber dafür war es schon zu dunkel, was den Volontär nicht vor einem Anpfiff seines Chefs bewahrte, aber das gehört nicht hierher). Wohl gehört hierher, daß der Trainer ein paar Monate später mit St. Pauli wieder in der Gegend gastierte, diesmal zum Jubiläum des TuS Hasloh (Kreis Pinneberg), 13:0 gewann und anschließend zum Essen im Vereinsheim nicht nur erschien und ansprechbar war, sondern sogar eine launige Rede hielt. Seitdem gönnt ihm der damalige Volontär jeden Sieg (ja, auch gegen »uns«). Den Dänen gönnt die Fußball-Fachwelt ja ohnehin nur Gutes, seit sie damals in Wembley gewannen, England aus der Europameisterschaft warfen und Bewegung in die Szene und dann noch Fans mit nach Frankreich brachten, die sich mit buntbemalten Gesichtern sowie ansonsten als »Roligans«, also friedlich präsentierten. »Wir fahren erhobenen Hauptes nach Dänemark zurück«, sagte Sepp Piontek nach dem eingangs erwähnten Ausscheiden gegen Spanien.

# Lothar Kobluhn:
## Schützenkönig ohne Kanone

### »Der Franz war eine Bombe«

»Ich bin schon um halb acht im Geschäft«, gab Lothar Kobluhn den Termin für den anderen Tag, »kommen se man ganz früh. Wenn die Tipper kommen, geht sowieso nix.« Da stand er dann. Ein Kerl, kräftig wie ein Baum. Sortiert Tageszeitungen, bunte Hefte, Illustrierten. Lotto, Totto, Lothar Kobluhn. Auch er hat es geschafft, mit Fußball und der soliden Nachspielzeit im eigenen Geschäft; meistens halbtags, der weinrote Daimler vor dem Laden strahlt nagelneu. Ein Oberhausener Idol, so wäre zu vermuten, schließlich ist er ein Kind dieser Stadt, blieb es bis heute. Und schrieb zwischendurch Stadtgeschichte im Fußball mit Bruder Friedhelm.

Doch der Ball hat sich bei den Kleeblättern längst gedreht. Es begann mit dem Skandaljahr. Zwei Jahre später kam der Abstieg, heute dümpelt der Klub in der Verbandsliga. Lothar Kobluhn steht seit Jahren außen vor: »Was da alles passiert ist. Nein, da wollte ich mich nicht engagieren.«

Reingeklotzt hat er auf dem Rasen wie ein Berserker mit Urkraft. Angefangen als Vorstopper, später im offensiven Mittelfeld. Torschützenkönig wurde er, ausgerechnet im Skandaljahr. Mit 24 Toren traf er zweimal mehr als Münchens Gerd Müller. »Der hat mich deswegen nie mehr angeguckt, der war so arrogant«, sagt Kobluhn, der vom »Kaiser« ganz anders spricht: »Der Beckenbauer unnahbar? Unsinn, der kam nach jedem Spiel und hat mit jedem gesprochen.«

Aber Fußball für Kobluhn, den Jüngeren, der machte nach der achten Saison keinen Spaß mehr. »Zuerst hatte man keine Zeit

*Elegant spielt Lothar Kobluhn beim 2 : 1-Sieg im Niederheinstadion gegen Eintracht Braunschweig Franz Maerkhoffer aus.*

für den Torschützenkönig«, beschreibt er die ausgefallene Übergabe der goldenen Torjägerkanone. Die einzige Ehrung für zwölf Tore mit den Beinen, sieben per Kopf und fünf Elfmeter gab es von einer Berliner Zeitung. 3 000 Mark für den Torkönig der Bundesliga und einen Tausender für den besten Berliner lobte das Blatt Jahr für Jahr aus. Doch nach 70/71 wurden die Prämien geändert. »Aber drei Tage Berlin waren auch ganz nett.«

Die Zeit danach fand das blonde Kraftpaket weniger adrett. »Wir konnten hinkommen, wo wir wollten. Überall hieß es nur: Schieber, Absteiger.« Und fast jeden Tag gab es abwechselnd zu feiern oder trauern: »Mal hieß es, man nimmt uns die Punkte weg, und wir sind abgestiegen. Dann kam wieder Präsident Maaßen und sagte: Jungs, wir bleiben in der Bundesliga.« Nein, das war für Lothar Kobluhn wirklich nicht mehr schöner Fußball.

*Lothar Kobluhn da, wohin er als Mittelfeldspieler mit Vorliebe die Bälle beförderte: im Netz.*

»Dann kamen noch die Fremden. Callius, Mumme, Sühnholz, Klimaschewski. Na, Sie wissen ja, wie die Berliner sind.«

Den Besserverdienenden ging man täglich aus dem Weg, »nur der Franz Krauthausen, das war eine Bombe«. Wenn er mit »Tex« Henschel und Hugo Dausmann zwei oder manchmal drei Tage loszog und dann wiederkam – die anderen mußten trainieren –, war alles wieder in Ordnung.

Aber Fußball und Lebensfreuden blieben Oberhausener Ausnahmen. Es gab wenig zu lachen im dauernden Kampf um die Klasse. Und als der Absturz geschehen war, gingen im Laden von Lothar Kobluhn die Fensterscheiben zu Bruch: »So ist das, wenn du nur für deinen Klub die Knochen hingehalten hast. Hinterher war ich an allem schuld. Am Abstieg, an der Pleite. Sogar am Aufstieg.«

Dabei hätte er es sich so einfach machen können, mit fast dreißig noch einmal groß abkassieren. Agenten verfolgten den Torschützenkönig bis in den Mannschaftsbus. Die Kobluhns gastierten bereits in Lausanne. »Aber von Oberhausen zum Genfer See«, sinniert Kobluhn über die ausgeschlagene Chance, »das geht nicht für einen, der heimisch bleiben will.« Die Schweizer ließen nicht locker. Mit zweimal 250 000 Mark standen sie um neun Uhr bei Öffnung des Lottoladens vor der Tür. Einmal bar für Lothar Kobluhn, zum anderen cash für Rot-Weiß: »Ich hab sie abgewimmelt, ich hab ihnen gesagt: Von mir aus ist alles klar, Sie müssen aber noch mit dem Präsidenten klarkommen.« Kobluhn rief sofort bei Peter Maaßen an und bat: »Schicken Sie sie weg.«

Oder Max Merkel, der den Oberhausener aus dem Vorort Osterfeld nach Berlin holen wollte. Zu Tennis Borussia. Allein hatte Lothar Kobluhn Angst, zusammen mit dem Düsseldorfer Dieter Heinrichs sollte er mit weniger Beklemmung vor der großen Stadt im Paket wechseln. Doch da bekam es die Frau des Fortunen mit der Angst vor dem Wechselfieber zu tun. Heinrichs ging nicht, auch Kobluhn blieb.

Und am Ende ging er doch. Zum Regionalligisten nach Wattenscheid. Dabei weilte er schon für Wochen als Trainer im

Hessischen. Für zwei letzte Jahre konnte ihn Kalli Feldkamp überreden. Der ist nicht nur über drei Ecken mit Bruder Friedhelm verwandt, sondern selbst alter Oberhausener. Friedhelm Kobluhn ist fußballerisch gesehen bis heute Wattenscheider geblieben. Bei den Alten Herren spielt er mit Mäzen Klaus Steilmann. Von Rot-Weiß hat einer der besten Fußballsöhne der Stadt längst Abschied genommen.

# Helmut und Erwin Kremers:
## Zwiespalt für Zwillingsforscher

## »Simmer froh, dasses geene Drillinge sinn«

Da sitzen sie, beide smart und modisch in Anzug und Krawatte gewandet, zwischen Gummibaum und Personalcomputer. Bruder Helmut hat für eine Stunde den Schalker Managerstuhl verlassen, Bruder Erwin nur rasch das Zimmer gewechselt. In der Modefirma des ehemals »besten Linksaußen der Welt« (Ivica Horvath über Erwin Kremers), im nüchternen Konferenzraum eingerahmt von Kleiderstangen mit Kinderkollektionen, blicken zwei Zwillinge wie aus dem Ei gepellt zurück auf ein gemeinsames Stück Fußballgeschichte. Ein einmaliges Kapitel, bei dem damals wie heute zunächst das »who is who« zu klären ist. Wer ist Erwin, wer Helmut? Selbst der Haarschnitt, heute etwas kürzer als in den langen Siebzigern, ist nicht als unterscheidendes Merkmal heranzuziehen.

Brüderpaare in der Bundesliga sind in der Ahnenreihe der Eliteklasse keine Seltenheit. Angefangen mit den Seelers und Dörfels sind es bis heute fast drei Dutzend. Aber Zwillinge, die sich zu allem Übel für den Betrachter auch noch auf dem Rasen blind verstehen, sind nur schwer zu unterscheiden.

Wissenschaftler tun sich auf diesem Gebiet leichter und machen alle gleich. In Zwillingen aus einem Ei wollen sie den Beweis für alles Ererbte sehen, ohne Unterschied. Da soll doch tatsächlich der Zwilling Zvezdan Cebinac Schabernack mit dem 1. FC Köln getrieben und beim Probetraining für Bruder Srdjan gedoubelt haben. Ähnlichen Kummer bereiteten die beiden Kremers ihren Kontrahenten nicht. Die Brüder spielten stets in gleichen Klubs. Mit 18 Jahren bei Borussia Mönchengladbach, dann mit zwanzig zwei Jahre bei den Offenbacher Kickers, und danach kam nur noch Schalke. »Wenn Sie uns heute fragen, woher wir kommen«, sagt Erwin gleich bei der ersten Tasse Kaffee, »dann antworten wir nur: aus Gelsenkirchen.«

Beide kamen, auch dies ein verblüffender Gleichklang ihrer Statistiken, einige Male gemeinsam zu Lehrgängen und Spielen der Nationalmannschaft. Erwin Kremers spielte fünfzehnmal international, Helmut zählt sieben Länderspiele. Dreimal streiften sie gemeinsam den schwarz-weißen Dress über, und Helmut Schön kannte nur eine Sorge mit den Zwillingen. »Simmer doch froh, dasses geene Drillinge sinn«, sächselte der Lange angesichts der verwechselbaren Ähnlichkeit. Doch wo manche Erbforscher alles gleich machen wollen, nichts mehr dem Leben und der individuellen Prägung überlassen, mucken beide Kremers auf. Gleichklang und Unterschied halten sich bei den Zwillingen die Waage. Beide rauchen gern mit Filter. Aber während Erwin strikt jeden Alkohol meidet, gönnt sich Helmut »wie dreißig Millionen Bundesbürger auch ein Gläschen«. Doch für keine noch so frohe Thekenrunde würde er nachts um zwei aufstehen. Die Anrufer erklärt er kurzerhand für verrückt. »Für Fußball aber«, sagt Helmut, »kann man mich sogar noch um drei Uhr nachts anrufen.«

Helmut Kremers als Verteidiger gesellig und gruppendynamisch, Erwin Kremers als Linksaußen eher introvertierter Künstler und Einzelgänger. Der eine früher in Trainingslagern um keinen Jux verlegen, der andere lieber allein. Während Erwin und die anderen, wie es sich gehörte, längst schliefen, spielten Bruder Helmut und Volker Abramczik zu gerne Geisterstunde. Zum Beispiel in einem Hotel im Süddeutschen, zu Horvaths Zeiten. Die Empfangshalle zierte ein riesiger Schaumgummihammer. Den packten beide entschlossen weit nach der Sperrstunde und zogen über die Flure. Helmut knipste kurz das Licht an, und »Abi« haute voll drauf. Ein Zimmer nach dem anderen, bei Schalkern und Nicht-Schalkern. »Bei Schaumgummi konnte sich ja niemand weh tun. Aber als einige Gäste nach der Polizei riefen, mußten wir schnell unter der Bettdecke verschwinden«, erinnert sich Helmut Kremers schenkelklopfend, bevor er schallend über das Frühstück am Morgen danach lacht. Da berichtete Klaus Fischer: »Ich hab doch tatsächlich geträumt, ich werde mit einem Hammer erschlagen.« Helmut Kremers: »Der Abi flog mit seinem Teller Rührei rückwärts vom Stuhl.«

»Einen Lachanfall«, spannt Erwin Kremers den Bogen zu seiner Art Humor, »bekam ich nur, wenn mir ein Trainer etwas von Abwehraufgaben erzählen wollte.« Wenn er bei Professor Hollmann in Köln aufs Laufband mußte oder wenn die Ohrläppchen zur Feststellung der konditionellen Blutwerte angezapft wurden. »So'n Quatsch laß ich mit mir nicht machen«, legte sich der Linksaußen damals quer und mußte sich zeigen lassen, daß auch das Erdulden der sportmedizinischen Methodik zu seinen vertraglichen Pflichten gehörte. »Verträge, die hab ich doch nie gelesen«, bemerkt Erwin energisch, der gleichermaßen Wert darauf legt, »von Taktik nie Ahnung gehabt zu haben.« Bruder Helmut spielt da prompt den verbalen Doppelpaß: »Das mußte ich oft genug für dich ausbügeln.«

Fußball heute, das ist für die beiden gestandenen Geschäftsleute eine ganz und gar unterschiedliche Welt. Erwin ist seit acht Jahren erfolgreicher Modemacher und weiß nicht, »wann ich zum letzten Mal ein Bundesligaspiel gesehen habe«. Wie Helmut als Manager bei Schalke im Alltag auf Schritt und Tritt vor und hinter der Kulisse mit dem Ball befaßt, ständig ausgleichend und moderat sein? Einfach unvorstellbar für den Zwillingsbruder. Höchstens mal Sport im Fernsehen ist für das »Arbeitstier« (Erwin Kremers über Erwin Kremers) drin. Und selbst dann drückt er oft vorzeitig auf »Aus«. Rolf Rüßmann, als Vorstopper ein Schalker Weggefährte, sagt über ihn: »Der Erwin ist heute weit weg vom Schuß.« Dabei liegt die Firma des Kindermoden-Kollektionisten mitten in Gelsenkirchen, nahe dem Emscherschnellweg mit der Ausfahrt »Schalke«.

*Größter Erfolg im Schalker Trikot: Die Kremers Zwillinge Helmut (links) und Erwin (rechts) mit dem DFB-Pokal (in der Mitte) 1972. Im Hintergrund Nico Braun, zu der Zeit Schalkes luxemburgischer Ersatz-Mittelstürmer.*

Aber für Schalke ist ja heute Bruder Helmut zuständig, und da sind sich die Zwillinge sofort einig. »Höhepunkte unserer Laufbahn, die schönsten Spiele und die schönsten Tore, die herrlichsten Anekdoten – das alles war nichts gegenüber Schalke.« Selbst Erwin Kremers, der mit der legendären Nationalmannschaft von 1972 in Brüssel Europameister wurde, sagt ohne Zögern: »Der Höhepunkt war ganz einfach Schalke. Jeden Tag Theater. Einfach toll.«

Schalke Anfang der Siebziger, das war vor allem ein Jahre währendes Schauspiel zwischen Posse und Tragödie wg. Meineid. Die Kremers standen bei dem Skandal außen vor und mußten auf dem Rasen die Punkte einfahren, als plötzlich eine ganze Mannschaft auf der Strafbank saß. »Ohne diese Geschichte wären wir ein paarmal Deutscher Meister geworden«, stellt Erwin die Spielstärke der Königsblauen von damals sachlich fest. Und Helmut ergänzt: »Selbst Franz Beckenbauer hat das so gesehen und war recht froh.«

Geist und Kameradschaft, vor allem, »obwohl uns das nie jemand recht glauben wollte, die Liebe zum Fußball und zu den Menschen im Revier«, bilanziert Erwin Kremers die langen Jahre in Schalke, »haben uns hier gehalten.« Zwei Faustpfänder stehen wie ein glühender Beweis für den Bezug zum Traditionsklub. Mitten in der größten Schalker Skandalmisere klopften Real Madrid und der FC Barcelona an. Beide hätten kommen können, doch beide blieben.

Bis heute. Erwin mit Firmensitz und dem privaten Heim im noblen Düsseldorfer Vorort Hösel. Helmut ist gleich mit beiden Beinen, mit Wohnsitz und Betrieb, in der Stadt geblieben. Die Trommeln in seiner Wäscherei und Färberei drehen sich fast von allein. Als man ihn im Herbst 1988 rief, mitzuhelfen, das Schalker Schiff wieder flottzumachen, überlegte er nicht und sagte einfach »Ja«. Über den Fulltime-Manager witzelt man am Schalker Markt: »Der färbt und wäscht die Kleider, die sein Bruder herstellt.«

Aber so läuft es unter Brüdern nicht, nicht mal unter Zwillingen. Ballkünstler Erwin, der sich ganz auf die neue Karriere mit Modekollektionen verlegt hat, lächelt das Bruderherz an: »Davon versteht er nichts.« Echte Außenstürmer, diese heute fast ausgestorbenen Zauberer im Zweikampf, waren damals Künstler. Erwin hat in der Haute Couture für Kinder eine neue Kunst entdeckt und findet nur eine Parallele zum Fußball: »Auch die Mode fängt in jeder Saison von vorne an.«

Derweil färbt und reinigt der Bruder kräftig für Klaus Steilmann. Der Wattenscheider Zweitliga-Mäzen und Europas größter Damen-Oberbekleider mit Milliardenumsatz, nicht Bruder Erwin, füllt in echter Nachbarschaft die Trommeln für Helmut, den alle nur »Mano« nennen.

*Erwin Kremers bei einem Spiel 1973 gegen Eintracht Frankfurt.*

Erwin, der selbstbewußte Einzelgänger, blieb Zeit seiner Lederkarriere ohne Spitzname. Aber in Helmut, dem eben doch so ganz anderen Naturell, fanden die Mitspieler genug Gemeinsamkeit mit der lustigen Cowboyfigur Manolito (»High Chaparell«). Linksaußen Erwin dagegen mußte in der Glückauf-Kampfbahn wie im Parkstadion oft Kritik einstecken. Jähzornig und impulsiv trat er nicht selten auf, wenn es allzu arg auf die Socken ging. »Jetzt hört er auf, Fußball zu spielen«, das dachten die Zuschauer, wenn Erwin Kremers schlicht die Lust ausging. »Ich habe den Fußball auf meine Art geliebt«, sagt heute der große, einer der letzten Individualisten auf der schon lange verwaisten linken Flanke. Und wenn es ihm zu blau und bunt rund um die Hacken wurde bei aller Treterei, sagte er den Schiedsrichtern glatt die Meinung. Allzu drastisch beim letzten Punktspiel vor der Weltmeisterschaft 1974. Schiedsrichter Klauser aus Vaterstetten schickte ihn in der 90. Minute am Betzenberg nur um Sekunden früher unter die Dusche. Der sichere Platz im Aufgebot von Helmut Schön wurde gestrichen.

»Was ich dem Schiedsrichter damals gesagt habe, weiß ich heute nicht mehr«, muß Erwin Kremers heute passen. Bruder Helmut ergänzt: »Dafür hast du es ihm aber auch sechsmal gesagt.«

1973 bewahrten die Kremers Schalke
vor dem Abstieg

## »Mano«, die Rumpf-Elf und die Liebe der Schalke-Fans

Für jüngere oder vergeßliche S04-Anhänger mag Helmut Kremers der neue »Sportliche Leiter« bei Schalke sein. Für jene, die wie der Chronist die Gnade hatten, die blau-weiße Heilszeit Anfang der Siebziger »live« zu erleben, wird er immer der »Mano« bleiben: der offensive Linksverteidiger der legendären Vizemeister- und Pokalsiegerelf von 1972; der Libero und Kapitän, der ein Jahr später das skandalgeleckte Vereinsschiff mit einer Rumpfmannschaft sicher zum Hafen, sprich Klassenerhalt, lenkte; ein Liebling der blau-weißen Fußballgötter, die heute im Lederball-Olymp scheinbar jeglichen Einfluß verloren haben. Doch erinnern wir uns wehmütig und der Reihe nach.

Vom Bieberer Berg waren die Gebrüder Kremers 1971 zum Schalker Markt gekommen, nachdem sie unter Hennes Weisweiler in Mönchengladbach ihre ersten Bundesligaspiele absolviert hatten. Siebert komplettierte mit den »linken« Zwillingen eine Mannschaft, die trotz Bayern Münchens und Mönchengladbachs Stargala zu den schönsten Hoffnungen berechtigte. Die blutjungen »Löwen« unter Ivica Horvath waren bereits in ihrem ersten gemeinsamen Jahr jeder auf seinem Posten ein Nationalelf-Kandidat. Noch einmal die Namen, um sie auf der Zunge zergehen zu lassen: Norbert Nigbur im Tor, Jürgen Sobieray und »Mano« Kremers als offensive Außenverteidiger, Klaus Fichtel der Libero, Rolf Rüßmann als unüberwindlicher Vorstopper. Im Mittelfeld der Stratege Heinz van Haaren, der begnadete Klaus Scheer und das Laufwunder »Aki« Lütkebohmert. Auf den Flügeln wirbelten »Stan« Libuda und Erwin Kre-

221

mers, in der Mitte vollstreckte Klaus Fischer. Und bis auf van Haaren und Libuda war keiner älter als 22 Lenze.

Doch alle Zukunft war schon ein Jahr vorher bei der für 40 000 Mark »verkauften« Partie gegen Arminia Bielefeld verloren worden. Die größte Schalker Nachkriegsmannschaft wurde ein Opfer des Bundesligaskandals. Neun Monate nach dem Pokalgewinn waren nur noch Nigbur, Scheer und die Kremers-Zwillinge übriggeblieben. Der Rest saß wie die Hühner auf der Stange gesperrt auf der Tribüne, spielte in Belgien (Rolf Rüßmann) oder in Straßburg (van Haaren und Libuda). Der Abstieg schien unvermeidlich, denn die Mannschaft mußte Mitte der Saison 1972/73 mit jungen, völlig unerfahrenen Ersatzleuten ausgefüllt werden. Woher die notwendigen Punkte kommen sollten, blieb allen Verantwortlichen und Fans schleierhaft. Verletzungspech kam hinzu, und als Rüßmann, Fichtel und Lütkebohmert nach dem mit 1:2 verlorenen Heimspiel gegen Werder Bremen von einem Tag auf den anderen gesperrt wurden, standen die Schalker bereits auf dem vorletzten Platz.

Der folgende Abstiegskampf wird allen unvergeßlich bleiben. Mit bis dahin völlig unbekannten Spielern wie Klein, van den Berg, Dubski, Beverungen, Manns oder Ehmke gelang das schier unmögliche: Schalke blieb in der Bundesliga. Und Helmut Kremers hatte als Libero, ohne die Leistung der anderen schmälern zu wollen, daran wohl den größten Anteil.

Die Heimspiele gegen Hertha BSC (1:1), 1. FC Köln (2:2), Eintracht Frankfurt (3:2), VfB Stuttgart (2:0) und Hamburger SV (2:0) – die die nötigen Punkte brachten – waren für Spieler und Zuschauer tollkühne Ritte am Rande des Zusammenbruchs von Nerven und Kreislauf. Durchweg ausverkauft war die Glückauf-Kampfbahn, ein brodelnder Vulkan Schalker Emotionen, gegen den heute der Betzenberg oder das Millerntor nicht viel mehr als Kindergeburtstage sind. Not verbindet mehr als der Erfolg. In jenen Wochen wurde dafür »auf Schalke« der Beweis angetreten. Als Erwin Kremers am vorletzten Spiel-

*Die Kremers-Zwillinge heute: smarte Geschäftsleute, die sich zur »Schalker Familie«
bekennen.*

tag in Duisburg den entscheidenden Treffer zum Klassenerhalt
geschossen hatte, lagen sich im Wedau-Stadion, das fest in
Schalker Hand war, gestandene Familienväter weinend in den
Armen. Die aufgestauten Verbitterungen und Hoffnungen der
letzten Monate kamen zum Vorschein und nicht zuletzt eine
Verbundenheit zum Verein, die heute, wo der Fußball verscha-
chert ist an Werbung und Wirtschaft und die Stehränge in den
Betonschüsseln leer sind, überhaupt nicht mehr nachvollziehbar
ist.

Günter und Stefan Kuntz:
Vater und Sohn erstklassig

## Die Wette von Neunkirchen

Das breite Kreuz von Günter Kuntz muß seit Jahren einiges an
»Rückenschlägen« aushalten. Sein Sohn ist Mittelstürmer in der
Bundesliga. Dies allein wäre keine ungewöhnliche Geschichte.
Aber Günter Kuntz legte selbst Fuß an den Ball. Als Stürmer bei
Borussia Neunkirchen, ebenfalls in der Bundesliga. Und Günter
Kuntz ist Gastwirt. In der »Spielmannsklause« im Zentrum von
Neunkirchen. Nach dem Abstieg der Borussen 1968 dauerte es
fünfzehn lange Jahre, ehe der Rücken von Vater Kuntz wieder
für viele fröhliche Schulterklopfer herhalten mußte. Sohn Ste-
fan, eben zwanzig und mit 36 Treffern Torschützenkönig der
Oberliga Südwest, unterschrieb im Frühjahr 1983 einen Profi-
vertrag beim VfL Bochum.

»Mensch, Klasse Günter«, kommentierten die Gäste die
kommende Karriere. Vor oder hinter der Theke und am liebsten
am Stammtisch, Neunkirchens Fußballgemeinde feierte nach
dem Aufstieg im zweiten Jahr der Bundesliga nach langer Ent-
wöhnung eine zweite Sensation. Seitdem muß die breite Schulter des Vaters für die anerkennenden Klopfer herhalten. Sohn
Stefan schaffte den Sprung über zwei Klassen auf Anhieb.
Gleich im ersten Spiel von Anfang an dabei, schlug Bochum die
Offenbacher Kickers mit 1:0. Torschütze in der 73. Minute:
Stefan Kuntz. Die so häufig geschlagene Schulter des Vaters
kann von zwei weiteren Höhepunkten erzählen. Sohn Stefan
wurde am Ende der Saison 85/86 mit 22 Treffern Torschützenkönig der Bundesliga, mit einem Einschlag mehr vor Karl All-
göwer.

*Günter Kuntz im Zweikampf gegen Duisburgs »Lullu« Nolden. Mit Heinz Simmet, Elmar May und Hartmann Heidemann verfolgen drei weitere Liga-Stars Ende der Sechziger das Geschehen.*

Die letzte große Freude der Neunkirchner Fangemeinde ist noch jung. Stefan Kuntz kehrte nach drei Jahren in Bochum und zweien in Uerdingen in die Heimat zurück. Der Betzenberg in Kaiserslautern liegt fast um die Ecke. Seitdem lautet in der »Spielmannsklause« die meistgestellte Frage: »Mensch Günter, kannst du noch 'ne Karte besorgen?«

Der Vater ist stolz, ganz natürlich. Günter Kuntz stammt aus Kaiserslautern, ist beim VfR groß geworden, bevor er mit 22 Jahren zu Neunkirchen wechselte. Eltern, Schwiegereltern, Onkel, Tanten – alle wohnen noch in Lautern. Aber Kuntz senior ist nach der ersten Sensation Neunkirchner geworden, und bis heute geblieben.

»Es war wirklich eine Sensation«, erinnert er lapidar mit einer

Spur Wehmut an die Aufstiegsrunde 1964. Tasmania 1900, FC St. Pauli und die scheinbar übermächtigen Bayern mit Trainer Tschik Cajkovski hießen die Gegner. Borussia Neunkirchen gewann in München 2:0 und war erstklassig. Der FC Bayern mußte ein Jahr warten. Genau wie vorher die Saarländer. Bei Gründung der Liga wurden ihnen die Hauptstädter aus Saarbrücken vorgezogen. »Obwohl wir«, wie Günter Kuntz erinnert, »fünf Jahre in Reihe Südwestmeister waren.«

Im ersten Jahr belegte der Aufsteiger mit dem Neunkirchner Urgestein Willi Erz im Kasten einen hervorragenden zehnten Platz, im Jahr danach kam der erste Abstieg. Dem sofortigen Wiederaufstieg folgte erneut der prompte Fall. Borussia Neunkirchen und die Bundesliga, das war nur eine kurze Fahrt mit dem Fahrstuhl. Zweimal nach oben, zweimal abwärts.

*Günter Kuntz im damals modischen Schnürtrikot beim erfolgreichen Torschuß gegen Kölns Fritz Ewert.*

*Filius Stefan Kuntz im Trikot von Bayer Uerdingen gegen seinen alten Club VfL Bochum. Mittlerweile ist er beim 1. FC Kaiserslautern gelandet. Vati Kuntz war da bodenständiger. Sein Verein hieß, jedenfalls in der Bundesliga, immer Borussia Neunkirchen.*

Aber Rechtsaußen Günter Kuntz brachte es in drei Erstligajahren auf 80 Spiele mit 22 Toren. Bevor der Sohn nach Bochum wanderte, ging es im elterlichen Wohnzimmer um die Wette. »Es sollte nur ein kleiner Ansporn sein«, lächelt der Vater heute über seine Wettniederlage, »ich wußte doch, daß Stefan das schafft.« Nach drei Jahren, mit Handschlag zwischen Vater und Sohn besiegelt, sollte Kuntz junior den Senior in der Statistik überflügelt haben. Der Vater sagte: »Das schaffst du nicht«, obwohl er augenzwinkernd vom festen Gegenteil überzeugt war.

Doch der Sohn schaffte es. Und wie. Nach drei Jahren in Bochum brachte es Stefan Kuntz auf genau 100 Einsätze mit 41 Toren. Der Vater mußte die Rechnung zahlen. Aber nicht um schnöde Scheine ging die Wette. Der Preis war ein Essen für die

*Stefan Kuntz*

ganze Familie. Nur ein Beispiel der Eintracht im Hause Kuntz und vor allem zwischen Vater und Sohn.

Neben Kuntz und Kuntz kennt die Liga nicht einmal eine Handvoll Beispiele von erstklassigen Vätern und Söhnen. Horst Remark für den 1. FC Saarbrücken und Sohn Thomas für Hertha BSC gehören in diese kleine Reihe der vererbten Talente ebenso wie Dortmunds Michael Zorc, dessen Vater Dieter für den VfL Bochum spielte. Und die Jusufis natürlich. Sascha heute beim HSV, Vater Fahrudin als erster Offensiv-Verteidiger für die Frankfurter Eintracht.

Zwei weitere Beispiele für die Eintracht von Günter und Stefan Kuntz: Als der Sohn im Herbst 1986 als Torschützenkönig für das Treffen von Europas Größten zur Verleihung des »Goldenen Schuh« nach Paris eingeladen wurde, gab es zwei Flugtikkets. Keine Frage, wer den zweiten Platz im Flieger besetzte und an der Seine Seite an Seite mit Maradonna, Toni Schumacher, Marco van Basten und Franz Beckenbauer eine Nacht die europäischen Torjäger feierte. Der Vater, wer sonst?

Und dann haften da noch als eine der schönsten Erinnerungen die Donauwellen im Herzen von Günter Kuntz. In Wien bei der Austria ließ er 1968 für zwei Jahre die aktive Zeit ausklingen. Stefan wurde dort eingeschult und wollte mit sechs Jahren lieber drei- oder viermal in der Woche Auto waschen. In den Donauwiesen war der Wagen stets schnell gewienert, im Kofferraum lag der Lederball. Das Kurzpaßspiel von damals hat sich auch dem Sohn fest eingeprägt. »Vater«, sagt der vollbeschäftigte Profi, »wenn wir beide einmal viel Zeit haben, dann machen wir Urlaub in Wien.« Auf die Laufbahn von Stefan, sagt der Vater, habe er durchaus Wert gelegt. »Aber nicht mit der Peitsche, und damals kannten wir ja nicht mal einen Kraftraum.« Von der C-Jugend an stand der erfahrene alte Stürmerhase am Spielfeldrand und war einverstanden, daß der Sohnemann bereits mit siebzehn Lenzen zu den Senioren bei Borussia Neunkirchen aufrückte. Nur eines kam in den häufigen Zweiergesprächen an Kritik aufs Familientablett: »Du darfst nicht ängstlich sein, wenn es vorne eng wird.« Stefan Kuntz hat die Angst des Stürmers vor dem Tritt des Verteidigers längst abgelegt. »Aber eines«, schmunzelt der Vater, »wird er wohl nicht mehr lernen. Er hat nur einen linken Fuß, und ich war mit beiden Beinen stark.«

Der Bundesliga-Skandal kassierte
die Unschuld des Fußballs

## Gartenparty beim Gemüsehändler

Die achte Saison der Bundesliga war noch keine 24 Stunden
abgepfiffen. Die Spieler von Borussia Mönchengladbach fielen
nach dem 4:1 bei Eintracht Frankfurt und der zweiten Deutschen Meisterschaft in Reihenfolge trunken aus den Hotelbet-
ten in Luggi Müllers fränkischer Heimat Haßfurth. Bayern
München unterlag mit 0:2 bei den Meidericher Zebras. Bei
dem Vizemeister, mit einem Punkt Abstand auf Gladbach, gab's
nichts zu feiern. Noch weniger in Essen, dessen Rot-Weiße seit
Wochen als Absteiger feststanden. Dafür aber und reichlich in
Bielefeld und Oberhausen. Bei den Arminen wackelte für eine
Nacht die Alm nach dem 1:0-Sieg bei Hertha BSC. Und RWO
sicherte mit einem 1:1 in Braunschweig die Klasse.

Die arg betrübten Tassen hockten in Offenbach. Die Kickers
standen nach dem 2:4 beim 1. FC Köln als zweiter Absteiger
fest. Doch tags drauf, am Sonntag nach dem wirklich allerletzten Samstag der Spielzeit 1970/71, gab es nahe Offenbach ka-
lendarischen Anlaß zum Frohsinn. In der Rosenstraße zu Hau-
sen ließ Offenbachs Präsident Horst Gregorio Canellas zum
fünfzigsten Geburtstag aufspielen. Die illustre Gesellschaft, allen voran Bundestrainer Helmut Schön (»Fragen Sie mich bitte
gar nichts«) ließ die Sektkelche aus den Händen gleiten, die Kie-
fer ungläubig offen nach unten kippen und verharrte in appetit-
vergangener Sprachlosigkeit. Südfrüchteimporteur Canellas,
von dessen Sortiment die Frankfurter DFB-Leitzentrale sich
gerne Kostproben nach Hause schicken ließ, ließ an jenem 7. Juni 1971 um zwölf Uhr mittags die Bombe platzen. Canellas hat-

te Telefongespräche mit dem Kölner Nationaltorwart Manfred Manglitz sowie den Herthanern Tasso Wild und Bernd Patzke, letzterer ebenfalls Nationalspieler, auf Tonbändern mitgeschnitten und spielte sie den verstörten Gratulanten vor. Helmut Schön verließ die Enthüllungsparty als erster und strich Bernd Patzke aus dem Aufgebot für das anstehende Länderspiel gegen Albanien.

Canellas bot auf den Tonbandaufnahmen den Berliner Spielern Wild und Patzke 120 000 Mark für den Fall an, daß Hertha BSC im letzten Spiel gegen Arminia Bielefeld gewinnt. »Gestern war schon einer aus Bielefeld da, aber wir haben uns noch nicht entschieden«, antwortete Patzke. Wild, gelernter Bankkaufmann, schaltete sich ein: »Vom anderen Verein bekommen wir mehr: 230 000 Mark in bar.« Canellas: »Die gehen ja ganz anders ran.« Bernd Patzke beruhigte: »Ich sagte Ihnen doch, wir haben mit denen noch eine Rechnung zu begleichen. Die haben uns furchtbar auf die Füße getreten, das muß einen retour geben.«

Es folgte der Tonbandauftritt von »Cassius« Manglitz: »Jetzt bin ich allein. Ich habe fünf Mann auf meiner Seite, aber keiner weiß vom anderen.« Manglitz betonte gut hörbar, daß Wolfgang Overath (»Der quatscht was so doof«) nicht zu den Eingeweihten gehörte. Auch nicht Jupp Kapellmann, der ihm »zu grün« war. Zweittorwart Milutin Soskic kam ohnehin nicht in Frage: »Sie wissen doch, wie Jugoslawen sind.«

Canellas fragte: »Was habt ihr denn so gedacht?« Manglitz knapp: »100 000 Mark.«

Die Gespräche wurden am Mittwoch vor dem entscheidenden Samstag geführt. Canellas und Manglitz verabredeten sich für Freitag, 18 Uhr, am Bonner Autobahnverteiler Richtung Köln. Am gleichen Mittwoch klingelte nochmals das Telefon, diesmal war Canellas der Angerufene. Am anderen Ende kabelte Utz Lamers, ein Freund des Braunschweiger Nationalspielers Lothar Ulsaß, kurz in die Leitung: »Bielefeld will für unseren

Sieg gegen Oberhausen 20 000 Mark zahlen.« Canellas bot mit und wußte nicht, daß Braunschweigs eiserner Otto Knefler am gleichen Tag einen Anruf von Oberhausens Präsident Maaßen erhielt: »Ist der Ulsaß am Samstag wieder dabei?« Knefler bejahte, und Maaßen brummelte ein »Das paßt mir gar nicht« in den Hörer. Knefler, immer markig und geradeaus, brach den ungewöhnlichen Anruf ab.

Fruchtfachmann Canellas tat in jenen Tagen zwischen Mittwoch und Samstag dreierlei. Zunächst unterrichtete er den Bundesliga-Referenten Wilfried Straub. Der heute ranghöchste DFB-Beamte wollte ungläubig »erst mal die Spiele am Samstag abwarten, dann sprechen wir am Montag darüber«. Straub leitete auch die Botschaft von Generalsekretär Hans Paßlack weiter, der »alles für vage Vermutungen« hielt.

Dabei hielt Enthüller Canellas eine Quittung in der Hand. Am 5. Mai besiegelte der 1. FC Köln vorentscheidend den Abstieg von Rot-Weiß Essen. Am Spätabend überbrachte Offenbachs Geschäftsführer Willy Konrad in der Aachener Straße in Köln 25 000 Mark Bares an die Braut von Manfred Manglitz. Irmgard quittierte die Siegprämie. Und Sonderzahlungen für die eigentliche Aufgabe eines Fußballers, nämlich ein Spiel möglichst zu gewinnen, waren ein weißer Fleck im Strafkatalog der Sportgerichtsbarkeit. DFB-Pressesprecher Wilfried Gehrhardt, selbst promovierter Volljurist: »Siegprämien von Unbeteiligten halte ich für höchst bedenklich, aber in unseren Statuten kommen sie nicht vor.«

Spanier Canellas hielt ein wertloses Beweisstück in der Hand. »Wenn die so dumm sind, wäre ich doch doof, wenn ich es nicht nehme«, verteidigte sich Manglitz später, in diesem Punkt rechtlich konsequent pfiffig.

Der Offenbacher Präsident tat zwei Tage vor dem Showdown der Liga ein zweites: Nachdem am Donnerstag der Kickers-Vorstand mehrheitlich mit Canellas entschied, weder an Kölner, Braunschweiger und Berliner Spieler die telefonisch verabrede-

*Wie die Hühner auf der Stange: Die Schalker Sünder mit ihren Anwälten vor dem DFB-Gericht: v. lks. Dr. Wülfing, Jürgen Sobieray, Klaus Fischer, Dr. Hütsch, Dr. Weber und Hansi Pirkner.*

ten Schmiergelder zu zahlen, starteten am Freitag Offenbacher Limousinen zu den vereinbarten Treffs. In Berlin ließ Vizepräsident Waldemar Klein 140 000 gebündelte Mark nachzählen, ehe sie wieder in der Lederschatulle verschwanden. Erst gewinnen, dann das Geld.

Horst Gregorio Canellas steuerte seinen Daimler OF–CA 70 Richtung Köln-Bonn, stieg aber vor dem Autobahnmeeting mit Manglitz in Troisdorf ab. Dort betrat er das Eigenheim von Wolfgang Overath und unterrichtete den Kölner von den Schmierkontakten: »Wir kaufen das Spiel nicht.« Den letzten Beweis für die Inszenierung der Überführung käuflicher Spieler glaubte Canellas, im dritten Akt am Samstag vormittag zu liefern: Offenbach hob sämtliche »Angebote« telefonisch auf.

Manfred Manglitz hatte daraufhin keine Freude am Abschluß-Fußball und ließ Soskic ins Tor. Canellas seinerseits schien sich selbst ein astreines Alibi gebastelt zu haben. Alle Kontakte habe er nur zum Schein hergestellt, damit die Öffentlichkeit erfahren soll, daß »die Bundesliga nicht durch Tore, sondern durch den Staatsanwalt entschieden wird«.

Doch der DFB entschied nur sechs Wochen nach dem Geburtstags-Eklat mit der krachenden Faust der eigenen Gerichtsbarkeit. In erster Instanz wurden die Spieler Tasso Wild, Bernd Patzke und Manfred Manglitz auf Lebenszeit gesperrt, ebenso Horst Gregorio Canellas. Drei weitere Offenbacher Vorständler erhielten lange Ämtersperren. Nestbeschmutzern glaubt man eben nicht, auch wenn sie ganz vielleicht die Wahrheit sprechen. Die Lawine sollte nicht losgetreten werden zu einer Zeit, da die Vorbereitungen für die WM 1974 in der Bundesrepublik schon hochtourig lief. Dabei legten Canellas und andere höchst anklageverdächtige Anschuldigungen auf den Tisch.

Merkwürdige Ergebnisse wurden bereits vor dem letzten Spieltag registriert. So gewann Arminia Bielefeld nicht nur in Berlin gegen die Mannschaft mit der besten Heimbilanz (Hertha hatte bis dahin kein Spiel verloren), sondern siegte bereits am 17. April mit 1:0 bei dem Spitzenteam aus Schalke.

Ein Spiel, das ein Nachspiel ohnegleichen hatte. Die für 40 000 Mark feilgebotene Begegnung wurde erst am 22. Dezember 1975 vor dem Landgericht Essen ordentlich abgeurteilt, der DFB verhängte die letzten Skandalsperren an Schalker Spieler im Februar 1976. Dennoch mußten die Strafbänkler des »FC Meineid« froh und munter sein, zwei Tage vor Heiligabend von den Essener Landrichtern statt mit Knast und Kiste nur mit hohen Geldstrafen unter den Tannenbaum entlassen zu werden.

Entlassen aus ihren Ämtern wurden skandal-amtlich auch Trainer und Präsident von Rot-Weiß Oberhausen. Man gewann überaus sensationell mit 4:2 beim 1. FC Köln, weil Manglitz

*Schalke-Mittelstürmer Klaus Fischer vor dem DFB-Gericht mit seinen Anwälten Dr. Hütsch (dem späteren Präsidenten von Schalke 04), Dr. Gebhardt und Dr. Weber. »Fitschis« Sperre konnte auch solch gebündelte juristische Sachkompetenz nicht verhindern.*

(»Ein Elfmeter kostet tausend Mark«) überaus unglücklich daneben flog. Schon vor dem Spiel soll eine Blondine die Münze übergeben haben.

Aber es gab auch harte Vorwürfe von Bestechung, deren Spur nicht verfolgt wurde. Der Frankfurter Nationalspieler Jürgen Grabowski forderte zum Beispiel den Offenbacher Walter Bechtold auf dem Bieberer Berg auf: »Wenn du heute langsamer läufst, kannst du 2 000 verdienen.« Bechtold meldete den Vorfall seinem Präsidenten Canellas. Grabowski entlastete sich: »Alles Flachs.«

Ernsthafter nahm sich da das Statement von Meiderichs Torhüter Dietmar Danner aus. Am letzten Spieltag der Saison war eben nicht nur der Abstieg »spannend«, für Bayern München hätte ein Sieg an der Wedau die Meisterschaft bedeutet. Danner plauderte: »Für eine Niederlage gegen Bayern sollte ich 12 000 Mark aus München bekommen. Ich habe abgelehnt.« Gleichwohl ging bei den Zebras eine anonyme Sonderzahlung von 2 000 Mark pro Nase ein. Der vermutliche Gönner aus Gladbach hat sich nie verraten.

Der FC Bayern dagegen geriet ein zweites Mal in Verdacht. Nachdem Manfred Manglitz als Überflieger gegen Oberhausen feststand, stach auch das 7:0 der Münchner gegen die Geißböcke ins Auge. Findige Mathematiker errechneten, daß Manglitz in 31 Pflichtspielen im Schnitt 1,4mal den Ball aus dem Netz angeln mußte. In den Spielen gegen RWO und Bayern aber gleich elfmal.

Die Verdächtigungen und viele blühende Spekulationen blieben unter der Oberfläche. DFB-Präsident Gösmann sprach bereits früh von »einer Generalamnestie nach Abschluß aller Verfahren« und bremste den Elan der Ermittler, bei denen Landgerichtsdirektor Hans Kindermann als »Chef-Ankläger« des Kontrollausschusses sein bis in diese Tage währendes Attribut erhielt. Pressechef Gerhardt rückte denn auch rasch die amtlichen Maßstäbe zurecht: »Es gibt keinen Fall *der* Bundesliga, sondern nur einen Alarm in der Bundesliga.« Die erste große Welle der Begnadigungen setzte pünktlich vor Beginn der Weltmeisterschaft im eigenen Land ein. Und zwischendurch durften die Gestrauchelten in Holland, Belgien oder gedankenlos unapart in Südafrika kicken. Man wollte den gesamten Unrat nicht nach oben kübeln und ließ es mit den Abstrafungen von zwei Trainern, fünf Funktionären und zwei Vereinen genug sein. Kickers Offenbach war eh abgestiegen, und für Arminia Bielefeld wurden in der Rückrunde der nächsten Saison alle Tabellenzahlen auf Null gesetzt. Weiter wurden 52 Spieler aus sieben Vereinen gesperrt: ein Kölner, ein Bielefelder, zwei Meidericher, drei Stuttgarter, vierzehn Schalker, fünfzehn Herthaner und sechzehn Braunschweiger. Die »Jägermeister« brauchten aller-

*DFB-Chefankläger Hans Kindermann, Schrecken Schalker Fußball-Herrlichkeit*

dings mit Ausnahme von Lothar Ulsaß wegen der Annahme einer »Punktprämie« nach dem 1:1 gegen Oberhausen nur Geldbußen von 4 400 Mark zu zahlen.

Insgesamt hatte die ermittelte Schieberbande über eine halbe Million Mark mit verschenkten Punkten auf dem Schwarzmarkt bewegt. Namen und Köpfe der Gehängten wurden in manchen Gazetten wie nachträgliche Steckbriefe gebrandmarkt.

Den Tätern, deren Schande zwischen Schulden und Schiebung teilweise Opfercharakter hatte, ist längst vergeben. Bis auf zwei Spieler sind alle begnadigt. Sie wurden weit über ihre unsportliche Verantwortlichkeit hinaus an den Pranger gestellt für die verlorene Unschuld des runden Leders. Die neuzeitliche Fußballgeschichte sieht die Widersprüche nicht allein in dem notwendig strafwürdigen Fehlgriff nach Banknoten für geschobene Spiele. Daneben steht eine fortlaufende Kette von Fehlern im System. Die Einführungsgeschichte der Bundesliga und der erste Skandal mit Hertha BSC sind da nur Beispiele der deutlichen Sorte, auch wenn Manfred Manglitz heute das allzu Menschliche dauerhaft in der Natur der Sache sieht: »Schiebungen in der Kreisklasse für eine Kiste Bier bis hin zu den Tausendern gab es immer, wird es immer geben.« Der DFB-Bundestag jedenfalls hatte im Oktober 1971, vier Monate nach der ersten Erschütterung am Geburtstag von Horst Gregorio Canellas, auf seiner Tagesordnung keinen Platz für den Bundesliga-Skandal. In Kaiserslautern diskutierte das Männer-Parlament mit Unbehagen über feministischen Fußball und wollte die Gleichberechtigung nicht in die Köpfe lassen. Die längst überfällige Gründung eines Profi-Unterbaues stand außen vor. Dabei lag ein Motiv für das historisch einmalige Ausmaß der Schiebung so nah wie die Stutzen an den Waden: Jeden Juni mußten zwei Bundesligisten absteigen. Wen es traf, fiel ins Nichts. Die Regionalligen spielten immer noch unter dem Reglement des Vertragsspieler-Statuts. Und hier wurde zu Oberligazeiten der monatliche Verdienst von 1949 bis 1962 von 230 auf 500 Mark angehoben. Die Angst vor dem Abstieg war unter den kaum veränderten Bedingungen im Skandaljahr ebenso groß wie der Griff nach dem schnellen Geld.

Für Gemüsehändler Canellas wird besonders faul gerochen haben, daß der DFB-Bundestag keinen besseren Tagungsraum finden konnte als die Fruchthalle von Kaiserslauterns Großmarkt. Jahre später stand Horst Gregorio Canellas noch einmal groß in den Schlagzeilen. Nicht etwa, weil 1981 endlich die eingleisige Zweite Bundesliga laufen lernte. Mit dem Fußball hatte er längst nicht mehr zu tun. Canellas war als Passagier Opfer der Flugzeugentführung in Moghadischu.

# Manfred Manglitz: Besuch bei einem Aussteiger

## Statt Strafraum nur noch Steaks und Asse

Villajoyosa – der Name des Dorfes schwingt wie das abendliche Leben in den buntbemalten Gassen. Noch pur und ohne den betonierten Wandel der Natur zwischen Alicante und dem babylonisch-sündhaften Benidorm beleuchten Gaslaternen die Altstadt. Ein unauffällig kleingelbes Neonquadrat in der »Ciutat de Valencia« lädt ein zum Entree bei einem Aussteiger.

Das kleine Restaurant überrascht mit dem Ambiente einer Kunstgalerie. Milde Töne zarter Gemälde mischen sich einladend mit den kräftigen schwarz-weißen Farben von Tischen und Decken. Fast versteckt, wie eine Einladung, entdeckt zu werden, zeugt ein rahmenloses Bild von der Vergangenheit des Küchenchefs. Wer wollte da heute noch einen Stein werfen? Manfred Manglitz hinter Glas: Handschlag mit Pele in Rio, das erste Länderspiel gegen Italien, fliegend im Meidericher Tor vor 40 000 in Schalke; als Junior mit Sepp Herberger; mit Beckenbauer, Seeler und Sepp Maier bei der WM in Mexiko; und übergroß die Mannschaftsfotos der Duisburger Zebras und des 1. FC Köln. Nur Zyniker würden ein Konterfei mit Hans Kindermann vermissen: der DFB-Chefankläger womöglich im Händedruck mit Manfred Manglitz.

Vor sechzehn Jahren kaufte »Cassius« die erste Eigentumswohnung in der dörflichen Idylle an der Costa Blanca. »Als Vorab-Investition für den Lebensabend«, wie sich der Kölner Mitte der Siebziger als Diskothekeninhaber vorstellte. Längst ist Manglitz, heute eben fünfzig, an der weißen Küste gelandet. Und bei sich angekommen.

»Nach mir die Sintflut«, den Grundbesitz in seiner Geburtsstadt hatte er bald verkauft und machte sich frei für Südspanien. In der Heimat schaute er nur noch bei Gelegenheit vorbei. Etwa mit Hollywood-Star Elke Sommer auf der Millowitschbühne – als Geldbote.

Heute ist Manfred Manglitz im »La Parilla« bei Hochkonjunktur der steakbesessenen Gäste nur ab und an durch die Schieblade der Durchreiche zu sichten. Der Chef filiert und bruzzelt das Fleisch selbst, nichts geht zurück. Nichts von den Tischen, kein Weg in die Heimat. Das Kapitel Fußball ist längst geschlossen.

»Wenn ich die Wahl zwischen Sabatini, Graf oder Becker habe und auf einem anderen Kanal läuft Fußball«, berichtet der Küchenmeister von seiner sportlichen Freizeit, »dann entscheide ich mich für Tennis.« Was trotz aller Satellitenprogramme in der Penthouse-Wohnung hoch über dem anlandenden Mittelmeer nicht wundert: Manglitz schwingt in der regenarmen Region fast täglich das Racket und treibt die gelbe Filzkugel mit technischer Präzision über das Netz.

Wer ihn dort oder gegen Mitternacht am hauseigenen Stammtisch sieht, glaubt sich eher einem kantigen Kutterfahrer oder gemütlichen Oberstudienrat gegenüber. Mit grauem Bart und Goldbrille ist der »Torwart des Jahres« von 1970 heute selbst für fundierte Glanzbildsammler von damals kaum wiederzuerkennen.

Doch der alte »Cassius« kann auftauen. Manchmal kommt die Lust auf alte Zeiten, und der Kölsche Humor liegt sowieso im Blut wie auf der Zunge. Da legt Ehefrau Martina in Kenntnis des Kommenden den Arm um seine starke Schulter und kündigt lachend »Mannis Märchenstunde« an.

»Die meisten wissen doch gar nicht, wie das damals anfing mit mir«, beginnt Manglitz den langen Exkurs in seine Gründerzeit. Mit Carl-Heinz Rühl – der einzige neben Wolfgang Weber, mit dem noch freundschaftlicher Kontakt besteht –

spielte er in der Jugend des SC West Köln. Als junger Senior, noch keine zwanzig und in der Stadtauswahl, lud ihn Hennes Weisweiler für eine Woche zum Probetraining bei Viktoria Köln ein. »Nee, aus dir wird nix«, urteilte der spätere Fohlen-Trainer über den Torwart. Manglitz packte enttäuscht die Trainingstasche und landete bei Bayer Leverkusen in der Zweiten Liga West. Aber ob im Tor oder als Mittelstürmer, das stand nicht ganz genau fest. »Ich hatte ja einen Schuß wie ein Ochse. Wenn ich die Querlatte traf, sprang der Ball bis zur Mittellinie«, feixt Manglitz, der anfangs unter dem Torwartdress ein Spielertrikot tragen mußte – für alle Fälle, wie bei seinem ersten Spiel für Leverkusen. In Freundschaft bei den Young Fellows Zürich lag Bayer zur Pause mit 0:2 hinten. Manglitz wurde eingewechselt und schoß alle drei Tore zum 3:2-Sieg.

1965, als »Cassius« zum Sprung in die Nationalmannschaft ansetzte, traf er erneut auf Hennes Weisweiler. Manglitz machte seinen Trainerschein unter Weisweiler und biegt sich am Stammtisch vor Lachen: »Da mußt du mal 'ne Geschichte von machen, wie doll sich oft die ganz großen Trainer geirrt haben.« Aber selbst Trainer sein, das war nie die Profession des Paradenkünstlers: »Ich hatte keine Lust, montags in den Briefkasten zu greifen und die Kündigung eines Metzgermeisters zu lesen, der gerade mal Fußball-Präsident war.«

Manfred Manglitz spielte bei dem Acht-Tage-Lehrgang bereits im dritten Jahr für den MSV Duisburg, wurde unter Rudi Gutendorf (»Datt Ledergesicht, wo steckt der jetzt? Bestimmt auf den Fidschi-Inseln«) in der ersten Saison Vize-Meister und wäre fast bei Schalke gelandet.

»Wir waren schon einig, als ich in der Zeitung las, daß die Schalker den Herrmann und diesen Lambert aus Karlsruhe holten. Damit war die Ablöse ausgeschöpft, nur drei durften verpflichtet werden. Für mich war kein Platz mehr.« Was Manfred Manglitz nicht mehr wußte: »Dieser Lambert« war eben jener trojanische Hans-Georg, den Schalke mit Günter Herrmann für

*Der neue Manfred Manglitz: mit Bart und hoher Stirn auf seinem Alterssitz in Spanien*

die Höchstsumme an Ablöse von je 50 000 Mark einkaufte. Herrmann war Nationalspieler, Lambert machte nur ein Alibi-Spiel für Königsblau. »Damals lachte die ganze Liga aber auch darüber«, grient Manglitz, »daß die Schalker diesen Fliegenfänger Horst Mühlmann im Tor lassen mußten.«

Die Nummer eins in Schalke wäre »Cassius« sicher leicht geworden, in der Nationalelf sah das ein wenig anders aus. In der Qualifikation zur Europameisterschaft kam die Schön-Elf 1966 beim Fußballzwerg Albanien zu einem hochverdienten 0:0, wurde mit Spott überschüttet oder völlig zerrissen oder beides. Noch in Tirana diktierte Großmaul Manglitz, der von der Bank aus Hans Tilkowski zusehen mußte, der Presse in die Blöcke: »Die Nürnberger hätten hier vier Stück gemacht.« Helmut Schön konterte nach der Landung: »Der Manglitz ist schon 26 und hat immer noch eine große Klappe.« Für die WM in England wurde er ausgebootet. Neben Tilkowski und dem Bremer Bernhard hüpfte ein junger Hecht namens Sepp Maier ins Aufgebot, der »so aussah, als würden sie ihm die Dinger durch die Hosenträger schießen«.

Der Bundestrainer hätte dem ab 1968 für den 1. FC Köln spielenden Torhüter niemals die albanischen Widerworte verziehen. »Aber die Medien«, sagt Manglitz mit verhaltener Freude, »haben mich in die Nationalmannschaft zurückgeholt. Schön konnte vor der WM 1970 in Mexiko nicht an mir vorbei.« Aber ja doch. Der »Lange« nahm ihn mit, ließ ihn aber nicht spielen. Schön hatte seine Kritiker zu Hause beruhigt und ließ Manglitz in Mexiko schwitzen. »Dabei war abgesprochen«, ärgert sich der Küchenchef mit hintergründiger Heiterkeit, »daß Horst Wolter und ich abwechselnd auf der Bank sitzen sollten.« Gegen England im Viertelfinale wäre Manglitz an der Reihe gewesen. Aber Schön begründete die veränderte Reihenfolge »mit den hohen Flanken der Briten«. Der einen Kopf größere »Cassius« verstand, denn »der Wolter stand ja immer mit dem Hintern am Tornetz«.

*Manfred Manglitz in Aktion. Ob der Flug sich gelohnt hat, war nicht zu ermitteln. Bernd Patzke von 1860 München schaut jedenfalls so, als hätte der Ball – ganz im Sinne des Keepers – sein Ziel verfehlt.*

Beim 3:4 im Halbfinale gegen Italien rechnet Manglitz Sepp Maier noch heute zwei Treffer vor. Dafür stellte ihn Schön vor dem Spiel um Platz drei völlig ins Abseits. Wolter spielte, Maier saß auf der Bank. Doch der einstige »Cassius« zollt dem Trainer heute einen gewissen Respekt wegen seiner blendenden Personaltaktik: »Wenn der mich gegen Uruguay ins Tor gestellt hätte, und ich hätte vor 100 Millionen an den Fernsehern gehalten wie der Weltmeister, was dann? Die Presse hätte Schön nachträglich für die Niederlage gegen Italien aufgehängt.« Aber Platz drei bei einer Weltmeisterschaft war immer undankbar. Manfred Manglitz saß nicht als einziger und allein auf der Tribüne von Mexiko-City. Willi Schulz entdeckte beim Umkleiden, daß er die Stollenschuhe im Hotel gelassen hatte. Nur Wolfgang Weber wäre dem Hamburger beinah an die Gurgel gegangen, sonst nahm das niemand mehr ernst.

Manfred Manglitz wird bei seiner »Märchenstunde« nur einmal ernst. Auf den Bundesliga-Skandal angesprochen, überlegt er lange und nachdenklich, ehe er sagt: »Ich hätte es nicht tun sollen.« Und er fügt hinzu: »Ich wäre gern einmal Deutscher Meister oder Pokalsieger geworden.« Zweimal wurde er mit dem MSV Duisburg nur Vize. Als er zwangsweise aufhören mußte, zählte er nach acht Jahren Bundesliga 257 Einsätze, 32 pro Saison. Niemand hatte da mehr zu bieten. Und Manfred Manglitz schoß ein Tor. Am letzten Spieltag der Saison 67/68 lagen die Zebras im Wedaustadion bereits mit 0:3 gegen Gladbach hinten. Drei Minuten vor dem Abpfiff gab es Elfmeter für Meiderich. Manglitz verwandelte gegen Volker Danner, »weil die Zuschauer das wollten und mein Auto fertig gepackt für den Urlaub vor dem Stadion stand. Denn eigentlich«, blickt er selbstkritisch auf das Torwartduell zurück, »gehört sich so was ja nicht.«

Klaus Zaczyk und der Wandel der Systeme:

## Vom Zuchtpferd zum Ackergaul

Treffpunkt Autobahn-Raststätte Kassel. Der Kreis der Namen und Notizen aus zehn Jahren Bundesliga mischt sich mit dem Gedröhne der Brummis. Der ehemalige Nationalspieler Klaus Zaczyk (»Jedes Spiel ein Tor«) schiebt noch mit vierundvierzig eine schnelle Kugel. Wenn beim Kreisligisten VfB Kassel der Trainer ruft: »Klaus, paß auf, von hinten kommt einer«, ruft Klaus zurück: »Du, den seh ich schon.«

Klaus Zaczyk hat viel gesehen. Mit 17 Jahren erhielt der Jugend-Nationalspieler des VfL Marburg ein Angebot vom Karlsruher SC. Klaus Zaczyk war 1963 mit fünfhundert Mark brutto im Monat jüngster Lizenzspieler. Als er 1978 nach fünf Jahren beim KSC, einer Saison in Nürnberg und neun Jahren beim Hamburger SV ausstieg, war er der dienstälteste amtierende Profifußballer. Wolfgang Overath hörte ein halbes Jahr vor Klaus Zaczyk auf. »Ich habe die Welt gesehen und Geld dafür bekommen«, rührt Zaczyk mit dem Löffel im Kaffee, »ich war ein verschlossener, schüchterner Mensch und bin frei geworden.«

Klaus Zaczyk war so frei, nach 1978 kaum noch ein Bundesligaspiel gesehen zu haben. Seitdem spielt und trainiert er für sich dort, »wo der Ball noch im Mittelpunkt ist«. Die ersten Jahre bei Hessen Kassel, »obwohl ich noch zwei Saisons in Hamburg hätte machen können«.

Klaus Zaczyk hatte »einfach die Schnauze voll«. Die Liebe zum Leder wollte er wiederfinden, und das ist ihm gelungen. Klaus Zyczyk sieht jung aus. Die lebendigen, lebhaften Augen spiegeln in der Sommersonne der Motel-Terrasse eine beeindruckend natürliche Persönlichkeit. Das Gesicht trägt nur wenige, winzige Falten. Sie wirken lustig wie die ganze Miene, wenn der einstige Balltechniker erzählend in die alten Zeiten eintaucht. Aber die Liebe zum Ball mußte schon zu frühen Bundesligazeiten leiden.

»Ich weiß nicht, wer mit der Rennerei angefangen hat«, lenkt der Filigranfußballer auf dem rechten Flügel den Blick auf den Wandel der Zeiten. Klaus Zaczyk zum Thema Taktik – eine Geschichte für sich.

Als er mit 18 Jahren beim Karlsruher SC mit fünf Einsätzen im ersten Spieljahr der Bundesliga begann – die Badenser hatten mit Zaczyk, Willi Dürrschnabel und Udo Glaser das Innentrio der Jugend-Nationalmannschaft unter Vertrag –, war wochenlanges Warten auf den ersten Einsatz angesagt. Dann kam der HSV in den Wildpark (»Uwe Seeler sprang mit dem Kopf höher als Charly Paul mit den Fäusten«), und Klaus Zaczyk erinnert sich an ein Zwiegespräch. »Nimm du den«, sprach da Dieter Seeler nach einer Viertelstunde zum lauffreudigeren Harry Bähre, »der ist mir zu schnell.«

Man hatte sich den Raum noch gegönnt, damals. Deckungsaufgaben wurden durch Zuruf verteilt, der Manndecker war unbekannt. Solide Mittelläufer standen gegen wuchtige Mittelstürmer, der Rest geschah im Raum. »Zehn Jahre später«, analysiert Zaczyk treffend den Wandel der taktischen Zeiten, »habe ich nicht mehr den Ball, sondern nur noch Rückennummern gesehen.« »Bei der WM in Mexiko durfte schon kein Abwehrspieler über die Mittellinie gehen«, macht Klaus Zaczyk das Jahr 1970 als ungefähre Wendemarke aus. Und ganz nebenbei fällt ihm ein, daß »Helmut Schön mich oft verarscht hat«. Wie 1970, als der »Lange« dem kleinen Klaus die Nase zeigte. Zaczyk gehörte damals zum Vierziger-Aufgebot. »Klaus, du brauchst keinen Urlaub zu nehmen«, verschönte der Bundestrainer die Aussicht auf das Land der Azteken. Pech für Klaus Zaczyk, daß die

*Was wird denn hier gespielt? Fußball? Klaus Zaczyk und Gerd Trinklein (Unterlage) scheinen jedenfalls noch eine interessantere Szenerie zu verfolgen.*

Bundesliga damals nicht nur ein Dutzend erstklassig offensiver Mittelfelder besaß. Das besondere Sprungbrett war das Vitamin B wie Beziehung zu dem Teamchef der alten Art. Und das gab's reichlich in Gladbach und beim FC Bayern. Doch dort spielte Zaczyk nicht. Als die Münchner ihn 1968 haben wollten, war sich der Hesse bereits mit Nürnberg einig: »Zebec kam zu Bayern, und den kannte ich nicht. Aber beim ›Club‹ wurde Merkel gerade Meister.« Ein Jahr später, Maxl wurde vorzeitig gefeuert, stieg man an der Noris ab.

Doch mehr als das personelle Schön-Spiel und die Wahl des falschen Vereins zum richtigen Zeitpunkt wurde der Rasen mit neuer Taktik begrünt.

Im Grunde begann alles mit der 68er-Bewegung: Die Studenten wurden unruhig, im Fußball gingen gänzlich andere revolutionäre Lampen an. Die Haare wurden länger, die Pässe kürzer. In Hamburg, weiß Klaus Zaczyk, wurde zwei Jahre später zunächst unter Klaus Ochs und später bei Kuno Klötzer das

Dribbeln verboten. Der Sinn des Spiels wurde von der Elbe bis zur Isar umfunktioniert in den neuen Schwerpunkt, der da hieß: Tore verhindern. Wenn der Gegner nicht trifft, spielt man torlos. Und das wurde vor allem auswärts zum Evangelium.

Erfunden wurden zwei Manndecker. Rechts und links zwei Außenverteidiger, die nicht selten als ehemalige Außenstürmer rückversetzt wurden. Im Mittelfeld wurden Deckungsaufgaben verteilt. Der Akteur als Künstler kam in die Schablone. Erfolgreich wehren konnten sich nur noch wenige wie Wolfgang Overath oder Günter Netzer. Rennen mußten andere. Die wenigen Kaiser im Mittelfeld hatten ihre Wasserträger, mochten sie auch, wie am Bökelberg Laumen, Wimmer oder Köppel heißen. Nur noch ganze zwei Trainer gab es, die dem Sicherheitsfußball bedingungslos abschwörten: bei Hennes Weisweiler und Dettmar Cramer durfte weiter gestürmt und gedribbelt werden.

»Weit und breit war nur noch Deckung gefragt.« Für Klaus Zaczyk war die offensive Stärke dahin. Den Ball auf der rechten Flanke hochhalten, die Zuschauer von den Stühlen reißen und noch ein Dribbling mehr zu wagen, das wollten die Trainer nicht sehen. Die Ära der Charly Dörfel, Schorsch Volkert und Stan Libuda war begraben. Klaus Zaczyk: »Mit dem Sicherheits-Schema starben die Persönlichkeiten aus.«

Einer wie Buffi Ettmayer kämpfte in Hamburg vergebens um seine Auftritte. Das österreichische Pendant zum Essener Künstler »Ente« Lippens wollte spätestens nach einer 2:0-Führung nur noch für die Galerie spielen. Manager Dr. Peter Krohn fand das werbewirksam, Trainer Klötzer gar nicht lustig. Hans Ettmayer sollte gefälligst auch decken. Doch Buffi sprach gedehnt wienerisch: »I bin doch koa Leichtathlet.«

Ettmayer verschwand auf der Bank. »Da wollte ich nicht hin«, war Zaczyk entschlossen, sich der Realität zu fügen. Und die sah zum Beispiel so aus: In den Spielen gegen Gladbach stand Klaus Zaczyk auf der rechten Seite gegen Hucki Wimmer: »Wir sind pro Halbzeit fünfzehn Kilometer gerannt und hatten höchstens

*Zwei Kämpfer hakeln nach dem Ball: Hans-Hubert Vogts, genannt Berti, und Klaus Zaczyk.*

drei Ballkontakte.« Eine Zeitung beschrieb die Wandlung des Ballartisten zum Deckungsspezialisten mit der Schlagzeile: »Vom Zuchtpferd zum Ackergaul«.

Das machte nachdenklich, und Klaus Zaczyk wartete auf den ersten Trainer, der statt dreimal gar viermal am Tag trainiert. Fußballerische Feinspieler seiner Art, ähnlich Wolfgang Overath oder Günter Netzer, mit dem er in der Jugendelf spielte, kamen nicht als Kämpfer auf die Welt. Auch eine Parallele zu den Stars aus Köln und Gladbach: Künstler dieses Schlages machen alle drei Jahre mal ein Kopfballtor. »Am besten immer weit vom Torwart weg und möglichst gar nicht in den Sechzehner«, war die Devise für Zaczyk. Sturmspitzen wie Ferdi Keller konnten ihm da nur angst und bange machen: »Hier eine Naht im Gesicht, dort ein Reißverschluß. Der sah manchmal aus wie Dracula. Techniker leben länger, siehe heute Manni Burgsmüller.« Ob er denn heute noch einmal zwanzig sein möchte, das Management einer Tennisanlage in Kassel aufgeben und das große Geld verdienen? Klaus Zaczyk braucht Zeit zur Antwort. »Ich weiß nicht, ob ich noch einmal fünfzehn Jahre ohne Verletzungen durchhalten würde. Ich hatte das Glück, nur ein Jahr unter Max Merkel zu spielen und hatte meistens die richtigen Trainer. Auch einer wie Kevin Keegen hätte noch länger in der Bundesliga spielen können. Aber auch er war am Ende eingefallen und fertig.«

Immer wieder sonntags spielt Klaus Zazcyk in der Kreisklasse für den VfB Kassel, gesund und munter, und ziemlich zufrieden.

Werner Weist:
Mit neunundzwanzig freiwillig Feierabend

## »Acker« und der Absprung

Vögel pfeifen in den Bäumen, Großmutter ruht im Liegestuhl. Ehemann Werner sitzt sichtlich zufrieden mit Mineralwasser auf der Terrasse, bei Ehefrau Elke läuft der Laden tagsüber in ihrer Boutique. Sohn Philip darf die Asche vom Tennisplatz durch das Wohnzimmer tragen. »Er und Fußball?« fragt der Vater, »nie und nimmer. Hier wird nicht getriezt.« Lange nach neun Jahren Bundesliga – drei in Dortmund, sechs in Bremen – ist die Welt des Werner Weist rund – ohne Ball. Mit neunundzwanzig machte er Schluß, mit vierzig lockeren Lenzen kreisen die munteren Augen über Garten und Haus: »Wenn man sich so umguckt, hat es sich gelohnt.«

Die Karriere begann mit einer dieser heute unvorstellbaren Geschichten, als die Liga nach fünf Jahren längst das Laufen gelernt hatte. Noch 1968 war es möglich: kometenhaft von der Bezirksliga auf den Klassengipfel.

Werner Weist beim SC Dortmund 08 war eben neunzehn und hatte mit Kalla Broenen einen Jugendtrainer, der einen Kneipier namens Stanitzke kannte. Und der Wirt war ein Spezi von Max Merkel. »Was soll ich in Nürnberg?« fragte Weist damals, der hoch hinaus, aber nicht weit weg wollte. Doch das Dealer-Duo Broenen und Stanitzke versprach: »Paß auf, du wirst in Dortmund spielen.« Merkels kommende Meistermannschaft trainierte im Frühjahr 1968 in Dortmunds kleiner Westfalenhalle. Werner Weist wurde eingeladen, schoß zwei Tore und durfte für eine Woche zur weiteren Begutachtung in die Noris fahren. Der Test endete mit einem Vertrag mit Nürnberg.

Das Ergebnis wurde in einer kurzfristigen Konferenz der lokalen Presse in Stanitzkes Kneipe kundgetan. Tags drauf titelten die Blätter: »Ein Prophet gilt nichts im eigenen Land« oder fragten besorgt: »Warum läßt man dieses Talent ziehen?« Am gleichen Nachmittag klingelte das Telefon. Ein Ortsgespräch, Borussia Dortmund warf sich in die Leitung. Werner Weist war bei den Schwarz-Gelben.

»Ich dachte, ich schaff das nie. Beim Duschen hab ich mich an die Großen nur rangetastet. Zu Held und Emmerich wollte ich Sie sagen.« Aber schon nach drei Spieltagen kam Trainer Oswald Pfau (»Der Blaue«) und erschreckte den Grünling vollends: »Du spielst gegen den HSV.« Nach einhundert Sekunden bekam Weist den Ball an der Mittellinie: »Willi Schulz lief neben mir her. Ich dachte: Warum greift der nicht an? Und da hab ich aus achtzehn Metern abgezogen.« Voll ins Netz von Ökczan. »Nie wieder«, sagt Weist, »habe ich aus dieser Entfernung ein Tor gemacht.«

Werner Weist, den alle nur »Acker« nannten, mochte es lieber eng. Ein Gerd Müller im mittelstürmenden Miniformat mit 87 Bundesligatoren. Gerne aus dem Gewühl, mit dem gestreckten Einsatz aus dem verlängerten Rückgrat. Kurze Drehung, bums.

»Aber der Spitzname hat mit Fußball nichts zu tun, den schlepp ich schon ewig mit mir herum«, stellt der einstige Rakkerer im Sturmzentrum gerade. Als Kind las er sich die Augen wund an »Akim«-Heften und kletterte wie das ledergeschürzte Idol aus dem Groschenheft von Baum zu Baum. Aus »Akim« wurde »Acker«. Und aus dem Fußballer Werner Weist ein Beispiel für den ganz normalen Streß im Alltag der Kickelite.

Elf Trainer konnte er in neun Jahren kennenlernen. Selten hat Werner Weist erlebt, »daß da ein Guter entlassen wurde«. Der Druck der Trainer brachte für ihn den Gegendruck: »Ich habe die Kehrseite der Bundesliga kennengelernt. Immer nur Leistung zeigen oder weg vom Fenster, damit bin ich nicht fertig geworden.« Da kam mit Hans Tilkowski ein Ex-Dortmunder

*Werner Weist: Über Dortmund und Bremen nun Fußball-Frühpensionär im eigenen Gartenstuhl*

auf die Bremer Bank, »geholfen hat der mir auch nicht.« Trainer »Til« brachte mit Charly Meininger einen stürmenden Konkurrenten mit. Spieler und Coach kannten sich von vorher gemeinsamen kurzen Zeiten in Nürnberg und München 60. »Und da

255

spielte natürlich Meininger«, beschreibt Weist eine Seite aus der Akte personeller Schlepptaupolitik. Selbst Sepp Piontek kam und drückte: »Ich bring dich am Samstag noch mal, aber wenn es dann nicht klappt . . .«

Mit dem dänisch-deutschen Pfeifenraucher (»Ich hätte nie gedacht, daß er solch eine Karriere macht«) spielte er 1971 noch ein Jahr gemeinsam im Werdertrikot, bevor Sepp Piontek zweimal, mit einer Unterbrechung durch Fritz Langner, Trainer an der Weser wurde.

»Ein ganz gerader, ein kerniger Typ«, beschreibt ihn Weist, »als Verteidiger war Piontek ein Draufgänger. Hart gegen sich, sogar gespritzt hat er sich selbst.« Aber als Jungtrainer war Piontek noch nicht der reife Psychologe. »Den Druck hat auch er mir nicht nehmen können«, sinniert Weist über den viel zu frühen Entschluß, einfach Feierabend zu machen: »Vorher ging mir die Düse, und im Spiel gab's höllisch auf die Socken.« Detlef Pirsig von den zebragestreiften Meiderichern fällt ihm sofort ein, bei dem man »die Schienbeinschoner auch hinten tragen mußte«. Und: »Der spielte selbst mit runterhängenden Strümpfen und hat nie einen mitgekriegt. Unglaublich.« Schalkes Rolli Rüßmann hatte trotz hoher Socken viel zu lange Beine (»drei Meter lang, mindestens«), und überhaupt fing die Rennerei an: »Wenn einer zum Probetraining kam, wurde nur gefragt: Wie groß ist der, was läuft der über hundert Meter?« Da war Otto Rehhagel doch ein ganz anderer. »Der kam zu spät für mich«, Werner Weist beklagte bereits verschlissene Menisken und operative Pausen. »Rehhagel konnte jeden heiß machen. Ein völlig Fußballverrückter. Der wußte genau, wie ein Spieler fühlt.« Doch die Entscheidung war längst gefallen, Weist tingelte noch für ein Jahr in der Regionalliga bei den Stuttgarter Kickers aus (»Das hätte ich mir schenken können«) und legte sich mit nicht mal dreißig Jahren samstags um 15 Uhr 30 aufs Sofa. »Ich hab das genossen«, schmunzelt »Acker« ins Wasserglas, »mit einer Flasche Bier und ohne Radio.«

*Typisch »Acker«-Weist: Per Flugkopfball schickt er den Ball am Schalker Keeper Nigbur vorbei in die Maschen. Klaus Fichtel ist wenig begeisterter Zeuge des Geschehens.*

Ein früher Vor-Ruhestand als Hausmann? »Nicht ganz«, den totalen Rollentausch von arbeitender Ehefrau und hauswirtschaftendem Mann will er nicht verwirklichen, denn »Fenster putzen und waschen, so weit kommt es nicht«. Werner Weist macht die Steuern und führt die Bücher für die Boutique. »Ich hab mich viel um den Kurzen gekümmert«, sagt er zufrieden mit Blick auf den dreizehnjährigen Philip, der fast alles darf. Auch die Tennisasche durchs Wohnzimmer tragen. Nur Fußballprofi werden, das soll er bitte nicht. Vater Weist war es nach nur neun Jahren genug. »Ein durchschnittlicher Spieler hat Anfang der Siebziger hunderttausend verdient«, erzählt er mit verschmitztem Gesicht. »Acker«-Weist stand schon ein bißchen bis doppelt über dem Schnitt. Er hat die Knochen hin und die Mäuse zusammengehalten. Heute ist für ihn der Fußball out, die reservierten Tribünenkarten für Borussia Dortmund nimmt er sehr selten an, und Bremen ist weit weg. Aber Neid gegenüber den heutigen Jungstars und noch mal zwanzig sein? »Ach was, früher erzählten uns die Alten, wie wenig sie verdienten.« Der weise Entschluß des Werner Weist, das Leben nicht nur Fußball ist, kam nicht einmal durch einen Trainerschein ins Wanken: »Wen soll ich denn trainieren?« Fußball ist wirklich nicht mehr die Welt für »Acker« und die Familie Weist. Die Fotos von einst liegen in Schuhkartons im Keller. Doch manchmal will der Sohn wissen, wie Papa damals gespielt hat. Mit der gelassenen Entfernung vom Fußball denkt »Acker«, der Abspringer: »Vielleicht kann ich ja mal ein paar alte Konserven vom Fernsehen besorgen.«

# Nur ein Bundesliga-Spiel: Peter Barfuß

## *Immer nur hinter dem Sabath her*

Das Büro ist quadratisch und angenehm klimatisiert, der Schreibtisch ordentlich aufgeräumt. Fußballfotos hängen nicht an den Wänden, auch nicht solche, die das Altliga-Team der SpVgg. Blankenese zeigten. Es würde auch nicht recht zum Ambiente passen, welches eher jüngere Leute zu klugen Bausparentscheidungen anregen soll.

»Praktisch hab ich ja Verteidiger gespielt«, erinnert sich der silberhaarige Mann hinter dem Schreibtisch an seinen mehr oder weniger großen Auftritt vor 22 Jahren. »Zum Stürmen bin ich gar nicht gekommen, sondern immer nur hinter dem Sabath hergelaufen.« Es war in Meiderich, wo Peter Barfuß am 15. April 1967 im Dress des Hamburger SV sein erstes und letztes Bundesligaspiel absolvieren durfte. Der Sabath, Hans mit Vornamen, war linker Verteidiger bei den Zebras – kurz zuvor offiziell in MSV Duisburg umgetauft – und ein wesentliches Scharnier in ihrem damals sensationellen »Rollsystem«, in dessen Rahmen die Abwehrspieler mitstürmten und die Stürmer mitverteidigten, was auch bei ausgekochten gegnerischen Profis gelegentlich Streß auslöste. Erst recht also bei einem Amateur, der bei seinem Bundesliga-Debüt vor allem bestrebt war, keine Fehler zu machen: »Dabei bleiben dann wohl die meisten unter ihren Möglichkeiten.« Das, räumt Peter Barfuß ein, war bei ihm – damals 23 – sicher nicht anders, obwohl um ihn herum auch nur mit Wasser gekocht wurde: »Es gab da schon einige, die keine Impulse setzen konnten.« Zu den unvergeßlichen Klassikern scheint jenes Spiel in der Tat nicht gehört zu haben;

259

2:1 verloren, daran erinnert er sich, und an einen Elfmeter, den Charly Dörfel verschossen hat. Daran, daß es für einen Amateur schon etwas Besonderes war, plötzlich vor 20 000 Zuschauern zu spielen – in der Landesliga, auf dem ehrwürdigen, damals noch nicht halbverfallenen HSV-Platz am Rothenbaum, hätte man sie manchmal per Handschlag begrüßen können – und andererseits auch wieder hieran: »Wir waren insgesamt nicht so gut motiviert.«

Letzteres galt allerdings nicht für ihn persönlich: »Natürlich hofft man vorher schon, daß man diesmal auch aufgestellt wird. Mitgefahren war ich ja schon zu Ostern zum Pokalspiel nach Offenbach. Es gab zu der Zeit mehrere Verletzte, besonders im Sturm, und so fuhr dann mal dieser, mal jener von uns mit. Die tatsächliche Aufstellung hat sich erst kurz vor dem Spiel herausgestellt.«

Ein paar von »uns«, von den Amateuren also, hatten sich sogar fest bei den Profis etablieren können: »Acker« Strauß, Bernd Dörfel, Sandmann, »Tas« Schwerin waren alte Bekannte, die dem Debütanten die Orientierung erleichterten: »Ansonsten war man überhaupt nicht integriert. Da gab es ja auch ganz andere Spielerpersönlichkeiten als heute.« Worin sie sich von den heutigen unterschieden? Nun, zum Beispiel hatten sie jahrelang ihren festen Platz in der Mannschaftshierarchie, waren »keine Wandervögel in dem Sinne«.

Trotzdem, in Meiderich konnten auch die Spielerpersönlichkeiten die Niederlage nicht verhindern – wie so oft in jenem Frühjahr 1967. Der HSV inszenierte damals seine bis heute kurioseste Bundesliga-Saison überhaupt: Nach einer exzellenten Herbstserie und dem Erklimmen der Tabellenspitze durch Siege über Eintracht Braunschweig (den späteren Meister) und Bayern München folgte eine katastrophale Rückrunde, in der vierzehnmal hintereinander nicht gewonnen wurde und schließlich noch der Abstieg drohte. Zum Teil langwierige Verletzungen von Stammspielern waren ein Grund, doch kaum der einzige

*Peter Barfuß verschwand nach der Absolvierung eines Erstliga-Spiels in der Versenkung der Amateurliga und spielte statt vor 30 000 manchmal auch wieder vor drei Zuschauern. Dafür aber regelmäßig.*

dafür, daß Woche für Woche das Team umgestellt und die Punkte gleichwohl abgegeben wurden. Und dann gab es doch noch wieder ein Art Happy-End für die Rothosen, als sie das DFB-Pokal-Endspiel erreichten und daraufhin trotz eines 0:4 gegen Bayern München am Europacup teilnehmen durften (weil Cajkovski & Co. für diesen Wettbewerb schon als Cupverteidiger qualifiziert waren). Ein Jahr später standen die Hanseaten sogar im Europacup-Finale in Rotterdam (0:2 gegen Milan); Peter Barfuß erlebte all das wie Millionen andere im Fernsehen. Der Einsatz an der Wedau blieb sein einziger bei den Profis, er selbst für den langen Rest seiner Karriere Amateur. Gibt es da nachträgliches Bedauern? Wo doch die anderen, siehe oben, nicht unbedingt alle besser waren?

Nun ja, also, andererseits, »es haben ja auch nur wenige gut verdient, bei den damals festgesetzten Grundgehältern von, glaub ich, 800 Mark, für Nationalspieler zwölfhundert, wenn sie auch dem Willy Schulz und dem Egon Horst sicher mehr gezahlt haben«. Wohl hat ihn Schorsch Knöpfle, damals technischer Direktor beim HSV, mal angesprochen, »aber sich für 500 Mark auf die Bank setzen? Letztlich lohnt es sich ja nur, wenn man weit überbezahlt wird.«

Also hat er klaglos mit der Rolle des (fast) unbezahlten Landesligaspielers vorliebgenommen, für Spesen und die Ehre, immerhin den HSV-Dress tragen zu dürfen? Ja und nein: Amateur ist Peter Barfuß geblieben, den HSV-Dress hat er alsbald wieder mit dem seines Stammvereins TuS Hamburg vertauscht: »Nach einem Jahr sind wir mit mehreren ausgetreten, weil es da doch zunehmend Probleme gab.« Probleme? »Der Amateurkader sollte gefördert werden, und der Trainer sah sich auch jedes Spiel an, aber im Grunde war man zu der Zeit immer darauf bedacht, für die Bundesliga Leute von außen zu holen, und wenn es irgendwelche biederen Abwehrspieler waren, Beinbrecher, die kaum geradeaus laufen konnten.«

Also doch sauer, nach 22 Jahren noch, weil der Verein seine eigenen Talente nicht zu würdigen wußte? Genau so war's, sagt Peter Barfuß und nennt Namen: Waack, Baumann, Gelübcke ... »Die waren wirklich nicht schlechter als einige der alten Vögel, die sie damals aufgekauft haben, und dann noch ohne ärztliche Untersuchung. Manchmal wurden Leute zum Probetraining bestellt, also ich könnte da Schoten erzählen...«

Eine öffnet er: »Wir, die Amateure, hatten schon eineinhalb Stunden trainiert und gingen so ungefähr auf dem Zahnfleisch, da kam einer an und durfte beim abschließenden Spiel mitmachen. Er kam angeblich vom Wiener SK oder so, hat natürlich sehr geglänzt, frisch wie er war, und hatte zahlreiche Hackentricks und solche Sachen drauf. Die Leute waren schon ganz begeistert, ›habt ihr das gesehen‹, hieß es nach jedem Hackentrick. Beim nächsten Mal kam Schorschi, also Knöpfle, selbst vorbei, und das war ja nun ein ganz Nüchterner. Das dauerte keine zehn Minuten, da durfte sich der Wiener schon wieder umziehen.«

Doch offenbar wurden nicht alle Zugereisten so genau angeguckt; den verschmähten Einheimischen blieb die Regional- oder Amateurliga. Als 1979 die Mannschaft von Holstein Quickborn (Kreis Pinneberg) erstmals den Aufstieg in die höchste Hamburger Klasse schaffte, wirkte in der Schlußphase des entscheidenden Spiels in Wilhelmsburg auch Peter Barfuß mit – als mittlerweile 35jähriger »Oldtimer«, den man zusammen mit zwei anderen verdienten Veteranen schon im Jahr davor verabschiedet, aber nun in einer kritischen Situation reaktiviert hatte.

So rund ist der Ball. Heute kickt er in der Blankeneser Altliga und schüttelt den Kopf über die 1,2 Millionen, die der HSV gerade wieder für einen Defensivspieler hingeblättert hat. Die Karrieren der Ex-Mitspieler Waack, Baumann und Gelübcke verliefen übrigens ähnlich, mit einer kleinen Ausnahme, die Peter Barfuß nicht erwähnt. Aber es gibt ja Statistiken: Ein Bundesligaspiel hat keiner der drei anderen gemacht.

## Schlußbemerkungen
## Der Fußball hat seine Stammkundschaft verloren

# Das Prinzip »Nur nicht verlieren«

Als die Bundesliga gegründet wurde, war ich neun Jahre alt. Aus meiner Kindheit in einem Arbeiterviertel des Ruhrgebiets fällt mir kein zweites Phänomen ein, das meine ersten Jahre so geprägt hätte wie der Fußball. Ebenso waren alle meine Freunde vollends dem Lederball und seinen großen Stars verfallen. An welcher Straßenkreuzung wir uns auch trafen, es wurden sofort die »Bilder« aus den Taschen gefummelt: Die Sammel-Fotos der Bundesliga-Stars, die einzukleben waren in große Alben. In den Tüten zu 20 Pfennig waren immer vier; tunlichst hatte der Verlag von einigen Bildern recht wenige gedruckt, weswegen wir Knirpse große Mühe hatten, die Alben gänzlich vollzubekommen. Einer fehlte immer.

Herthas Torwart Gernot Fraydl war ein Bild, das so gut wie gar nicht in Umlauf war. Als ein Gymnasiast in einem fremden Stadtteil mir seine nicht sonderlich imponierende Sammlung präsentierte und dort neben lauter »Doppelten« plötzlich Gernot Fraydl auftauchte, fiel ich vor Schreck fast in Ohnmacht. Der zukünftige Betriebswirt erkannte meine Notlage, und es kostete mich die gesamte Schalker Mannschaft – von der ich auch als »Doppelte« nur sehr schwer Abschied nehmen konnte –, um meinen Fraydl zu bekommen. Die Sammlung war komplett.

Durch das emsige Suchen, Handeln, Ergänzen und Einkleben entstand zu den Fotografien der Profis eine Vertrautheit, als würde man die Spieler persönlich sehr gut kennen. Noch heute ist mir kein Spieler der ersten Bundesliga-Jahre unbekannt. Bei manchen schießt mir das Geburtsdatum durch den Kopf oder die Rubrik »Spielte vorher bei«. Andere sehe ich vor mir, wie sie auf den Bildern einen Ball jonglieren, auf ihm sitzen oder als Torwart ganz in Schwarz nach ihm hechten. Beim Stichwort »Österreich« fallen mir spontan nicht Wien oder die Alpen ein, sondern Gernot Fraydl. Wir waren vermutlich die letzten wirklichen Kinder des Lederballs. Wenn mein Vater samstags früher von Krupp nach Hause kam und sich noch vor dem Essen − Kartoffelsuppe − rasierte, war das ein höchst erfreuliches Zeichen dafür, daß gleich die knappe Frage kommen würde, ob ich mitkommen wolle »auf Schalke«. Stolz wie Oskar marschierte ich neben Papa zur Straßenbahn, die sich auf dem Weg nach Gelsenkirchen füllte mit ganz ähnlichen Pärchen. Zum Fußball gehen war ein nicht unwesentlicher Inhalt einer Vater-Sohn-Beziehung dieser Jahre. Bald schlug ich mich alleine durch, in die Glückauf-Kampfbahn, an die Hafenstraße oder den Uhlenkrug, immer mit dem dicken Autogrammbuch unterwegs. Zu Dutzenden lungerten wir nach den Spielen vor den Umkleidekabinen, geduldig wartend, bis unsere Idole herauskamen und unsere mühsam organisierten Bilder mit ihrer Unterschrift verzierten.

Manches mag heute noch genauso sein und doch behaupte ich, daß der Jetztzeit-Fußball gerade in seinen Randerscheinungen nichts mehr mit dem gemein hat, was ihn früher so liebenswert und anziehend machte. Was die kleine Freude des Bilder-Sammelns für uns Kinder war, bedeutete den Älteren das endlose Disputieren und Geschichten-Erzählen über Lederball-Anekdoten von anno dazumal. Der Fußball stand im Mittelpunkt des Lebens der kleinen Leute. Es war ihre ureigenste Angelegenheit, keine Zeiterscheinung, Mode oder ein Freizeit-Schnickschnack. Er gehörte einfach selbstverständlich zu ihrem Leben. Die »Jungs« auf dem Platz wurden nicht so verherrlicht wie heute. Doch wenn sie nicht das brachten, was von ihnen erwartet worden war, wurden sie auch nicht so gnadenlos zerstampft und miesgemacht. Man ging mit ihnen um, wie mit den Kollegen am Arbeitsplatz: nicht immer sanft, auch mal ruppig, aber nie voller Mißgunst, knallharter Leistungsanforderung und Mitleidslosigkeit. Wie sich die Zeiten nicht zum Besseren gewandelt haben, wird besonders auch aus dem Vergleich der Berichterstattung über die Fußball-Bundesliga ersichtlich. In der Gründerzeit herrschte die fachlich qualifizierte Spielanalyse vor. Was auf dem Platz geschehen war, wurde von Journalisten, die sowohl des Schreibens kundig als auch mit dem sog. Fußballverstand ausgestattet waren, anschaulich berichtet. Was auf dem Rasen passierte, stand im Blickpunkt, Kritik an den Akteuren war überwiegend sachlich und fair.

Heute haben die Hintergrundstorys fast schon das sportliche Geschehen an den Rand gedrängt. Der Fußball-Reporter ist mehr Privatdetektiv, immer auf der Suche nach Widersprüchen und Ungereimtheiten, die jemandem anzulasten sind. Drei Niederlagen in Folge, schon wird eine schwere Vereinskrise herbeigeschrieben. Wenn keine guten Meldungen die Zeitungen besser verkaufen lassen, dann müssen ganz besondere Skandale her, deren aufgebauschte Dimension die Leser an die Kioske lockt. Spieler sind nur noch schwach als Menschen zu identifizieren. »Funktionieren« sie, dann sind sie auch als durchschnittliche Talente mit knapp zwanzig Jahren geachtete Persönlichkeiten des öffentlichen Lebens. Zeigen sie Schwächen und genügen den Anforderungen nicht, werden sie von einer gnadenlosen, höhnischen Journaille den »Fans« zum Fraß vorgeworfen. Komplett wird die Heuchelei des herrschenden Sport-Journalismus, wenn von verkrampften Spielen geschrieben wird, von der fehlenden Leichtigkeit und daß Fußball heute nur noch »gearbeitet« würde. Wer sich als »benoteter« Akteur nach einigen schlechten Spielen hintereinander in einem Abgrund aus Spott und vernichtender Kritik befindet, der zieht wohl bis ans Ende seiner Karriere vor, dem Mitspieler den Ball zu »bringen« als risikoreiche lange Pässe zu schlagen. Der biedere Sicherheitsfußball der heutigen Tage hat nicht die schlechteren Fußballer als Ursache, sondern die öffentliche Ungeheuerlichkeit einer »Niederlage«, der sich kein Präsident, Trainer oder Spieler mehr aussetzen will. Das »Siegen um jeden Preis« ist ein an sich schon zweifelhafter Slogan. Die Umkehrung »Um jeden Preis nicht verlieren« führt in seiner konsequenten Befolgung zu Krampferei auf dem Rasen und nach nur kleinen Pechsträhnen und Niederlagenserien oft zu den Orgien aus Intrigen und Niedertracht hinter den Kulissen.

Eigentlich ist der Fußball schon heute ein Anachronismus, denn seine ursprüngliche Stammkundschaft gibt es nicht mehr. Und die neue Klientel steht bestenfalls gelegentlich als Laufkundschaft zur Verfügung. Der Sport dieser Jahre ist Tennis. Einer gegen den Rest der Welt. In der Situation des einsamen Racket-Schwingers, für den es nur Sieg oder Niederlage gibt, erkennen sich viele in ihrer eigenen Lebenslage wieder.

Die früheren Arbeiter und kleinen Angestellten sind zum »Mittelstand« geworden. Die kleine Freude, »zum Platz zu gehen«, reicht ihnen nicht mehr. Sie genießen ihren Wohlstand gerade am Wochenende, für den Fußball bleibt keine Zeit. Krampfhaft wird versucht, neue Klassen zu erschließen. Für sie werden Logen gebaut, VIP-Räume. Eintrittspreise spielen keine Rolle, gesehen und gesehen werden heißt das Motto auf den Haupttribünen. Genügend Zuschauer kommen nur noch, wenn die Chance besteht, bei den Siegern zu sein. Aber es kann nur einer gewinnen, sechs – wenn es hochkommt – stehen auf den akzeptierten Sonnenplätzen. Den Rest begleitet das Murren enttäuschter Fans. Der Fußball bleibt ein Spiegelbild der Gesellschaft. Dies macht sich noch am wenigsten an den Prügeleien von Hooligans fest, die sich zum Zeitvertreib halbtot schlagen und als Hintergrund für dieses neueste »Abenteuer« in einer langweiligen Zeit die Fußball-Bundesliga ausgesucht haben. Weit mehr noch findet sich die Befindlichkeit dieser Gesellschaft in den Beziehungen zwischen Vereinen, Spielern, Trai-

267

nern, Zuschauern und Medien wieder. Zunehmend übernehmen Finanz-Desparados aus der freien Wirtschaft die Klubs. Der eine hält sich einen Rennstall, der andere einen Fußballverein. Die Schickimickis halten Einzug, das Publikum auf den Stehrängen ist gerade noch geduldet. Lieber verkaufen die Manager die Spiele komplett an das Fernsehen oder einen »Sponsor«, für den der Fußball nichts weiter als geeignetes Mittel zum Zwecke seiner Geschäfte ist. Die wenigen noch volksverbundenen Klubs sind nicht »geschäftstüchtig« genug, um mithalten zu können. Die Fans, die noch auf die Plätze gehen, finden alles soweit in Ordnung, treu wie Gold wedeln sie mit den Papierfähnchen der Sponsoren. Die anderen bleiben zu Hause und träumen von den alten Zeiten, die nicht mehr wiederkommen.

# Anhang

Spielzeit 1963/64

## *Meister Köln wurde in den Zoo verbannt*

Am 24. 8. 1963 war es endlich soweit: erster Spieltag der neuen Fußball-Bundesliga. Die Fans strömten in Massen; die meisten ins Berliner Olympiastadion, wo 60 000 das 1:1 gegen den Nürnberger »Club« erlebten. Auch die anderen Plätze waren proppenvoll, unter 30 000 ging keine der acht Eröffnungspartien über die Bühne.

Der 1. FC Köln war als Favorit in die Runde gegangen und wurde dieser Rolle im Verlauf der Spielzeit immer mehr gerecht. Der jugoslawische »Kugelblitz« Tschik Cajkovski hatte eine prächtige Mischung aus alten Cracks – u. a. Weltmeister Hans Schäfer – und blutjungen Talenten geformt, die schließlich mit stolzen sechs Punkten Vorsprung bereits drei Spieltage vor Schluß die Meisterschale an den Rhein holte. Zwei Kölner Sterne gingen in diesem Jahr auf, die die Liga lange mit prägen sollten: Wolfgang Overath und Wolfgang Weber. Vor dem Startschuß hatte sich so mancher führende Klub der bisherigen Oberligen mehr als nur eine Mitläuferrolle versprochen. So die Frankfurter Eintracht unter Trainer Paul Osswald, der HSV mit Uwe Seeler und Charly Dörfel und natürlich Titelverteidiger Borussia Dortmund, der im letzten echten Endspiel ein Jahr vor Einführung der Eliteliga den 1. FC Köln mit 3:1 bezwungen hatte.

Viele hatten auch Schalke 04 auf der Rechnung. Zunächst deutete auch vieles auf einen Zweikampf zwischen den Geißböcken und den Knappen hin. Zum Ende der Hinrunde hielt Schalke den zweiten Platz, allerdings schon mit vier Punkten Rückstand. In der zweiten Runde geriet der Altmeister aber schon in jene Krise, die auch in der darauffolgenden Spielzeit anhalten sollte.

Vizemeister wurde schließlich eine Mannschaft, die man eigentlich für den Abstiegskampf vorgesehen hatte: der Meidericher SV, der mit seinem eigenwilligen Trainer Rudi Gutendorf ein Defensiv-System kreierte, das den Klub von der Wedau die wenigsten Gegentore in der Liga kassieren ließ und seinem Coach den Künstlernamen »Riegel-Rudi« einbrachte.

Beim Meidericher SV ließ auch der »Held von Bern« seine Karriere ausklingen, wobei die »ewige« Bundesliga-Statistik ausgerechnet an Helmut Rahn in unrühmlichster Weise erinnert: erster Platzverweis nach einer Tätlichkeit am Herthaner Beyer. Weitere Premieren: Timo Konietzka (Bor. Dortmund) schoß in der ersten Minute in Bremen das erste Bundesliga-Tor überhaupt. Uwe Seeler wurde mit 30 Treffern erster Torschützenkönig. Und es gab auch den Einstieg in weniger erfreuliche Begleiterscheinungen. Der erste Trainer-Rausschmiß fand in Nürnberg statt, Opfer: Herbert Widmayer. Weil ein Kölner Fan einem Linienrichter mit einer Fahnenstange den »Scheitel zog«, gab es auch die erste Platzsperre in der Liga. Der spätere Meister ließ sich aber nicht beeindrucken und gewann das betreffende Spiel gegen Eintracht Braunschweig im Wuppertaler Zoo-Stadion mit 4:1.

Als die Liga noch nicht so mitleidslos war, schockte alle der erste schwere Unfall. Walter Bensmann von Preußen Münster schlug auf vereistem Boden unglücklich mit dem Kopf auf und erlitt einen schweren Schädelbasisbruch.

Absteigen mußten der 1. FC Saarbrücken – der freilich das Kunststück fertigbrachte, dem 1. FC Köln mit 3:1 die einzige Heimniederlage beizubringen – und Preußen Münster, das sich mit einem winzigen Punkt Rückstand auf Hertha BSC und den Karlsruher SC auf den Weg zurück in die Regionalliga machen mußte. Für die Bundesliga-Stippvisite der Westfalen schienen die Sprüche geschaffen: »Einmal und nie wieder« oder »They never come back«.

| Bundesliga 1963/64 | 1. FC Köln | Meidericher SV | Eintr. Frankfurt | Bor. Dortmund | VfB Stuttgart | Hamburger SV | 1860 München | FC Schalke 04 | 1. FC Nürnberg |
|---|---|---|---|---|---|---|---|---|---|
| **1. 1. FC Köln** | • • | 3:3 / 2:2 | 1:1 / 1:2 | 5:2 / 3:2 | 2:1 / 1:0 | 4:1 / 1:1 | 2:2 / 3:1 | 2:2 / 3:2 | 5:0 / 2:2 |
| **2. Meidericher SV** | 2:2 / 3:3 | • • | 3:1 / 2:2 | 3:3 / 0:0 | 3:0 / 2:1 | 4:0 / 3:3 | 3:0 / 0:0 | 3:0 / 2:2 | 0:0 / 0:2 |
| **3. Eintr. Frankfurt** | 2:1 / 1:1 | 2:2 / 1:3 | • • | 2:1 / 0:3 | 3:2 / 0:0 | 2:2 / 0:3 | 5:2 / 1:1 | 4:2 / 2:1 | 2:3 / 0:1 |
| **4. Bor. Dortmund** | 2:3 / 2:5 | 0:0 / 3:3 | 3:0 / 1:2 | • • | 7:1 / 1:2 | 5:2 / 1:2 | 3:3 / 1:6 | 3:0 / 1:3 | 3:1 / 0:4 |
| **5. VfB Stuttgart** | 0:1 / 1:2 | 1:2 / 0:3 | 0:0 / 2:3 | 2:1 / 1:7 | • • | 2:2 / 1:1 | 1:1 / 1:1 | 2:0 / 0:2 | 1:0 / 0:0 |
| **6. Hamburger SV** | 1:1 / 1:4 | 3:3 / 0:4 | 3:0 / 2:2 | 2:1 / 2:5 | 1:1 / 2:2 | • • | 5:0 / 2:9 | 3:1 / 0:1 | 2:2 / 2:3 |
| **7. 1860 München** | 1:3 / 2:2 | 0:0 / 0:3 | 1:4 / 2:5 | 6:1 / 3:3 | 1:1 / 1:1 | 9:2 / 0:5 | • • | 7:1 / 1:2 | 5:0 / 2:2 |
| **8. FC Schalke 04** | 2:3 / 2:2 | 2:2 / 0:3 | 1:2 / 2:4 | 3:1 / 0:3 | 2:0 / 0:2 | 1:0 / 1:3 | 2:1 / 1:7 | • • | 4:1 / 2:0 |
| **9. 1. FC Nürnberg** | 2:2 / 0:5 | 2:0 / 0:0 | 1:0 / 3:2 | 4:0 / 1:3 | 0:0 / 0:1 | 3:2 / 2:2 | 2:2 / 0:5 | 0:2 / 1:4 | • • |
| **10. Werder Bremen** | 1:1 / 3:4 | 1:1 / 0:1 | 4:1 / 0:7 | 3:2 / 3:4 | 2:2 / 0:2 | 4:2 / 1:1 | 4:1 / 2:3 | 1:0 / 3:2 | 2:1 / 0:3 |
| **11. E. Braunschweig** | 1:1 / 1:4 | 0:0 / 1:5 | 0:3 / 0:3 | 2:0 / 0:3 | 2:0 / 0:5 | 2:1 / 1:2 | 0:1 / 1:1 | 4:3 / 0:2 | 2:0 / 0:1 |
| **12. 1. FC Kaisersl.** | 3:3 / 1:5 | 1:1 / 0:3 | 1:1 / 1:1 | 0:1 / 3:9 | 1:3 / 0:4 | 3:2 / 3:7 | 2:1 / 2:1 | 2:3 / 0:4 | 3:1 / 5:0 |
| **13. Karlsruher SC** | 2:2 / 0:4 | 1:4 / 0:2 | 1:2 / 3:0 | 1:3 / 2:3 | 0:3 / 1:4 | 0:4 / 1:1 | 1:0 / 0:1 | 1:1 / 1:2 | 1:3 / 4:2 |
| **14. Hertha BSC** | 0:3 / 1:3 | 5:2 / 3:1 | 1:3 / 0:4 | 0:0 / 2:7 | 0:2 / 0:2 | 1:2 / 1:5 | 3:1 / 2:1 | 1:0 / 0:1 | 1:1 / 3:2 |
| **15. Preußen Münster** | 0:2 / 0:3 | 4:2 / 0:0 | 1:3 / 0:3 | 1:2 / 0:0 | 4:2 / 3:0 | 1:1 / 0:5 | 0:0 / 1:3 | 2:2 / 2:1 | 0:1 / 2:2 |
| **16. 1. FC Saarbr.** | 0:2 / 3:1 | 0:2 / 1:3 | 0:4 / 1:3 | 2:1 / 1:2 | 0:1 / 1:3 | 1:1 / 2:4 | 1:2 / 1:7 | 1:1 / 1:4 | 3:5 / 0:2 |

## DFB-Pokal

**Viertelfinale:** Hertha BSC Berlin – 1. FC Köln 4:2 (0:1)   Altona 93 – Karlsruher SC 2:1 (1:0
Eintr. Frankfurt – Schalke 04 2:1 (1:0)   1. FC Saarbrücken – 1860 München 1:3 (1:1)

**Halbfinale:** Altona 93 – 1860 München 1:4 (1:1, 0:0) nach Verlängerung
Eintr. Frankfurt – Hertha BSC Berlin 3:1 (1:0)

**Endspiel in Stuttgart:** **1860 München – Frankfurt 2:0 (1:0)**
**1860:** Radenkovic; Wagner, Steiner; Zeiser, Stemmer, Luttrop; Kraus, Kohlars, Brunnenmeier, Küppe
Heiß
**Frankfurt:** Loy; Lutz, Höfer; Lindner, Landerer, Stinka; Kraus, Trimhold, Stein, Huberts, Schämer

| 1. FC Kaisersl. | Karlsruher SC | Hertha BSC | Preußen Münster | 1. FC Saarbr. | Heimbilanz / Auswärtsbilanz | | | | | Gesamt | |
| | | | | | g. | u. | v. | Tore | Pkt. | Tore | Punkte |
|---|---|---|---|---|---|---|---|---|---|---|---|
| 5:1 | 4:0 | 3:1 | 3:0 | 1:3 | 10 | 4 | 1 | 48:21 | 24- 6 | **78:40** | **45-15** |
| 3:3 | 2:2 | 3:0 | 2:0 | 2:0 | 7 | 7 | 1 | 30:19 | 21- 9 | | |
| 3:0 | 2:0 | 1:3 | 0:0 | 3:1 | 10 | 4 | 1 | 36:11 | 24- 6 | **60:36** | **39-21** |
| 1:1 | 4:1 | 2:5 | 2:4 | 2:0 | 3 | 9 | 3 | 24:25 | 15-15 | | |
| 1:1 | 0:3 | 4:0 | 3:0 | 3:1 | 10 | 3 | 2 | 43:20 | 23- 7 | **65:41** | **39-21** |
| 1:1 | 2:1 | 3:1 | 3:1 | 4:0 | 6 | 4 | 5 | 22:21 | 16-14 | | |
| 9:3 | 3:2 | 7:2 | 0:0 | 2:1 | 11 | 3 | 1 | 54:21 | 25- 2 | **73:57** | **33-27** |
| 1:0 | 3:1 | 0:0 | 2:1 | 1:2 | 3 | 2 | 10 | 19:36 | 8-22 | | |
| 4:0 | 4:1 | 2:0 | 0:3 | 3:1 | 9 | 3 | 3 | 29:12 | 21- 9 | **48:40** | **33-27** |
| 3:1 | 3:0 | 2:0 | 2:4 | 1:0 | 4 | 4 | 7 | 19:28 | 12-18 | | |
| 7:3 | 1:1 | 5:1 | 5:0 | 4:2 | 9 | 6 | 0 | 45:18 | 24- 6 | **69:60** | **32-28** |
| 2:3 | 4:0 | 2:1 | 1:1 | 1:1 | 2 | 4 | 9 | 24:42 | 8-22 | | |
| 3:0 | 1:0 | 1:2 | 3:1 | 7:1 | 9 | 4 | 2 | 49:16 | 22- 8 | **66:50** | **31-29** |
| 1:2 | 0:1 | 1:3 | 0:0 | 2:1 | 2 | 5 | 8 | 17:34 | 9-21 | | |
| 4:0 | 2:1 | 1:0 | 1:2 | 4:1 | 10 | 1 | 4 | 33:17 | 21- 9 | **51:53** | **29-31** |
| 3:2 | 1:1 | 0:1 | 2:2 | 1:1 | 2 | 4 | 9 | 18:36 | 8-22 | | |
| 0:5 | 2:4 | 2:3 | 2:2 | 2:0 | 7 | 4 | 4 | 26:22 | 18-12 | **45:56** | **29-31** |
| 1:3 | 3:1 | 1:1 | 1:0 | 5:3 | 4 | 3 | 8 | 19:34 | 11-19 | | |
| 2:0 | 0:0 | 2:2 | 4:2 | 0:3 | 8 | 5 | 2 | 32:21 | 21- 9 | **53:62** | **28-32** |
| 0:3 | 1:1 | 2:5 | 3:1 | 2:3 | 2 | 3 | 10 | 21:41 | 7-23 | | |
| 0:1 | 2:0 | 1:1 | 1:0 | 3:1 | 8 | 4 | 3 | 21:13 | 20-10 | **36:49** | **28-32** |
| 1:2 | 1:3 | 2:1 | 2:0 | 2:2 | 3 | 2 | 10 | 15:36 | 8-22 | | |
| • | 1:0 | 3:0 | 0:0 | 2:4 | 7 | 4 | 4 | 27:21 | 18-12 | **48:69** | **26-34** |
| • | 1:5 | 2:2 | 0:1 | 4:2 | 3 | 2 | 10 | 21:48 | 8-22 | | |
| 5:1 | • | 1:1 | 4:2 | 2:2 | 4 | 5 | 6 | 24:30 | 13-17 | **42:55** | **24-36** |
| 0:1 | • | 3:2 | 0:0 | 3:1 | 4 | 3 | 8 | 18:25 | 11-19 | | |
| 2:2 | 2:3 | • | 2:0 | 3:2 | 6 | 3 | 6 | 27:25 | 15-15 | **45:65** | **24-36** |
| 0:3 | 1:1 | • | 2:4 | 0:3 | 3 | 3 | 9 | 18:40 | 9-21 | | |
| 1:0 | 0:0 | 4:2 | • | 2:1 | 5 | 4 | 6 | 21:23 | 14-16 | **34:52** | **23-37** |
| 0:0 | 2:4 | 0:2 | • | 1:1 | 2 | 5 | 8 | 13:29 | 9-21 | | |
| 2:4 | 1:3 | 3:0 | 1:1 | • | 3 | 4 | 8 | 20:31 | 10-20 | **44:72** | **17-43** |
| 4:2 | 2:2 | 2:3 | 1:2 | • | 3 | 1 | 11 | 24:41 | 7-23 | | |

chauer: 45.000    **Schiedsrichter:** Malka (Herten)
e: 1:0 Kohlars (43.), 2:0 Brunnenmeier (63.)

## Die besten Torschützen

| | | | |
|---|---|---|---|
| Seeler (Hamburger SV) | 30 | Karl-Heinz Thielen (1. FC Köln) | 16 |
| Konietzka (Bor. Dortmund) | 21 | Heinz Strehl (1. FC Nürnberg) | 16 |
| Brunnenmeier (1860 München) | 19 | Gerd Dörfel (Hamburger SV) | 15 |
| Matischak (Schalke 04) | 18 | Christian Müller (1. FC Köln) | 15 |
| Huberts (Eintr. Frankfurt) | 18 | Dieter Höller (VfB Stuttgart) | 15 |

Spielzeit 1964/65

# Das liebste Kind der Deutschen verlor früh seine Unschuld

Unvermindert hielt auch im zweiten Jahr die Begeisterung um die Liga an. In den zumeist randvollen Arenen – Krösus bei den zahlenden Fans war Hannover 96 mit über 40 000 pro Spiel – wurden packende Spiele geboten. Spannung war über die gesamte Spielzeit am unteren wie am oberen Ende der Tabelle gewährleistet. Das Meisterrennen machte schließlich zur Überraschung aller »Experten« Werder Bremen, das im Jahr zuvor noch eine höchst bescheidene Rolle gespielt hatte. Doch all die sportlich-positiven Seiten wurden zum Schluß überschattet von den Ereignissen um den Ausschluß von Hertha BSC Berlin, die Aufstockung der Liga auf 18 Vereine und die Aufdeckung der Verstöße gegen die DFB-Statuten. So verlor das liebste Kind der Deutschen früh seine Unschuld.

Zunächst zum Sportlichen: Die beiden Ersten der letzten Spielzeit hatten sich mit »Exoten« verstärkt: Die Brasilianer Zeze und Tagliari hielten jedoch lange nicht das, was man sich an Rhein und Wedau von ihnen versprochen hatte. Doch am Unvermögen des verhinderten Ballkünstlers mit dem Namen der legendären Urwald-Fliege hat es nicht gelegen, daß dem 1. FC Köln im zweiten Jahr auch nur der zweite Platz blieb. Überhaupt verdankt Werder Bremen den überraschenden Titelgewinn weit weniger der Schwäche der Gegner als der eigenen Bärenstärke. Trainer »Fischken« Multhaup hatte es verstanden, die Deckung zu stabilisieren. 62 Gegentore im Jahr zuvor, das war happig und unmißverständliches Anzeichen, wo der Hebel anzusetzen war. So wurden mit Höttges aus Gladbach – der es später auf 66 Länderspiele und drei WM-Teilnahmen bringen sollte – und Steinmann vom Absteiger 1. FC Saarbrücken genau die richtigen Defensiv-Recken verpflichtet. Zusätzlich wurde für den Angriff der so schußstarke wie launische Mittelstürmer Klaus Matischak – »Zick-zack Matischak« – vom Schalker Markt weggekauft. Die Mischung stimmte schließlich meisterlich, auf jedem Posten wuchsen bald aus Nobodys Stars heran, die der zweiten Spielzeit der Eliteliga ihren Stempel aufdrücken sollten.

Auch der Abstieg des FC Schalke kam überraschend. Die mit Nationalspielern gespickte Mannschaft hatte Probleme in den eigenen Reihen. Interne Ränkeschmiede und Intriganten sorgten für einen unerklärlichen Leistungsabfall. Die Regionalliga West frohlockte schon, während Schalke-Fans überall vor Gram grau wurden. Doch es kam schließlich ganz anders, dafür sorgte der DFB am grünen Tisch. Die Liga wurde aufgestockt, die Blauen verblieben im Oberhaus, was ihnen bis auf den heutigen Tag negativ ausgelegt wird, als seien ausgerechnet die Gelsenkirchener die Günstlinge deutscher Fußball-Obrigkeit.

Der Hintergrund der wundersamen Schalker Rettung lag im abenteuerlichen Finanz-Verhalten von Hertha BSC begründet. Die Berliner kaufen gleich im Dutzend Spieler ein, vorzugsweise Kicker aus dem westdeutschen Raum. Daß die nicht allein der guten Luft wegen an die Spree wechselten, pfiffen die Spatzen von den Liga-Dächern. Der DFB prüfte die Kassenbücher, was entdeckt wurde, reichte, um die alte Dame Hertha zum Zwangsabstieg zu verurteilen. Nun wurde schmutzige Wäsche gewaschen, andere Vereine standen bald ebenfalls in der Schußlinie, doch bis auf den Berlinern wurde keinem anderen etwas bewiesen. Ein außerordentlicher DFB-Bundestag annullierte den Abstieg von Schalke und Karlsruhe und nahm zusätzlich Tasmania Berlin in die Liga auf, damit der geteilten Stadt – nicht zuletzt aus politischen Gründen – die Anbindung ans restliche Fußball-Deutschland erhalten blieb. Das sportliche Fiasko Tasmania Berlin nahm seinen Lauf ... Die Bundesliga ging bald zur Tagesordnung über, doch das, was heute fast selbstverständlich ist, nahm so schon früh seinen Lauf: Es wurde mehr über Geld und Paragraphen als über Tore und Punkte geredet.

# Bundesliga 1964/65

| | Werder Bremen | 1. FC Köln | Bor. Dortmund | 1860 München | Hannover 96 | 1. FC Nürnberg | Meidericher SV | Eintr. Frankfurt | E. Braunschweig |
|---|---|---|---|---|---|---|---|---|---|
| **1. Werder Bremen** | • | 0:0 / 2:4 | 3:0 / 2:1 | 3:2 / 1:3 | 3:0 / 2:1 | 1:1 / 3:2 | 1:0 / 2:2 | 2:2 / 2:0 | 5:1 / 1:1 |
| **2. 1. FC Köln** | 4:2 / 0:0 | • | 3:3 / 2:2 | 1:1 / 3:2 | 0:1 / 0:2 | 0:0 / 0:3 | 1:2 / 3:0 | 3:4 / 4:1 | 5:1 / 1:1 |
| **3. Bor. Dortmund** | 1:2 / 0:3 | 2:2 / 3:3 | • | 1:1 / 4:4 | 0:2 / 0:2 | 2:1 / 0:1 | 0:0 / 2:3 | 1:3 / 2:0 | 5:4 / 1:0 |
| **4. 1860 München** | 3:1 / 2:3 | 2:3 / 1:1 | 4:4 / 1:1 | • | 4:0 / 2:0 | 2:0 / 2:2 | 2:1 / 0:3 | 0:1 / 1:4 | 2:0 / 1:1 |
| **5. Hannover 96** | 1:2 / 0:3 | 2:0 / 1:0 | 2:0 / 2:0 | 0:2 / 0:4 | • | 2:2 / 0:1 | 2:0 / 0:1 | 3:2 / 3:3 | 2:2 / 2:2 |
| **6. 1. FC Nürnberg** | 2:3 / 1:1 | 3:0 / 0:0 | 1:0 / 1:2 | 2:2 / 0:2 | 1:0 / 2:2 | • | 1:1 / 0:2 | 0:0 / 1:1 | 3:2 / 0:1 |
| **7. Meidericher SV** | 2:2 / 0:1 | 0:3 / 2:1 | 3:2 / 0:0 | 3:0 / 1:2 | 1:0 / 0:2 | 2:0 / 1:1 | • | 1:3 / 3:2 | 2:0 / 1:0 |
| **8. Eintr. Frankfurt** | 0:2 / 2:2 | 1:4 / 4:3 | 0:2 / 3:1 | 4:1 / 1:0 | 3:3 / 2:3 | 1:1 / 0:0 | 2:3 / 3:1 | • | 2:2 / 2:3 |
| **9. E. Braunschweig** | 1:1 / 1:5 | 1:1 / 1:5 | 0:1 / 4:5 | 1:1 / 0:2 | 2:2 / 2:2 | 1:0 / 2:3 | 1:0 / 0:2 | 3:2 / 2:2 | • |
| **10. B. Neunkirchen** | 1:1 / 0:2 | 1:1 / 3:4 | 1:2 / 1:5 | 3:0 / 2:4 | 2:1 / 1:1 | 1:1 / 0:2 | 4:2 / 1:1 | 4:0 / 0:1 | 0:0 / 0:1 |
| **11. Hamburger SV** | 0:4 / 0:0 | 0:0 / 0:3 | 1:4 / 0:2 | 3:2 / 1:4 | 3:0 / 2:1 | 2:1 / 3:2 | 3:0 / 2:3 | 2:1 / 1:2 | 0:1 / 0:2 |
| **12. VfB Stuttgart** | 1:1 / 0:1 | 3:3 / 1:2 | 3:2 / 0:1 | 3:0 / 0:1 | 0:3 / 1:2 | 3:1 / 1:1 | 4:2 / 3:3 | 1:2 / 3:2 | 3:1 / 1:2 |
| **13. 1. FC Kaisersl.** | 2:1 / 1:1 | 2:2 / 0:3 | 1:3 / 2:3 | 1:2 / 2:2 | 1:0 / 0:4 | 3:2 / 0:1 | 2:0 / 1:3 | 0:1 / 2:1 | 2:1 / 0:2 |
| **14. Hertha BSC** | 0:0 / 1:5 | 1:3 / 3:2 | 0:0 / 3:6 | 2:1 / 4:6 | 1:1 / 1:3 | 1:2 / 0:2 | 2:2 / 2:2 | 1:3 / 0:3 | 0:3 / 1:1 |
| **15. Karlsruher SC** | 0:2 / 0:1 | 2:4 / 1:4 | 2:0 / 1:5 | 1:5 / 0:9 | 2:3 / 2:4 | 1:1 / 1:4 | 2:1 / 1:1 | 3:1 / 7:0 | 3:0 / 0:3 |
| **16. Schalke 04** | 1:0 / 2:2 | 2:3 / 1:2 | 2:6 / 0:4 | 2:2 / 1:3 | 2:2 / 0:1 | 1:3 / 2:3 | 1:2 / 1:2 | 1:1 / 2:2 | 0:3 / 2:1 |

## DFB-Pokal

**Viertelfinale:** Eintr. Braunschweig – Bor. Dortmund 0:2 (0:1)    Mainz 05 – 1. FC Nürnberg 0:3 (0
Alemannia Aachen – Hannover 96 2:1 (2:1)    Schalke 04 – VfB Stuttgart 4:2 (1:0)

**Halbfinale:** Alemannia Aachen – Schalke 04 4:3 (1:1) nach Verlängerung
Bor. Dortmund – 1. FC Nürnberg 4:2 (2:0)

**Endspiel in Hannover:** **Al. Aachen – Bor. Dortmund 0:2 (0:2)**
**Aachen:** Prokop; Nievelstein, Krisp; Breuer, Thelen, Hermandung; Glenski, Krieger, Martinelli, Nacken, G
nen
**Dortmund:** Tilkoswki; Cyliax, Redder; Kurrat, Paul, Straschitz; Wosab, Sturm, Schmidt, Konietzka, Emr
rich

| VfB Stuttgart | 1. FC Kaisersl. | Hertha BSC | Karlsruher SC | Schalke 04 | g. | u. | v. | Tore | Pkt. | Tore | Punkte |
|---|---|---|---|---|---|---|---|---|---|---|---|
| 1:0 | 1:1 | 5:1 | 1:0 | 2:2 | 9 | 6 | 0 | 30:10 | 24- 6 | 54:29 | 41-19 |
| 1:1 | 1:1 | 0:0 | 2:0 | 0:1 | 6 | 5 | 4 | 24:19 | 17-13 | | |
| 2:1 | 3:0 | 2:3 | 4:1 | 2:1 | 8 | 3 | 4 | 37:23 | 19-11 | 66:45 | 38-22 |
| 3:3 | 2:2 | 3:1 | 4:2 | 3:2 | 6 | 7 | 2 | 29:22 | 19-11 | | |
| 1:0 | 3:2 | 6:3 | 5:1 | 4:0 | 9 | 3 | 3 | 38:22 | 21- 9 | 67:48 | 36-24 |
| 2:3 | 3:1 | 0:0 | 0:2 | 6:2 | 6 | 3 | 6 | 29:26 | 15-15 | | |
| 1:0 | 2:2 | 6:4 | 9:0 | 3:1 | 11 | 2 | 2 | 48:20 | 24- 6 | 70:50 | 35-25 |
| 0:3 | 2:1 | 1:2 | 5:1 | 2:2 | 3 | 5 | 7 | 22:30 | 11-19 | | |
| 2:1 | 4:0 | 3:1 | 4:2 | 1:0 | 9 | 3 | 3 | 30:17 | 21- 9 | 48:42 | 33-27 |
| 3:0 | 0:1 | 1:1 | 3:2 | 2:2 | 4 | 4 | 7 | 18:25 | 12-18 | | |
| 1:1 | 1:0 | 2:0 | 4:1 | 3:2 | 9 | 4 | 2 | 28:15 | 22- 8 | 44:38 | 32-28 |
| 1:3 | 2:3 | 2:1 | 1:1 | 3:1 | 2 | 6 | 7 | 16:23 | 10-20 | | |
| 3:3 | 3:1 | 2:2 | 1:1 | 2:1 | 8 | 5 | 2 | 29:21 | 21- 9 | 46:48 | 32-28 |
| 2:4 | 0:2 | 2:2 | 1:2 | 2:1 | 4 | 3 | 8 | 17:27 | 11-19 | | |
| 2:3 | 1:2 | 3:0 | 0:7 | 2:2 | 4 | 4 | 7 | 24:33 | 12-18 | 50:58 | 29-31 |
| 2:1 | 1:0 | 3:1 | 1:3 | 1:1 | 7 | 3 | 5 | 26:25 | 17-13 | | |
| 2:1 | 2:0 | 1:1 | 3:0 | 1:2 | 7 | 5 | 3 | 21:13 | 19-11 | 42:47 | 28-32 |
| 1:3 | 1:2 | 3:0 | 0:3 | 3:0 | 3 | 3 | 9 | 21:34 | 9-21 | | |
| 3:1 | 0:3 | 2:2 | 1:0 | 3:2 | 8 | 5 | 2 | 29:17 | 21- 9 | 44:48 | 27-33 |
| 2:3 | 0:2 | 1:1 | 1:2 | 1:1 | 1 | 4 | 10 | 15:31 | 6-24 | | |
| 2:2 | 3:2 | 4:1 | 2:1 | 2:4 | 8 | 2 | 5 | 28:25 | 18-12 | 46:56 | 27-33 |
| 4:2 | 1:2 | 0:0 | 2:2 | 1:3 | 3 | 3 | 9 | 18:31 | 9-21 | | |
| • | 1:0 | 1:1 | 1:2 | 2:1 | 8 | 3 | 4 | 31:25 | 19-11 | 46:50 | 26-34 |
| • | 1:2 | 0:0 | 0:0 | 1:3 | 1 | 5 | 9 | 15:25 | 7-23 | | |
| 2:1 | • | 1:2 | 0:1 | 3:0 | 9 | 1 | 5 | 24:17 | 19-11 | 41:53 | 25-35 |
| 0:1 | • | 3:5 | 1:6 | 0:1 | 2 | 2 | 11 | 17:36 | 6-24 | | |
| 0:0 | 5:3 | • | 2:1 | 2:1 | 4 | 7 | 4 | 18:21 | 15-15 | 40:62 | 25-35 |
| 1:1 | 2:1 | • | 1:0 | 0:3 | 3 | 4 | 8 | 22:41 | 10-20 | | |
| 0:0 | 6:1 | 0:1 | • | 2:2 | 6 | 4 | 5 | 28:24 | 16-14 | 47:62 | 24-36 |
| 2:1 | 1:0 | 1:2 | • | 1:1 | 3 | 2 | 10 | 19:38 | 8-22 | | |
| 3:1 | 1:0 | 3:0 | 1:1 | • | 5 | 5 | 5 | 24:26 | 15-15 | 45:60 | 22-38 |
| 1:2 | 0:3 | 1:2 | 2:2 | • | 2 | 3 | 10 | 21:34 | 7-23 | | |

schauer: 55.000     **Schiedsrichter:** Jacobi (Heidelberg)
e: 0:1 Schmidt (10.), 0:2 Emmerich (18.)

## Die besten Torschützen

| | | | |
|---|---|---|---|
| li Brunnenmeier (1860 München) | 24 | Peter Grosser (1860 München) | 12 |
| io Konietzka (Bor. Dortmund) | 22 | Karl-Heinz Thielen (1. FC Köln) | 12 |
| istian Müller (1. FC Köln) | 19 | Klaus Matischak (Werder Bremen) | 12 |
| nz Brungs (Bor. Dortmund) | 15 | Elmar May (Bor. Neunkirchen) | 12 |
| nz Strehl (1. FC Nürnberg) | 15 | Waldemar Gerhardt (Schalke 04) | 12 |
| e Seeler (Hamburger SV) | 14 | Lothar Ulsaß (Eintr. Braunschweig) | 12 |

# Tasmania 1900:
# Gastspiel des »ewigen Letzten«

Weiter ging es also mit zwei Mannschaften mehr. 18 Teams nahmen das Titelrennen auf, dreien wurden vorher besonders große Chancen eingeräumt: Die bisherigen Bundesliga-Meister Köln und Bremen, sowie die Münchener Löwen von 1860 hießen die Top-Favoriten. Weniger auf der Rechnung hatte man Borussia Dortmund. Doch die Westfalen wurden zweifellos zur Mannschaft des Jahres. Erstmalig schafften Held, Emmerich und Co. einen Europapokal in die Bundesrepublik. Nur drei Tage nach dem Triumph über den FC Liverpool in Glasgow hatten die Dortmunder auch die große Chance, Deutscher Meister zu werden. Knapp in Führung liegend, erwartete man am vorletzten Spieltag 1860 München. Ein Sieg, vielleicht auch schon ein Unentschieden, hätten auch noch die Salatschüssel an den Borsigplatz gebracht. Doch die cleveren Löwen siegten in der Dortmunder Höhle des selbigen kühl und abgebrüht 2:0 – der Titel ging an die Isar.

Wo zugleich direkt mehrere Kicker-Sterne aufgingen, nämlich in den Leibchen und Turnhosen des Sechziger Lokalrivalen Bayern München. Gerade erst in die Eliteliga aufgestiegen, sorgte der Emporkömmling sogleich für Furore. Dritter Platz in der Liga, Pokalsieg nach einem 4:2 über den Meidericher SV und der Titel »Fußballer des Jahres« ging an einen jungen Bayern namens Franz Beckenbauer. Neben ihm spielten sich bei den Roten vor allem der Torhüter Josef Maier und der Mittelstürmer Gerhard – »kleines, dickes« – Müller in den Vordergrund. Liebevoll von Tschik Cajkovski aufgebaut, wurden diese drei Ausnahmefußballer bald zum Synonym erfolgreichen Fußballs des FC Bayern und der deutschen Nationalmannschaft. Ungezählt ihre Titel und Erfolge, Legenden ranken sich um die drei Persönlichkeiten, um die die Bayern knapp fünfzehn Jahre lang ihre Teams bauen sollten.

Auch der andere Neuling hatte es in sich. Hennes Weisweilers »Fohlen« vom Mönchengladbacher Bökelberg erspielten sich mit ihrem herzerfrischenden Angriffsfußball die Sympathien der Fans. Zum Schluß reichte es zwar nur zu einem dreizehnten Platz, doch die Borussen hatten angedeutet, wozu sie in den kommenden Jahren noch fähig sein würden.

Eine der größten Feten in der Saison ging beim FC Schalke über die Bühne. Nach dem zurückgezogenen Abstieg im Vorjahr hatte man sich mit einer Elf der Namenlosen den Klassenerhalt erkämpft. 38 000 lagen sich beim entscheidenden 2:0-Sieg über Borussia Neunkirchen in den Armen und sangen das Lied vom niemals untergehenden FC Schalke, und keiner, der damals dabei war, wird diese Verbundenheit zum Verein und den »Jungs« auf dem Rasen jemals vergessen können.

Ein eigenes Kapitel wäre dem Auftritt von Tasmania 1900 Berlin zu widmen, die sich ebenso wie Schalke 04 völlig unvorbereitet und mit einem unzureichenden Spielerkader plötzlich in der Elite-Liga wiederfanden. Was für den einen eine schlichte Lachnummer war, ist für den anderen immer noch Anlaß zum Mitleid für eine bisher einzigartige sportliche Tragödie in der Bundesliga. Ganze acht Punkte konnten die Mannen um Horst Szymaniak ergattern, 108 Tore standen auf der Minusseite. Beim trostlosen Abschied von der Bundesliga am 21. 5. 1966 wußten 2 000 Getreue im Olympiastadion nicht, ob sie lachen oder weinen sollten: »Ihre« Tasmania hatte das letzte Heimspiel mit 2:1 gewonnen. Trotz dieser unerwarteten zwei Pluspunkte bleibt den Berliner ein zweifelhafter Ehrentitel auf immer erhalten: Den letzten Tabellenplatz der »ewigen« Liga-Rangliste wird ihnen so schnell wohl niemand streitig machen können.

# Bundesliga 1965/66

| Bundesliga 1965/66 | 1860 München | Bor. Dortmund | Bayern München | Werder Bremen | 1. FC Köln | 1. FC Nürnberg | Eintr. Frankfurt | Meidericher SV | Hamburger SV | E. Braunschweig |
|---|---|---|---|---|---|---|---|---|---|---|
| 1. 1860 München | • • | 2:1 2:0 | 1:0 0:3 | 3:1 2:0 | 2:1 1:3 | 1:1 4:1 | 4:2 2:5 | 3:3 3:2 | 1:1 2:1 | 1:1 2:2 |
| 2. Bor. Dortmund | 0:2 1:2 | • • | 3:0 2:0 | 2:1 0:1 | 3:2 2:1 | 2:0 0:0 | 3:0 1:4 | 1:1 1:2 | 2:2 1:1 | 1:1 0:4 |
| 3. Bayern München | 3:0 0:1 | 0:3 0:2 | • • | 3:1 1:1 | 1:4 1:6 | 0:0 2:2 | 2:0 0:0 | 3:0 1:1 | 3:0 4:0 | 2:2 4:2 |
| 4. Werder Bremen | 0:2 1:3 | 1:0 1:2 | 1:1 1:3 | • • | 2:1 0:2 | 1:0 1:2 | 3:2 0:1 | 2:0 2:1 | 2:0 3:1 | 4:0 0:1 |
| 5. 1. FC Köln | 3:1 1:2 | 1:2 2:3 | 6:1 4:1 | 2:0 1:2 | • • | 2:1 0:2 | 1:0 0:0 | 1:1 3:2 | 5:1 2:2 | 3:0 2:1 |
| 6. 1. FC Nürnberg | 1:4 1:1 | 1:1 0:2 | 2:2 0:0 | 2:1 0:1 | 2:0 1:2 | • • | 0:0 2:1 | 4:1 2:1 | 5:0 2:0 | 1:1 0:3 |
| 7. Eintr. Frankfurt | 5:2 2:4 | 4:1 0:3 | 0:0 0:2 | 1:0 2:3 | 0:0 0:1 | 1:2 0:0 | • • | 2:0 0:0 | 2:0 1:0 | 4:1 3:2 |
| 8. Meidericher SV | 2:3 3:3 | 2:1 1:1 | 1:1 0:3 | 1:2 0:2 | 2:3 1:1 | 1:2 1:4 | 0:0 0:2 | • • | 3:1 0:2 | 4:1 0:1 |
| 9. Hamburger SV | 1:2 1:1 | 1:1 2:2 | 0:4 0:3 | 1:3 0:2 | 2:2 1:5 | 0:2 0:5 | 0:1 0:2 | 2:0 1:3 | • • | 2:1 4:1 |
| 10. E. Braunschweig | 2:2 1:1 | 4:0 1:1 | 2:4 2:2 | 1:0 0:4 | 1:2 0:3 | 3:0 1:1 | 2:2 1:4 | 1:0 1:4 | 1:4 1:2 | • • |
| 11. VfB Stuttgart | 0:0 0:0 | 1:1 0:4 | 0:1 1:0 | 0:2 1:3 | 0:1 1:3 | 1:0 1:1 | 0:0 2:3 | 2:0 2:5 | 1:3 1:4 | 0:1 1:1 |
| 12. Hannover 96 | 0:1 0:5 | 1:1 0:4 | 3:4 1:3 | 2:1 3:3 | 1:1 1:0 | 2:2 1:2 | 4:1 1:0 | 0:3 2:2 | 0:0 1:2 | 1:1 1:2 |
| 13. Bor. M'gladbach | 1:1 3:3 | 4:5 1:1 | 1:2 2:5 | 0:7 0:2 | 2:3 2:2 | 8:3 2:2 | 1:2 1:3 | 1:2 2:3 | 0:0 0:5 | 1:0 1:1 |
| 14. Schalke 04 | 0:2 0:3 | 2:3 0:7 | 1:1 0:1 | 1:6 0:2 | 0:0 1:2 | 1:0 0:1 | 3:2 1:4 | 0:0 1:5 | 2:1 1:1 | 1:1 0:3 |
| 15. Kaiserslautern | 3:0 2:4 | 0:0 0:4 | 1:2 0:3 | 2:3 1:4 | 3:2 2:3 | 0:0 1:1 | 5:2 0:6 | 1:0 2:2 | 2:1 1:4 | 1:1 1:1 |
| 16. Karlsruher SC | 1:1 0:2 | 0:0 1:4 | 1:0 1:5 | 3:2 1:3 | 2:1 0:2 | 1:2 0:3 | 4:0 0:1 | 0:4 2:8 | 1:4 0:8 | 1:4 0:2 |
| 17. B. Neunkirchen | 1:9 1:4 | 1:3 0:1 | 0:4 0:6 | 1:2 2:5 | 2:1 2:4 | 2:1 1:3 | 1:6 2:1 | 0:1 0:1 | 1:1 0:3 | 1:0 2:1 |
| 18. Tasmania 1900 | 0:5 0:4 | 0:2 1:3 | 0:2 1:2 | 1:1 0:5 | 0:6 0:4 | 0:1 2:7 | 0:3 0:4 | 0:9 0:3 | 0:4 1:5 | 0:2 1:3 |

## DFB-Pokal

**Viertelfinale:** Hamburger SV – Bayern München  1:2 (1:1)
1. FC Kaiserslautern – Werder Bremen  3:1 (0:0)   FC St. Pauli – 1. FC Nürnberg  0:1 (0:1)
Meidericher SV – Karlsruher SC  1:0 (1:0)

**Halbfinale:** Meidericher SV – 1. FC Kaiserslautern  4:3 (2:1)
1. FC Nürnberg – Bayern München  1:2 (1:1, 0:1) nach Verlängerung

**Endspiel in Frankfurt:** **Bayern München – Meidericher SV  4:2 (1:1)**
**München:** Maier; Nowak, Olk; Rigotti, Beckenbauer, Kupferschmidt; Nafziger, Ohlhauser, Gerd Mü
Koulmann, Brenninger
**Meiderich:** Manglitz; Heidemann, Sabath; Lotz, M. Müller, Bella; Rühl, Krämer, Mielke, van Haaren, Geo

| M'gladbach | Schalke 04 | Kaiserslautern | Karlsruhe | B. Neunkirchen | Tasmania 1900 | g. | u. | v. | Tore | Pkt. | Gesamt Tore | Gesamt Punkte |
|---|---|---|---|---|---|---|---|---|---|---|---|---|
| 3:3 | 3:0 | 4:2 | 2:0 | 4:1 | 4:0 | 11 | 6 | 0 | 43:17 | 28- 6 | 80: 40 | 50-18 |
| 1:1 | 2:0 | 0:3 | 1:1 | 9:1 | 5:0 | 9 | 4 | 4 | 37:23 | 22-12 | | |
| 3:1 | 7:0 | 4:0 | 4:1 | 1:0 | 3:1 | 13 | 3 | 1 | 47:12 | 29- 5 | 70: 36 | 47-21 |
| 5:4 | 3:2 | 0:0 | 0:0 | 3:1 | 2:0 | 6 | 6 | 5 | 23:24 | 18-16 | | |
| 5:2 | 1:0 | 3:0 | 5:1 | 6:0 | 2:1 | 12 | 2 | 3 | 42:15 | 26- 8 | 71: 38 | 47-21 |
| 2:1 | 1:1 | 2:1 | 0:1 | 4:0 | 2:0 | 8 | 5 | 4 | 29:23 | 21-13 | | |
| 2:0 | 2:0 | 4:1 | 3:1 | 5:2 | 5:0 | 14 | 2 | 1 | 43:14 | 30- 4 | 76: 40 | 45-23 |
| 7:0 | 6:1 | 3:2 | 2:3 | 2:1 | 1:1 | 7 | 1 | 9 | 33:26 | 15-19 | | |
| 2:2 | 2:1 | 3:2 | 2:0 | 4:2 | 4:0 | 13 | 2 | 2 | 44:16 | 28- 6 | 74: 41 | 44-24 |
| 3:2 | 0:0 | 2:3 | 1:2 | 1:2 | 6:0 | 6 | 4 | 7 | 30:25 | 16-18 | | |
| 2:2 | 1:0 | 1:1 | 3:0 | 3:1 | 7:2 | 9 | 7 | 1 | 37:17 | 25- 9 | 54: 43 | 39-29 |
| 3:8 | 0:1 | 0:0 | 2:1 | 1:2 | 1:0 | 5 | 4 | 6 | 17:26 | 14-20 | | |
| 3:1 | 4:1 | 6:0 | 1:0 | 1:2 | 4:0 | 12 | 2 | 3 | 41:13 | 26- 8 | 64: 46 | 38-30 |
| 2:1 | 2:3 | 2:5 | 0:4 | 6:1 | 3:0 | 4 | 4 | 9 | 23:33 | 12-22 | | |
| 3:2 | 5:1 | 2:2 | 8:2 | 1:0 | 3:0 | 9 | 4 | 4 | 45:25 | 22-12 | 70: 48 | 36-32 |
| 2:1 | 0:0 | 0:1 | 4:0 | 1:0 | 9:0 | 5 | 4 | 8 | 25:23 | 14-20 | | |
| 5:0 | 1:1 | 4:1 | 8:0 | 3:0 | 5:1 | 9 | 3 | 5 | 41:21 | 21-13 | 64: 52 | 34-34 |
| 0:0 | 1:2 | 1:2 | 4:1 | 1:1 | 4:0 | 4 | 5 | 8 | 23:31 | 13-21 | | |
| 1:1 | 3:0 | 1:1 | 2:0 | 1:2 | 3:1 | 8 | 5 | 3 | 31:21 | 21-13 | 49: 49 | 34-34 |
| 0:1 | 1:1 | 1:1 | 4:1 | 0:1 | 2:0 | 3 | 7 | 7 | 18:28 | 13-21 | | |
| 5:0 | 1:0 | 4:1 | 1:0 | 2:0 | 2:0 | 9 | 3 | 5 | 24:12 | 21-13 | 42: 48 | 32-36 |
| 0:1 | 0:2 | 2:1 | 0:3 | 2:1 | 2:0 | 4 | 3 | 10 | 18:36 | 11-23 | | |
| 2:1 | 0:3 | 4:0 | 5:2 | 6:0 | 5:0 | 8 | 5 | 4 | 40:23 | 21-13 | 59: 57 | 30-38 |
| 0:2 | 0:1 | 1:1 | 0:1 | 0:1 | 5:1 | 3 | 3 | 11 | 19:34 | 9-25 | | |
| • | 2:0 | 2:0 | 1:1 | 4:1 | 5:0 | 8 | 3 | 6 | 36:27 | 19-15 | 57: 68 | 29-39 |
| • | 0:0 | 2:1 | 3:3 | 1:1 | 0:0 | 1 | 8 | 8 | 21:41 | 10-24 | | |
| 0:0 | • | 2:1 | 1:1 | 2:0 | 4:0 | 8 | 6 | 3 | 22:17 | 22-12 | 33: 55 | 27-41 |
| 0:2 | • | 2:3 | 0:1 | 0:1 | 2:1 | 2 | 1 | 14 | 11:38 | 5-29 | | |
| 1:2 | 3:2 | • | 1:0 | 0:0 | 0:0 | 7 | 6 | 4 | 25:18 | 20-14 | 42: 65 | 26-42 |
| 0:2 | 1:2 | • | 0:1 | 4:1 | 1:1 | 1 | 4 | 12 | 17:47 | 6-28 | | |
| 3:3 | 1:0 | 1:0 | • | 1:1 | 3:0 | 9 | 4 | 4 | 27:22 | 22-12 | 35: 71 | 24-44 |
| 1:1 | 0:0 | 0:1 | • | 0:1 | 0:2 | 0 | 2 | 15 | 8:49 | 2-32 | | |
| 1:1 | 1:0 | 1:4 | 1:0 | • | 3:1 | 7 | 2 | 8 | 19:36 | 16-18 | 32: 82 | 22-46 |
| 1:4 | 0:2 | 0:0 | 1:1 | • | 1:2 | 2 | 2 | 13 | 13:46 | 6-28 | | |
| 0:0 | 1:2 | 1:1 | 2:0 | 2:1 | • | 2 | 3 | 12 | 8:46 | 7-27 | 15:108 | 8-60 |
| 0:5 | 0:4 | 0:0 | 0:3 | 1:3 | • | 0 | 1 | 16 | 7:62 | 1-33 | | |

schauer: 60.000   **Schiedsrichter:** Schulenburg (Hamburg)
e: 0:1 Mielke (28.), 1:1 Ohlhauser (31.), 2:1 Brenninger (55.), 2:2 Heidemann (72. Elfmeter), Brenninger (77. Elfmeter), 4:2 Beckenbauer (82.)

# Die besten Torschützen

| | | | |
|---|---|---|---|
| har Emmerich (Bor. Dortmund) | 31 | Willi Huberts (Eintr. Frankfurt) | 17 |
| o Konietzka (1860 München) | 26 | Lothar Ulsaß (Eintr. Braunschweig) | 17 |
| old Schütz (Werder Bremen) | 20 | Bernd Rupp (Bor. M'gladbach) | 16 |
| nfred Pohlschmidt (Hamburger SV) | 18 | Hans Siemensmayer (Hannover 96) | 15 |
| er Grosser (1860 München) | 18 | Gerd Müller (Bayern München) | 15 |
| nnes Löhr (1. FC Köln) | 18 | Rudi Brunnenmeier (1860 München) | 15 |

# Der Mann mit der Peitsche räumt in Nürnberg auf

Als die Liga in ihre vierte Spielzeit geht, ist die Bundesrepublik Deutschland frischgebackener Fußball-Vizeweltmeister. Das dramatische 2:4 n.V. gegen England mit dem unvergeßlichen Wembley-Tor ist noch in aller Munde, als eine Saison beginnt, die mit einer großen Überraschung enden soll. Und die Liga hat ihren großen »Zampano« gefunden, der mit Hohn triefendem Wiener Schmäh stets Stoff für die Gazetten liefert, aber bei aller Show sein Handwerk meisterlich beherrscht: der Erfolgscoach der Sechziger, Max Merkel. Dabei ist es zunächst nicht der reine Erfolg, der den »Mann mit der Peitsche« nicht mehr aus den Schlagzeilen verschwinden läßt. Im Gegenteil. Die Münchener Stars meutern offen gegen ihn, wegen der Querelen findet sich der Meister auf dem vorletzten Platz wieder. Schließlich wirft Merkel das Handtuch, heuert beim Club in Nürnberg an, dem zu der Zeit das Wasser bis zum Hals steht. Mit Merkel geht es aufwärts mit dem norischen Traditionsclub, von Abstieg ist bald keine Rede mehr, und am drittletzten Spieltag kann Merkel mit seiner neuen Elf sogar sein Mütchen bei den Münchener Löwen kühlen. 2:1 gewinnt der Club bei 1860, vermasselt ihnen dadurch die Titelverteidigung.

Meister wird eine Mannschaft, von der es bis zum heutigen Tag heißen wird, sie sei der Überraschungs-Titelträger schlechthin: Eintracht Braunschweig. Helmut Johannsens »Löwen« wirkten gegen die Stars-gespickten Klubs aus München, Köln und Dortmund wie eine biedere Handwerker-Truppe. Doch dank einer überragenden, fast unüberwindlichen Abwehr holten die Niedersachsen einen Punkt nach dem anderen, setzten sich frühzeitig an der Tabellenspitze fest, lange nur von der Frankfurter Eintracht ernsthaft bedrängt. Als zum Ende der Saison Meister 1860 München zum Endspurt ansetzt, wird es noch einmal eng für Braunschweig, dem die Puste auszugehen scheint. Doch nach drei sieglosen Spielen fängt man sich gerade noch rechtzeitig, der Heimsieg gegen Mönchengladbach, der Auswärtspunkt bei Absteiger RW Essen reichen, um die Verfolger auf Distanz zu halten.

Absteigen müssen die beiden westdeutschen Traditionsclubs Fortuna Düsseldorf und Rot-Weiß Essen, die erst ein Jahr zuvor in die Elite-Klasse vorgerückt waren. Nicht jede Saison bringt solche grandiosen Aufsteiger hervor, wie der Jahrgang 1965, der Gladbach und Bayern München zu Erstligisten machte. Soeben noch retten kann sich Werder Bremen, das sich im Umbruch befindet und vom Verletzungspech heimgesucht wird.

Im Europapokal der Pokalsieger scheidet zwar Titelverteidiger Borussia Dortmund gegen die Glasgow Rangers aus, doch die Münchener Bayern revanchieren die Liga auf eindrucksvolle Weise. Im Finale von Nürnberg siegen die Schützlinge von Tschik Cajkovski gegen die Glasgow Rangers durch ein »goldenes« Tor von »Bulle« Roth – der Europapokal bleibt in bundesdeutschen Händen. Wie der nationale Cup in München, denn die Bayern setzen sich im Endspiel mit 4:0 gegen den HSV durch, werden so – trotz der Sensation Eintracht Braunschweig – die erfolgreichste Mannschaft der Saison. Die Dominanz der Beckenbauer, Maier & Müller beginnt sich abzuzeichnen. Doch die große Langeweile in der Liga droht nie. Dazu ist die Liga einfach zu ausgeglichen. Jeder kann jeden schlagen ... und sogar Meister werden.

## Bundesliga 1966/67

| | E. Braunschweig | 1860 München | Bor. Dortmund | Eintr. Frankfurt | Kaiserslautern | Bayern München | 1. FC Köln | M'gladbach | Hannover 96 | 1. FC Nürnberg |
|---|---|---|---|---|---|---|---|---|---|---|
| **1. E. Braunschweig** | • | 1:0<br>1:2 | 3:1<br>0:0 | 3:0<br>1:0 | 2:0<br>0:2 | 5:2<br>0:2 | 1:0<br>0:1 | 2:1<br>0:0 | 0:1<br>2:4 | 4:1<br>4:0 |
| **2. 1860 München** | 2:1<br>0:1 | • | 1:2<br>1:1 | 2:1<br>3:3 | 3:0<br>3:0 | 1:0<br>0:3 | 2:1<br>0:2 | 4:3<br>3:2 | 3:0<br>2:2 | 1:2<br>2:2 |
| **3. Bor. Dortmund** | 0:0<br>1:3 | 1:1<br>2:1 | • | 3:1<br>3:3 | 2:1<br>1:1 | 4:0<br>0:1 | 6:1<br>1:1 | 3:2<br>0:4 | 3:0<br>0:2 | 0:1<br>0:2 |
| **4. Eintr. Frankfurt** | 0:1<br>0:3 | 3:3<br>1:2 | 3:3<br>1:3 | • | 1:1<br>1:1 | 2:1<br>2:1 | 4:0<br>4:1 | 1:0<br>0:0 | 3:3<br>1:2 | 1:4<br>1:0 |
| **5. Kaiserslautern** | 2:0<br>0:2 | 0:3<br>1:2 | 1:1<br>1:2 | 1:1<br>1:1 | • | 1:0<br>0:5 | 0:0<br>1:2 | 1:0<br>1:1 | 1:0<br>1:2 | 1:1<br>2:1 |
| **6. Bayern München** | 2:0<br>2:5 | 3:0<br>0:1 | 1:0<br>0:4 | 1:2<br>1:2 | 5:0<br>0:1 | • | 2:0<br>4:2 | 4:3<br>2:1 | 0:0<br>1:2 | 1:0<br>1:0 |
| **7. 1. FC Köln** | 1:0<br>0:1 | 2:0<br>1:6 | 1:1<br>0:4 | 1:4<br>0:0 | 2:1<br>0:0 | 2:4<br>0:2 | • | 1:2<br>0:3 | 1:1<br>1:0 | 2:0<br>1:1 |
| **8. Bor. M'gladbach** | 0:0<br>1:2 | 2:3<br>3:4 | 4:0<br>2:3 | 0:0<br>0:1 | 1:1<br>0:1 | 1:2<br>3:4 | 3:0<br>2:1 | • | 2:0<br>1:1 | 2:0<br>0:1 |
| **9. Hannover 96** | 4:2<br>1:0 | 2:2<br>0:3 | 2:0<br>0:3 | 2:1<br>3:3 | 2:1<br>0:1 | 2:1<br>0:0 | 0:1<br>1:1 | 1:1<br>0:2 | • | 2:0<br>1:1 |
| **10. 1. FC Nürnberg** | 0:4<br>1:4 | 2:2<br>2:1 | 2:0<br>1:0 | 0:1<br>4:1 | 1:2<br>1:1 | 0:1<br>1:0 | 1:1<br>0:2 | 1:0<br>0:2 | 1:1<br>0:2 | • |
| **11. MSV Duisburg** | 0:0<br>0:0 | 1:2<br>3:3 | 1:5<br>1:4 | 0:0<br>0:1 | 1:1<br>0:0 | 0:0<br>1:2 | 1:0<br>1:1 | 1:3<br>3:3 | 3:0<br>0:3 | 2:0<br>1:3 |
| **12. VfB Stuttgart** | 1:2<br>1:1 | 2:0<br>1:1 | 1:0<br>1:1 | 3:0<br>0:4 | 0:1<br>3:3 | 2:4<br>1:1 | 2:2<br>1:3 | 0:2<br>2:1 | 1:2<br>2:2 | 1:0<br>3:3 |
| **13. Karlsruher SC** | 3:0<br>1:4 | 3:1<br>0:3 | 2:0<br>1:2 | 3:2<br>1:5 | 2:2<br>1:3 | 1:6<br>2:2 | 1:1<br>2:2 | 3:3<br>1:3 | 0:0<br>1:3 | 0:1<br>2:2 |
| **14. Hamburger SV** | 1:0<br>0:2 | 3:2<br>0:2 | 1:1<br>0:7 | 0:2<br>3:1 | 1:0<br>1:2 | 3:1<br>1:3 | 1:3<br>0:0 | 2:0<br>2:4 | 2:1<br>0:1 | 0:1<br>0:1 |
| **15. Schalke 04** | 0:0<br>0:1 | 1:2<br>2:0 | 1:4<br>2:6 | 1:1<br>2:4 | 0:3<br>0:1 | 2:1<br>0:5 | 1:0<br>1:2 | 0:0<br>0:11 | 2:1<br>2:1 | 2:0<br>4:0 |
| **16. Werder Bremen** | 2:3<br>0:2 | 2:4<br>1:2 | 2:1<br>0:2 | 3:0<br>1:4 | 1:1<br>0:2 | 4:1<br>0:1 | 1:3<br>1:4 | 2:2<br>1:1 | 3:0<br>1:2 | 4:4<br>1:2 |
| **17. Fort. Düsseldorf** | 1:1<br>0:4 | 0:1<br>0:3 | 0:5<br>2:1 | 2:4<br>0:3 | 3:1<br>1:2 | 0:0<br>2:1 | 1:3<br>0:2 | 2:2<br>1:3 | 1:0<br>2:0 | 2:2<br>2:4 |
| **18. RW Essen** | 0:0<br>0:0 | 2:2<br>0:1 | 1:1<br>0:0 | 1:1<br>0:5 | 1:1<br>2:5 | 3:1<br>1:4 | 1:3<br>1:2 | 2:1<br>3:4 | 3:0<br>0:1 | 1:1<br>1:1 |

## DFB-Pokal

**Viertelfinale:**   Al. Aachen – Bor. Neunkirchen   3:1 (2:1)     FC Schalke 04 – Bayern München   2:3 (
1860 München – Fort. Düsseldorf   2:0 (2:0)     Kickers Offenbach – Hamburger SV   0:0 nach Verlänger
Hamburger SV – Kickers Offenbach   2:0 (1:0)

**Halbfinale:**   Hamburger SV – Alemannia Aachen 3:1 (2:0)   Bayern München – 1860 München 3:1 (

**Endspiel in Stuttgart:**     **Bayern München – Hamburger SV   4:0 (1:0)**
**München:** Maier; Kupferschmidt, Beckenbauer, Olk, Schwarzenbeck; Roth, Boulmann; Nafziger, Ohll
ser, Müller, Brenninger
**Hamburg:** Schnoor; Strauß, Sandmann; Horst, W. Schulz, Kurbjuhn; B. Dörfel, Pohlschmidt, U. Seele
Schulz, G. Dörfel

| Karlsruher SC | Hamburger SV | Schalke 04 | Werder Bremen | Düsseldorf | RW Essen | Heimbilanz Auswärtsbilanz | | | | | Gesamt | |
|---|---|---|---|---|---|---|---|---|---|---|---|---|
| | | | | | | g. | u. | v. | Tore | Pkt. | Tore | Punkte |
| 4:1 | 2:0 | 1:0 | 2:0 | 4:0 | 0:0 | 13 | 3 | 1 | 35: 8 | 29- 5 | 49:27 | 43-25 |
| 0:3 | 0:1 | 0:0 | 3:2 | 1:1 | 0:0 | 4 | 6 | 7 | 14:19 | 14-20 | | |
| 3:0 | 2:0 | 0:2 | 2:1 | 3:0 | 1:0 | 12 | 2 | 3 | 34:17 | 26- 8 | 60:47 | 41-27 |
| 1:3 | 2:3 | 0:1 | 4:2 | 1:0 | 2:2 | 5 | 5 | 7 | 26:30 | 15-19 | | |
| 2:1 | 7:0 | 6:2 | 2:0 | 1:2 | 0:0 | 11 | 4 | 2 | 45:14 | 26- 8 | 70:41 | 39-29 |
| 0:2 | 1:1 | 4:1 | 1:2 | 5:0 | 1:1 | 4 | 5 | 8 | 25:27 | 13-21 | | |
| 5:1 | 1:3 | 4:2 | 4:1 | 3:0 | 5:0 | 10 | 4 | 3 | 45:23 | 24-10 | 66:49 | 39-29 |
| 2:3 | 2:0 | 1:1 | 0:3 | 4:2 | 1:1 | 5 | 5 | 7 | 21:26 | 15-19 | | |
| 3:1 | 2:1 | 1:0 | 2:0 | 2:1 | 5:2 | 10 | 6 | 1 | 26:14 | 26- 8 | 43:42 | 38-30 |
| 2:2 | 0:1 | 3:0 | 1:1 | 1:3 | 1:1 | 3 | 6 | 8 | 17:28 | 12-22 | | |
| 2:2 | 3:1 | 5:0 | 1:0 | 1:2 | 4:1 | 11 | 3 | 3 | 37:14 | 25- 9 | 62:47 | 37-31 |
| 6:1 | 1:3 | 1:2 | 1:4 | 0:0 | 1:3 | 5 | 2 | 10 | 25:33 | 12-22 | | |
| 2:2 | 0:0 | 2:1 | 4:1 | 2:0 | 2:1 | 9 | 5 | 3 | 29:20 | 23-11 | 48:48 | 37-31 |
| 1:1 | 3:1 | 0:1 | 3:1 | 3:1 | 3:1 | 5 | 4 | 8 | 19:28 | 14-20 | | |
| 3:1 | 4:2 | 1:0 | 1:1 | 3:1 | 4:3 | 9 | 5 | 3 | 45:19 | 23-11 | 70:49 | 34-34 |
| 3:3 | 0:2 | 0:0 | 2:2 | 2:2 | 1:2 | 3 | 5 | 9 | 25:30 | 11-23 | | |
| 3:1 | 1:0 | 1:2 | 2:1 | 0:2 | 1:0 | 11 | 3 | 3 | 30:17 | 25- 9 | 40:46 | 34-34 |
| 0:0 | 1:2 | 1:2 | 0:3 | 0:1 | 0:3 | 2 | 5 | 10 | 10:29 | 9-25 | | |
| 2:2 | 1:0 | 0:4 | 2:1 | 4:2 | 1:1 | 6 | 6 | 5 | 24:26 | 18:16 | 43:50 | 34-34 |
| 1:0 | 1:0 | 0:1 | 4:4 | 2:2 | 1:1 | 6 | 4 | 7 | 19:24 | 16-18 | | |
| 0:1 | 2:1 | 3:0 | 1:0 | 1:1 | 2:0 | 7 | 6 | 4 | 19:14 | 20-14 | 40:42 | 33-35 |
| 0:3 | 0:0 | 1:2 | 1:1 | 5:1 | 1:0 | 3 | 7 | 7 | 21:28 | 13-21 | | |
| 2:0 | 1:3 | 1:1 | 1:1 | 3:1 | 1:0 | 7 | 3 | 7 | 23:22 | 17-17 | 48:54 | 33-35 |
| 1:4 | 1:1 | 0:2 | 2:1 | 3:3 | 3:1 | 3 | 10 | 4 | 25:32 | 16-18 | | |
| • | 1:1 | 1:0 | 4:4 | 3:2 | 0:1 | 8 | 6 | 3 | 34:25 | 22-12 | 54:62 | 31-37 |
| • | 0:1 | 3:1 | 3:0 | 0:1 | 1:3 | 3 | 3 | 11 | 20:37 | 9-25 | | |
| 1:0 | • | 1:1 | 1:1 | 2:1 | 1:1 | 8 | 6 | 3 | 21:16 | 22-12 | 37:53 | 30-38 |
| 1:1 | • | 0:2 | 1:5 | 2:2 | 1:1 | 2 | 4 | 11 | 16:37 | 8-26 | | |
| 1:3 | 2:0 | • | 0:1 | 2:1 | 1:1 | 9 | 4 | 4 | 19:17 | 22-12 | 37:63 | 30-38 |
| 0:1 | 1:1 | • | 1:2 | 1:3 | 1:4 | 3 | 2 | 12 | 18:46 | 8-26 | | |
| 0:3 | 5:1 | 2:1 | • | 1:0 | 0:0 | 7 | 5 | 5 | 34:27 | 19-15 | 49:56 | 29-39 |
| 4:4 | 1:1 | 1:0 | • | 1:0 | 1:0 | 3 | 4 | 10 | 15:29 | 10-24 | | |
| 1:0 | 2:2 | 3:1 | 0:1 | • | 2:0 | 5 | 6 | 6 | 24:31 | 16-18 | 44:66 | 25-43 |
| 2:3 | 1:2 | 1:2 | 0:1 | • | 4:0 | 4 | 1 | 12 | 20:35 | 9-25 | | |
| 3:1 | 1:1 | 4:1 | 0:1 | 0:4 | • | 5 | 7 | 5 | 24:23 | 17-17 | 35:53 | 25-43 |
| 1:0 | 1:1 | 1:1 | 0:0 | 0:2 | • | 1 | 6 | 10 | 11:30 | 8-26 | | |

**chauer:** 67.000    **Schiedsrichter:** Niemeyer (Bad Godesberg)
**:** 1:0 Müller (23.), 2:0 Ohlhauser (72.), 3:0 Müller (76.), 4:0 Brenninger (85. Foulelfmeter)

## Die besten Torschützen

| | | | |
|---|---|---|---|
| ar Emmerich (Bor. Dortmund) | 28 | Reinhold Wosab (Bor. Dortmund) | 15 |
| d Müller (Bayern München) | 28 | Jupp Heynckes (Bor. M'gladbach) | 15 |
| bert Laumen (Bor. M'gladbach) | 18 | Bernd Rupp (Bor. M'gladbach) | 15 |
| stian Müller (Karlsruher SC) | 17 | Hans Küppers (1860 München) | 14 |
| ar Ulsaß (Eintr. Braunschweig) | 15 | Hannes Löhr (1. FC Köln) | 13 |

# Die Trainer spielen mit dem »Joker«

Strenggenommen ist es ab dieser Spielzeit nicht mehr ganz korrekt, von einer Fußballmannschaft als »Elf« zu sprechen. Der zwölfte Akteur kommt hinzu, kann als Austauschspieler eingewechselt werden. Schon bald machen die Trainer von der Möglichkeit nicht nur bei Verletzungen, sondern auch aus taktischen Gründen Gebrauch. Mit dem »Joker« kommt ein neuer Begriff in die Fußballsprache.

Favoriten gibt es vor der Saison zuhauf, wieder machte einer das Rennen, mit dem eigentlich keiner vorher gerechnet hatte, auch wenn die zweite Serie des letzten Jahres einige Experten nachhaltig auf den 1. FC Nürnberg aufmerksam gemacht hatte. »Zampano« Max Merkel hatte den Club wieder auf Vordermann gebracht und ihn mit zwei Super-Ausländern verstärkt. Im Mittelfeld kam der Österreicher Gustl Starek zum Einsatz und auf dem rechten Flügel verzückte ein jugoslawischer Zauberer als unwiderstehlicher Dribbler und Sprinter die Massen: Zvezdan Cebinac, liebevoll von den Franken »Cebi« gerufen. Seine Super-Flanken auf »Goldköpfchen« Franz Brungs, dazu Schorsch Volkert auf »links«, eine Bombenabwehr um Keeper Wabra und Libero Wenauer, die zweite Spitze Heinz Strehl – mit satten sieben Punkten Vorsprung hatte der Altmeister schon zur Saison-Halbzeit die Konkurrenz gleichermaßen überrascht wie distanziert. Spannend wurde es bis zum Schluß nicht mehr, auch wenn der Vorsprung nach 34 Spielen auf drei Punkte gegenüber Werder Bremen geschmolzen war. Auch die Abstiegsfrage war lange vor »Feierabend« entschieden. In Karlsruhe und Neunkirchen gingen so zeitig die Lichter aus, daß sogar in Kaiserslautern und Gelsenkirchen nicht mehr gezittert werden mußte.

Während der Saison verstarb mit dem Kölner Präsidenten Franz Kremer der eigentliche »Vater« der Bundesliga, der um ihre Einführung jahrelang mit den mächtigen DFB-Landesfürsten gerungen hatte.

Hinter dem Club kamen zwei Mannschaften auf die Plätze zwei und drei, die schon gar nicht für das Spitzen-Trio eingeplant waren: Werder Bremen und Borussia Mönchengladbach. Die Hanseaten hatten im vergangenen Jahr noch erhebliche Probleme, steigerten sich aber, nicht zuletzt dank des »Danish Dynamite« von Ole Björnmose und John Danielsen. Hennes Weisweilers Borussen schossen die meisten Tore in der Bundesliga, die Fohlen um Leithengst Günter Netzer wirbelten, daß den Fans überall das Herz lachte. Doch die Abwehr blieb das Sorgenkind am Bökelberg. 54 Gegentore – da konnten Laumen & Co. Tore am Fließband schießen, zum Durchbruch an die Tabellenspitze würde es nicht langen, so lange die hintere Region so anfällig blieb.

Zum drittenmal hintereinander stieß eine Bundesliga-Mannschaft in das Europapokalendspiel der Pokalsieger vor. Doch diesmal mußte sich der Hamburger SV in Rotterdam mit 0:2 dem AC Mailand beugen, der zuvor im Halbfinale Titelverteidiger Bayern München ausgeschaltet hatte.

Der 1. FC Köln gewann den Deutschen Pokal, in den sich erstmals seit der Neuordnung des Spielbetriebs ein Regionalligist vorgekämpft hatte. Der VfL Bochum unterlag den erstligistigen Geißböcken in Ludwigshafen aber klar mit 1:4. Treffsicherster Stürmer der Spielzeit war Hennes Löhr, der 27mal den Ball im Tor des Gegners versenkte. Zuschauermäßig erlebte die Liga ihren ersten größeren Einbruch. Aufgrund der fehlenden Spannung in Meisterschafts- und Abstiegskampf kamen nur knapp 20 000 pro Spiel. Ein Jahr zuvor waren es im Durchschnitt noch 3 000 pro Begegnung mehr gewesen.

| Bundesliga 1967/68 | 1. FC Nürnberg | Werder Bremen | M'gladbach | 1. FC Köln | Bayern München | E. Frankfurt | MSV Duisburg | VfB Stuttgart | Braunschweig | Hannover 96 |
|---|---|---|---|---|---|---|---|---|---|---|
| **1. 1. FC Nürnberg** | •<br>• | 0:0<br>4:0 | 1:0<br>1:1 | 2:1<br>3:3 | 7:3<br>2:0 | 0:2<br>2:1 | 4:1<br>0:2 | 5:1<br>1:1 | 3:1<br>3:0 | 2:1<br>1:1 |
| **2. Werder Bremen** | 0:4<br>0:0 | •<br>• | 0:4<br>1:3 | 3:1<br>4:1 | 4:1<br>3:2 | 2:0<br>3:5 | 3:3<br>1:1 | 3:1<br>3:0 | 3:2<br>3:0 | 1:0<br>2:4 |
| **3. Bor. M'gladbach** | 1:1<br>0:1 | 3:1<br>4:0 | •<br>• | 1:0<br>5:2 | 1:1<br>1:3 | 1:1<br>1:3 | 1:1<br>2:2 | 1:1<br>3:1 | 2:0<br>1:2 | 5:1<br>1:1 |
| **4. 1. FC Köln** | 3:3<br>1:2 | 1:4<br>1:3 | 2:5<br>0:1 | •<br>• | 3:3<br>3:0 | 5:1<br>2:1 | 3:0<br>2:3 | 2:2<br>0:2 | 1:0<br>2:1 | 2:1<br>0:3 |
| **5. Bayern München** | 0:2<br>3:7 | 2:3<br>1:4 | 3:1<br>1:1 | 0:3<br>3:3 | •<br>• | 0:3<br>3:2 | 0:4<br>3:3 | 3:1<br>0:3 | 3:0<br>0:1 | 1:0<br>1:2 |
| **6. Eintr. Frankfurt** | 1:2<br>2:0 | 5:3<br>0:2 | 3:1<br>1:1 | 1:2<br>1:5 | 2:3<br>0:3 | •<br>• | 3:2<br>1:0 | 4:0<br>0:4 | 2:0<br>0:0 | 3:0<br>1:2 |
| **7. MSV Duisburg** | 2:0<br>1:4 | 1:1<br>3:3 | 2:2<br>1:1 | 3:2<br>0:3 | 3:3<br>4:0 | 0:1<br>2:3 | •<br>• | 3:3<br>0:3 | 2:3<br>0:3 | 1:2<br>2:2 |
| **8. VfB Stuttgart** | 1:1<br>1:5 | 0:3<br>1:3 | 1:3<br>1:1 | 2:0<br>2:2 | 3:0<br>1:3 | 4:0<br>0:4 | 3:0<br>3:3 | •<br>• | 0:0<br>1:2 | 2:0<br>1:2 |
| **9. E. Braunschweig** | 0:3<br>1:3 | 0:3<br>2:3 | 2:1<br>0:2 | 1:2<br>0:1 | 1:0<br>0:3 | 0:0<br>0:2 | 3:0<br>3:2 | 2:1<br>0:0 | •<br>• | 0:1<br>1:1 |
| **10. Hannover 96** | 1:1<br>1:2 | 4:2<br>0:1 | 1:1<br>1:5 | 3:0<br>1:2 | 2:1<br>0:1 | 2:1<br>0:3 | 2:2<br>2:1 | 2:1<br>0:2 | 1:1<br>1:0 | •<br>• |
| **11. Alem. Aachen** | 2:0<br>1:4 | 1:1<br>1:0 | 0:0<br>0:3 | 4:2<br>1:3 | 0:4<br>1:4 | 2:1<br>1:1 | 4:4<br>0:3 | 3:2<br>1:4 | 2:1<br>0:2 | 2:2<br>1:1 |
| **12. 1860 München** | 1:2<br>1:1 | 1:3<br>2:2 | 0:0<br>1:1 | 0:1<br>0:1 | 3:2<br>2:2 | 5:0<br>1:2 | 0:1<br>1:2 | 3:3<br>1:2 | 1:0<br>1:0 | 3:1<br>2:1 |
| **13. Hamburger SV** | 3:1<br>0:4 | 2:1<br>4:1 | 2:3<br>1:4 | 3:1<br>1:2 | 2:1<br>0:1 | 0:1<br>1:1 | 1:3<br>2:1 | 1:1<br>1:4 | 0:0<br>1:0 | 2:3<br>2:2 |
| **14. Bor. Dortmund** | 1:2<br>1:2 | 1:1<br>1:2 | 3:1<br>2:2 | 2:0<br>0:3 | 6:3<br>0:2 | 2:1<br>1:4 | 4:3<br>2:2 | 2:1<br>1:4 | 0:1<br>0:2 | 3:1<br>2:2 |
| **15. Schalke 04** | 0:0<br>3:2 | 0:2<br>3:4 | 3:4<br>6:1 | 1:1<br>0:7 | 0:1<br>0:2 | 0:0<br>2:2 | 0:3<br>1:1 | 2:1<br>0:2 | 0:2<br>0:1 | 1:1<br>1:2 |
| **16. Kaiserslautern** | 1:0<br>1:4 | 2:2<br>1:2 | 0:1<br>2:8 | 2:1<br>0:5 | 2:2<br>1:4 | 1:1<br>2:5 | 0:1<br>0:7 | 2:0<br>1:0 | 2:2<br>0:1 | 0:0<br>0:2 |
| **17. B. Neunkirchen** | 2:2<br>0:3 | 0:0<br>1:2 | 0:3<br>0:10 | 2:1<br>1:2 | 1:1<br>0:4 | 2:2<br>1:4 | 2:1<br>1:3 | 0:5<br>1:2 | 1:2<br>2:4 | 3:1<br>0:2 |
| **18. Karlsruher SC** | 1:1<br>0:2 | 1:2<br>1:6 | 3:2<br>0:0 | 0:1<br>0:4 | 0:2<br>0:3 | 0:1<br>0:2 | 0:2<br>1:2 | 1:4<br>2:3 | 1:2<br>0:1 | 3:1<br>0:2 |

## DFB-Pokal

**Viertelfinale:** Bor. Dortmund – Hertha BSC Berlin  2:1 (1:1)
VfL Bochum – Bor. M'gladbach   2:0 (2:0)       Bayern München – 1. FC Nürnberg   2:1 (2:1)
Eintr. Braunschweig – 1. FC Köln   1:1 (0:0) (nach Verlängerung)
1. FC Köln – Eintr. Braunschweig 2:1 (2:0)

**Halbfinale:**   1. FC Köln – Bor. Dortmund 3:0 (2:0)    VfL Bochum – Bayern München 2:1 (1:0)

**Endspiel in Ludwigshafen:**   **VfL Bochum – 1. FC Köln   1:4 (1:2)**
**Bochum:** Christopheit; Wiesemes, Versen; Schiller, Blome, Jablonski; Böttcher, Eversberg, Höher, Jara (61. Moritz), Balte
**Köln:** Soskic; Pott, Hemmersbach; Flohe, Weber, Thielen; Rühl, Simmet, Löhr, Overath, Hornig

| Hamburger SV | Bor. Dortmund | Schalke 04 | Kaiserslautern | Neunkirchen | Karlsruher SC | Heimbilanz Auswärtsbilanz | | | | | Gesamt | |
|---|---|---|---|---|---|---|---|---|---|---|---|---|
| | | | | | | g. | u. | v. | Tore | Pkt. | Tore | Punkte |
| 4:0 | 2:1 | 2:3 | 4:1 | 3:0 | 2:0 | 13 | 2 | 2 | 46:17 | 28- 6 | **71:37** | **47-21** |
| 1:3 | 2:1 | 0:0 | 0:1 | 2:2 | 1:1 | 6 | 7 | 4 | 25:20 | 19-15 | | |
| 1:4 | 2:1 | 2:0 | 2:1 | 2:1 | 6:1 | 11 | 2 | 4 | 36:27 | 24-10 | **68:51** | **44-24** |
| 1:2 | 1:1 | 2:0 | 2:2 | 0:0 | 2:1 | 7 | 6 | 4 | 32:24 | 20-14 | | |
| 4:1 | 2:2 | 1:6 | 8:2 | 10:0 | 0:0 | 8 | 8 | 1 | 45:19 | 24-10 | **77:45** | **42-26** |
| 3:2 | 1:3 | 4:3 | 1:0 | 3:0 | 2:3 | 7 | 4 | 6 | 32:26 | 18-16 | | |
| 2:1 | 3:0 | 7:0 | 5:0 | 2:1 | 4:0 | 12 | 3 | 2 | 49:22 | 27- 7 | **68:52** | **38-30** |
| 1:3 | 0:2 | 1:1 | 1:2 | 1:2 | 1:0 | 5 | 1 | 11 | 19:30 | 11-23 | | |
| 1:0 | 2:0 | 2:0 | 4:1 | 4:0 | 3:0 | 12 | 1 | 4 | 37:18 | 25- 9 | **68:58** | **38-30** |
| 1:2 | 3:6 | 1:0 | 2:2 | 1:1 | 2:0 | 4 | 5 | 8 | 31:40 | 13-21 | | |
| 1:1 | 4:1 | 2:2 | 5:2 | 4:1 | 2:0 | 11 | 3 | 3 | 45:22 | 25- 9 | **58:51** | **38-30** |
| 1:0 | 1:2 | 0:0 | 1:1 | 2:2 | 1:0 | 4 | 5 | 8 | 13:29 | 13-21 | | |
| 1:2 | 2:2 | 1:1 | 7:0 | 3:1 | 2:1 | 7 | 6 | 4 | 38:25 | 20-14 | **69:58** | **36-32** |
| 3:1 | 3:4 | 3:0 | 1:0 | 1:2 | 2:0 | 6 | 4 | 7 | 31:33 | 16-18 | | |
| 4:1 | 4:1 | 2:0 | 0:1 | 2:1 | 3:2 | 12 | 2 | 3 | 37:15 | 26- 8 | **65:54** | **35-33** |
| 1:1 | 1:2 | 1:2 | 0:2 | 5:0 | 4:1 | 2 | 5 | 10 | 28:39 | 9-25 | | |
| 0:1 | 2:0 | 1:0 | 1:0 | 4:2 | 1:0 | 10 | 1 | 6 | 20:15 | 21-13 | **37:39** | **35-33** |
| 0:0 | 1:0 | 2:0 | 2:2 | 2:1 | 2:1 | 5 | 4 | 8 | 17:24 | 14-20 | | |
| 2:2 | 2:2 | 2:1 | 2:0 | 2:0 | 2:0 | 9 | 7 | 1 | 32:18 | 25- 9 | **48:52** | **34-34** |
| 3:2 | 1:3 | 1:1 | 0:0 | 1:3 | 1:3 | 3 | 3 | 11 | 16:34 | 9-25 | | |
| 2:0 | 3:0 | 2:1 | 1:1 | 5:1 | 2:1 | 10 | 6 | 1 | 38:24 | 26- 8 | **52:66** | **34-34** |
| 1:5 | 0:1 | 1:2 | 0:1 | 1:0 | 4:2 | 3 | 2 | 12 | 14:42 | 8-26 | | |
| 0:1 | 3:0 | 1:2 | 0:3 | 5:0 | 3:0 | 8 | 2 | 7 | 35:19 | 18-16 | **55:39** | **33-35** |
| 2:2 | 0:0 | 0:0 | 0:0 | 0:1 | 3:0 | 3 | 9 | 5 | 20:20 | 15-19 | | |
| • | 3:2 | 1:1 | 1:1 | 0:0 | 0:0 | 6 | 7 | 4 | 28:22 | 19-15 | **51:54** | **33-35** |
| • | 2:2 | 0:3 | 3:3 | 3:0 | 1:2 | 5 | 4 | 8 | 23:32 | 14-20 | | |
| 2:2 | • | 2:1 | 4:0 | 6:0 | 5:0 | 12 | 3 | 2 | 44:17 | 27- 7 | **60:59** | **31-37** |
| 2:3 | • | 0:1 | 2:2 | 2:3 | 0:2 | 0 | 4 | 13 | 16:42 | 4-30 | | |
| 3:0 | 1:0 | • | 2:1 | 2:0 | 2:0 | 7 | 5 | 5 | 19:17 | 19-15 | **42:48** | **30-38** |
| 1:1 | 1:2 | • | 0:1 | 5:1 | 0:1 | 4 | 3 | 10 | 23:31 | 11-23 | | |
| 3:3 | 2:2 | 1:0 | • | 2:1 | 1:1 | 6 | 9 | 2 | 22:17 | 21-13 | **39:67** | **28-40** |
| 1:1 | 0:4 | 1:2 | • | 1:2 | 2:2 | 2 | 3 | 12 | 17:50 | 7-27 | | |
| 0:3 | 3:2 | 1:5 | 2:1 | • | 3:2 | 7 | 4 | 6 | 23:32 | 18-16 | **33:93** | **19-49** |
| 0:0 | 0:6 | 0:2 | 1:2 | • | 1:5 | 0 | 1 | 16 | 10:61 | 1-33 | | |
| 2:1 | 2:0 | 1:0 | 2:2 | 5:1 | • | 6 | 2 | 9 | 24:29 | 14-20 | **32:70** | **17-51** |
| 0:0 | 0:5 | 0:2 | 1:1 | 2:3 | • | 0 | 3 | 14 | 8:41 | 3-31 | | |

chauer: 58.000    **Schiedsrichter:** Riegg (Augsburg)
e: 1:0 Jablonski (22. Eigentor), 1:1 Böttcher (37.), 1:2 Rühl (57.), 1:3 Rühl (38.), 1:4 Löhr (70.)

## Die besten Torschützen

| | | | |
|---|---|---|---|
| nes Löhr (1. FC Köln) | 27 | Herbert Laumen (Bor. M'gladbach) | 19 |
| z Brungs (1. FC Nürnberg) | 25 | Heinz Strehl (1. FC Nürnberg) | 18 |
| d Müller (Bayer München) | 20 | Lothar Emmerich (Bor. Dortmund) | 18 |
| er Ohlhauser (Bayern München) | 19 | Horst Köppel (VfB Stuttgart) | 17 |
| r Meyer (Bor. M'gladbach) | 19 | Rainer Budde (MSV Duisburg) | 16 |

# Favoriten fanden sich
# im Abstiegskampf wieder

Keine Frage, der 1. FC Nürnberg galt vor der Spielzeit als hoher Favorit. Max Merkel, das alte Liga-Schlitzohr, würde es schon richten. Zwei »Kleinigkeiten« sprachen allerdings dagegen: Seit Bestehen der Bundesliga hatte noch kein Meister seinen Titel verteidigen können. Und die Nürnberger hatten ihre Mannschaft radikal verjüngt. Merkel holte zwölf neue Leute, wollte den alternden Stars solcherart Beine machen, wobei er die Leistungsträger Ferschl und Brungs leichtfertig nach Berlin zur Hertha ziehen ließ. Merkel erlebte sein Waterloo. Nach einer total verkorksten Saison, in der es nie gelang, den neuen Kader zu einer Einheit zu formen, fand sich der Club plötzlich mitten in einem dramatischen Abstiegskampf wieder. Bis zuletzt hatte man gehofft, am vorletzten Spieltag das rettende Ufer sogar dicht vor Augen. Doch dann war in Köln alles aus – 0:3, Abstieg, eine Welt brach an der Noris zusammen.

Während ein Altmeister also in die Tiefen hinabstürzte, machte sich ein Neu-Meister auf, die bundesrepublikanische Fußballwelt endgültig zu verändern. Bayern München hatte in den drei Jahren nach dem Aufstieg unter Tschik Cajkovski viel erreicht. Pokalsieg, Europapokal-Gewinner, gute Plazierungen in der Bundesliga. Doch es fehlte die Meisterschale, ein Dorn im Auge der ehrgeizigen Emporkömmlinge. Für Cajkovski war Zebec gekommen, ein exzellenter Kenner mit dem Hang zur mathematischen Präzision. Er stellte zunächst den Angriffsstil um, bediente sich dazu zweier österreichischer Nationalspieler, Peter Pumm und Gustl Starek, die sofort in das gewachsene

Bayern-Ensemble integriert wurden. Es kam zu einem dominierenden Start-Ziel-Sieg, der nur in einer Phase kurzzeitig in Gefahr geriet. Da war Gerd Müller, das Strafraum-Gespenst, für acht Wochen gesperrt worden. Und in dieser Zeit gelang den Bayern kein doppelter Punktgewinn. Sie zehrten von ihrem Vorsprung, der wie Butter in der Sonne dahinschmolz, bis ... Gerd Müller wieder da war. Bei seiner Rückkehr gelangen ihm gleich die Siegtore zum 2:1-Erfolg in Berlin – München war danach nicht mehr zu stoppen.

Zum Schluß betrug der Vorsprung acht Punkte auf den Überraschungs-Vizemeister Alemannia Aachen. Zur Krönung kam es dann beim Pokalendspiel in Frankfurt, das die Bayern gegen den FC Schalke 04 2:1 gewannen. Double – das hatte es seit 1937 im deutschen Fußball nicht mehr gegeben. Die Bayern machten es möglich.

Während an der Tabellenspitze früh alles geregelt war, ging es im Abstiegskampf so dramatisch zu, wie noch nie zuvor. Nach dem 30. Spieltag trennten den Achten gerade vier Punkte vom Tabellenende. Verwickelt in das verzweifelte Rennen gegen den Absturz unter anderem zwei Klubs, die man vorher zu den Favoriten gezählt hatte: Borussia Dortmund und der 1. FC Köln. Vom 1. FC Nürnberg – siehe oben – gar nicht zu reden. Dazu die abstiegskampferprobten Lauterer, dazu die Neulinge Hertha und Offenbach. Aber auch Frankfurt, Bremen und Hannover zittern in der Endphase um den Liga-Verbleib. Zwei Spieltage vor Schluß sah es noch besonders miserabel für Borussia Dortmund aus. Doch sie konnten sich noch an den eigenen Haaren aus dem Sumpf ziehen. Das 2:2 in Nürnberg gab den Ausschlag, gegen Offenbach am letzten Spieltag wurde in der Roten Erde alles klargemacht. So wie sich der 1. FC Köln beim 3:0-Heimsieg gegen den Club in Sicherheit brachte. So erwischte es Neuling Offenbach und Meister Nürnberg beim Horror-Finish, das die Nerven aller Beteiligten bis zum Kollaps strapazierte.

## Bundesliga 1968/69

| | Bayern München | Al. Aachen | M'gladbach | E. Braunschweig | VfB Stuttgart | Hamburger SV | Schalke 04 | E. Frankfurt | Werder Bremen | 1860 München |
|---|---|---|---|---|---|---|---|---|---|---|
| **1. Bayern München** | • | 1:1 / 4:2 | 0:0 / 1:1 | 2:1 / 3:2 | 2:0 / 0:3 | 5:1 / 2:2 | 0:0 / 2:1 | 2:0 / 1:1 | 6:0 / 0:1 | 0:2 / 3:0 |
| **2. Alem. Aachen** | 2:4 / 1:1 | • | 2:1 / 2:2 | 1:4 / 0:2 | 1:3 / 1:3 | 2:0 / 0:3 | 4:1 / 1:3 | 4:2 / 1:0 | 2:1 / 2:1 | 4:0 / 0:0 |
| **3. Bor. M'gladbach** | 1:1 / 0:0 | 2:2 / 1:2 | • | 1:1 / 0:0 | 4:4 / 3:0 | 1:2 / 0:2 | 3:0 / 1:1 | 2:3 / 1:1 | 1:1 / 5:6 | 3:0 / 1:0 |
| **4. E. Braunschweig** | 2:3 / 1:2 | 2:0 / 4:1 | 0:0 / 1:1 | • | 1:2 / 2:2 | 1:0 / 0:0 | 3:0 / 2:0 | 1:0 / 1:0 | 0:3 / 1:2 | 2:1 / 1:0 |
| **5. VfB Stuttgart** | 3:0 / 0:2 | 3:1 / 3:1 | 0:3 / 4:4 | 2:2 / 2:1 | • | 3:0 / 1:2 | 1:1 / 1:1 | 2:0 / 0:3 | 2:2 / 0:1 | 1:1 / 1:3 |
| **6. Hamburger SV** | 2:2 / 1:5 | 3:0 / 0:2 | 2:0 / 2:1 | 0:0 / 0:1 | 2:1 / 0:3 | • | 1:3 / 3:2 | 1:4 / 2:2 | 5:2 / 1:1 | 2:0 / 3:3 |
| **7. Schalke 04** | 1:2 / 0:0 | 3:1 / 1:4 | 1:1 / 0:3 | 1:2 / 0:3 | 1:1 / 1:1 | 2:3 / 3:1 | • | 2:0 / 0:1 | 2:1 / 3:1 | 2:0 / 1:3 |
| **8. Eintr. Frankfurt** | 1:1 / 0:2 | 0:1 / 2:4 | 1:1 / 3:2 | 0:1 / 0:1 | 3:0 / 0:2 | 2:2 / 4:1 | 1:0 / 0:2 | • | 2:1 / 1:0 | 3:0 / 0:1 |
| **9. Werder Bremen** | 1:0 / 0:6 | 1:2 / 1:2 | 6:5 / 1:1 | 2:1 / 3:0 | 1:0 / 2:2 | 1:1 / 2:5 | 1:3 / 1:2 | 0:1 / 1:2 | • | 4:1 / 3:4 |
| **10. 1860 München** | 0:3 / 2:0 | 0:0 / 0:4 | 0:4 / 0:3 | 0:1 / 1:2 | 3:1 / 1:1 | 3:3 / 0:2 | 3:1 / 0:2 | 1:0 / 0:3 | 4:3 / 1:4 | • |
| **11. Hannover 96** | 1:0 / 1:2 | 5:2 / 0:3 | 2:3 / 2:3 | 1:1 / 3:3 | 1:0 / 0:1 | 2:2 / 4:1 | 2:0 / 1:1 | 1:2 / 0:0 | 1:0 / 2:3 | 3:2 / 1:2 |
| **12. MSV Duisburg** | 0:0 / 2:2 | 1:1 / 0:4 | 1:1 / 0:1 | 1:1 / 0:0 | 2:0 / 2:3 | 0:0 / 2:1 | 1:0 / 0:1 | 1:1 / 1:2 | 2:0 / 1:2 | 3:4 / 1:2 |
| **13. 1. FC Köln** | 1:1 / 0:1 | 1:2 / 1:2 | 1:4 / 1:2 | 2:0 / 1:2 | 5:2 / 1:6 | 4:1 / 1:3 | 2:0 / 1:3 | 2:1 / 2:1 | 3:3 / 1:3 | 0:0 / 1:2 |
| **14. Hertha BSC** | 1:2 / 0:3 | 0:1 / 0:0 | 2:1 / 1:0 | 0:0 / 3:3 | 0:1 / 2:4 | 3:2 / 0:0 | 1:0 / 0:2 | 2:0 / 0:2 | 1:0 / 0:2 | 1:2 / 1:0 |
| **15. Kaiserslautern** | 3:1 / 0:2 | 2:1 / 0:1 | 2:0 / 0:4 | 4:0 / 0:3 | 1:3 / 3:4 | 0:1 / 1:3 | 1:1 / 0:1 | 2:2 / 2:2 | 1:0 / 1:2 | 3:1 / 0:1 |
| **16. Bor. Dortmund** | 0:1 / 1:4 | 3:1 / 1:0 | 1:3 / 0:1 | 2:1 / 3:4 | 1:0 / 2:2 | 3:1 / 0:2 | 0:1 / 1:4 | 0:1 / 1:1 | 3:2 / 1:2 | 2:0 / 1:2 |
| **17. 1. FC Nürnberg** | 2:0 / 0:3 | 1:4 / 2:4 | 4:0 / 1:1 | 2:0 / 1:2 | 1:1 / 3:2 | 0:1 / 2:4 | 0:1 / 1:4 | 1:0 / 0:3 | 1:1 / 3:3 | 2:0 / 0:2 |
| **18. Offenbach** | 0:0 / 1:5 | 1:1 / 2:1 | 1:0 / 1:4 | 0:1 / 2:2 | 2:1 / 0:1 | 1:1 / 0:3 | 1:0 / 0:3 | 4:2 / 2:3 | 0:3 / 0:2 | 2:3 / 0:2 |

## DFB-Pokal

**Viertelfinale:** FC Schalke 04 – Alem. Aachen 2:0 (1:0) 1. FC Kaiserslautern – Werder Bremen 3:0 (1 Hamburger SV – Bayern München 0:2 (0:1) 1. FC Nürnberg – Hannover 96 1:0 (0:0)

**Halbfinale:** Bayern München – 1. FC Nürnberg 2:0 (0:0) 1. FC Kaiserslautern – Schalke 04 1:1 (1:1, 0 nach Verlängerung Schalke 04 – 1. FC Kaiserslautern 3:1 (1:1)

**Endspiel in Frankfurt:** **Bayern München – FC Schalke 04 2:1 (2:1)**
**München:** Maier; Beckenbauer; Olk, Schwarzenbeck, Pumm; Ohlhauser, Schmidt, Starek; Roth, Mü Brenninger
**Schalke:** Nigbur; Fichtel; Becher, Senger, Rausch; van Haaren, Neuser, Erlhoff; Libuda, Wittkamp, Pc schmidt

| 1. FC Köln | Hertha BSC | Kaiserslautern | Bor. Dortmund | 1. FC Nürnberg | Offenbach | g. | u. | v. | Tore | Pkt. | Tore | Punkte |
|---|---|---|---|---|---|---|---|---|---|---|---|---|
| 1:0 | 3:0 | 2:0 | 4:1 | 3:0 | 5:1 | 12 | 4 | 1 | 40:10 | 28- 6 | **61:31** | **46-22** |
| 1:1 | 2:1 | 1:3 | 1:0 | 0:2 | 0:0 | 6 | 6 | 5 | 21:21 | 18-16 | | |
| 2:1 | 0:0 | 1:0 | 0:1 | 4:2 | 1:2 | 11 | 1 | 5 | 36:22 | 23-11 | **57:51** | **38-30** |
| 2:1 | 1:0 | 1:2 | 1:3 | 4:1 | 1:1 | 5 | 5 | 7 | 21:29 | 15-19 | | |
| 2:1 | 0:1 | 4:0 | 1:0 | 1:1 | 4:1 | 8 | 6 | 3 | 34:20 | 22-12 | **61:46** | **37-31** |
| 4:1 | 1:2 | 0:2 | 3:1 | 0:4 | 0:1 | 5 | 5 | 7 | 27:26 | 15-19 | | |
| 2:1 | 3:3 | 3:0 | 4:3 | 0:2 | 2:2 | 8 | 5 | 4 | 29:23 | 21-13 | **46:43** | **37-31** |
| 0:2 | 0:0 | 0:4 | 1:2 | 0:2 | 1:0 | 5 | 6 | 6 | 17:20 | 16-18 | | |
| 6:1 | 4:2 | 4:3 | 2:2 | 2:3 | 1:0 | 10 | 5 | 2 | 40:23 | 25- 9 | **60:54** | **36-32** |
| 2:5 | 1:0 | 3:1 | 0:1 | 1:1 | 1:2 | 4 | 3 | 10 | 20:31 | 11-23 | | |
| 3:1 | 0:0 | 3:1 | 2:0 | 4:2 | 3:0 | 10 | 3 | 4 | 35:22 | 23-11 | **55:55** | **36-32** |
| 1:4 | 2:3 | 1:0 | 1:3 | 0:0 | 1:1 | 3 | 7 | 7 | 20:33 | 13-21 | | |
| 3:1 | 2:0 | 1:0 | 4:1 | 4:1 | 3:0 | 11 | 3 | 3 | 33:15 | 25- 9 | **45:40** | **35-33** |
| 0:2 | 0:1 | 1:1 | 1:0 | 1:1 | 0:1 | 3 | 4 | 10 | 12:25 | 10-24 | | |
| 1:2 | 2:0 | 2:2 | 1:1 | 3:0 | 3:2 | 8 | 6 | 3 | 27:15 | 22-12 | **46:43** | **34-34** |
| 1:2 | 0:2 | 2:2 | 1:0 | 0:1 | 2:4 | 5 | 2 | 10 | 19:28 | 12-22 | | |
| 3:1 | 2:0 | 2:1 | 2:1 | 3:3 | 2:0 | 12 | 2 | 3 | 36:23 | 26- 8 | **59:59** | **34-34** |
| 3:3 | 0:1 | 0:1 | 2:3 | 1:1 | 3:0 | 2 | 4 | 11 | 23:36 | 8-26 | | |
| 2:1 | 0:1 | 1:0 | 2:1 | 2:0 | 2:0 | 11 | 2 | 4 | 27:21 | 24:10 | **44:59** | **34-34** |
| 0:0 | 2:1 | 1:3 | 0:2 | 0:3 | 3:2 | 4 | 2 | 11 | 17:38 | 10-24 | | |
| 3:0 | 1:1 | 0:2 | 1:1 | 2:2 | 2:2 | 7 | 7 | 3 | 28:21 | 21-13 | **47:45** | **32-36** |
| 0:1 | 1:2 | 0:0 | 1:1 | 2:1 | 1:1 | 2 | 7 | 8 | 19:24 | 11-23 | | |
| 0:0 | 2:1 | 0:0 | 2:0 | 1:0 | 2:1 | 7 | 9 | 1 | 19:10 | 23-11 | **33:37** | **32-36** |
| 1:1 | 1:1 | 0:3 | 1:2 | 1:1 | 0:0 | 1 | 7 | 9 | 14:27 | 9-25 | | |
| • | 1:0 | 2:1 | 2:1 | 3:0 | 2:1 | 11 | 4 | 2 | 33:18 | 26- 8 | **47:56** | **32-36** |
| • | 1:2 | 0:4 | 1:1 | 1:0 | 1:3 | 2 | 2 | 13 | 14:38 | 6-28 | | |
| 2:1 | • | 1:0 | 0:0 | 2:0 | 1:0 | 10 | 3 | 4 | 20:12 | 23-11 | **31:39** | **32-36** |
| 0:1 | • | 0:1 | 2:2 | 0:3 | 0:1 | 2 | 5 | 10 | 11:27 | 9-25 | | |
| 4:0 | 1:0 | • | 1:2 | 1:1 | 2:1 | 10 | 4 | 3 | 31:14 | 24-10 | **45:47** | **30-38** |
| 1:2 | 0:1 | • | 3:2 | 0:1 | 1:4 | 2 | 2 | 13 | 14:33 | 6-28 | | |
| 1:1 | 2:2 | 2:3 | • | 3:1 | 3:0 | 9 | 3 | 5 | 29:20 | 21-13 | **49:54** | **30-38** |
| 1:2 | 0:0 | 2:1 | • | 2:2 | 0:4 | 2 | 5 | 10 | 20:34 | 9-25 | | |
| 0:1 | 3:0 | 1:0 | 2:2 | • | 2:2 | 7 | 7 | 3 | 26:15 | 21-13 | **45:55** | **29-39** |
| 0:3 | 0:2 | 1:1 | 1:3 | • | 1:2 | 2 | 4 | 11 | 19:40 | 8-26 | | |
| 3:1 | 1:0 | 4:1 | 4:3 | 2:1 | • | 9 | 5 | 3 | 27:19 | 23-11 | **42:59** | **28-40** |
| 1:2 | 0:1 | 1:2 | 0:3 | 2:2 | • | 1 | 3 | 13 | 15:40 | 5-29 | | |

**...chauer:** 64.000   **Schiedsrichter:** Helmut Fritz (Oggersheim)
**...e:** 1:0 Müller (13.), 1:1 Pohlschmidt (19.), 2:1 Müller (35.)

## Die besten Torschützen

| | | | |
|---|---|---|---|
| ...d Müller (Bayern München) | 30 | Uwe Seeler (Hamburger SV) | 17 |
| ...ner Weist (Bor. Dortmund) | 20 | Bernd Rupp (1. FC Köln) | 16 |
| ...bert Laumen (Bor. M'gladbach) | 19 | Franz Brungs (Hertha Berlin) | 15 |
| ...nes Löhr (1. FC Köln) | 19 | Hugo Dausmann (RW Oberhausen) | 15 |
| ...us Fischer (1860 München) | 19 | | |

# Hennes machte seinen Fohlen-Stall »dicht«

Die Spielzeit stand von Beginn an im Schatten der WM 1970 in Mexiko. Früh mußte sie beendet sein, damit Helmut Schön genügend Zeit zur Vorbereitung blieb. Und da General Winter es mit dem Fußball wenig gut meinte, gab es zum Schluß ein wahres Termin-Chaos mit für einige Vereine drei Spielen in einer Woche.

»Double-Gewinner« Bayern München ging als großer Favorit in die Saison – und schaffte es ebenfalls nicht, den Titel zu verteidigen. Denn der große Rivale der kommenden Jahre, die Mönchengladbacher Borussen, machten nach zwei dritten Plätzen hintereinander das Rennen. Bayern wurde nur Vizemeister, vor Berlin, Köln und Dortmund, die im letzten Jahr alle noch durch das »Stahlbad« Abstiegskampf gegangen waren.

Hennes Weisweiler setzte da an, wo der Borussia der Schuh noch stets gedrückt hatte: Die Abwehr wurde endlich durch routinierte »auswärtige« Spieler verstärkt. Luggi Müller kam vom Absteiger 1. FC Nürnberg, der Schwabe Klaus-Dieter Sieloff, ein umsichtiger Abwehrorganisator, folgte Horst Köppel vom VfB Stuttgart nach Gladbach. Beide erwiesen sich als absolute Glücksgriffe. Das Torverhältnis am Ende der Saison sprach Bände: 71:29 – 16 Gegentreffer weniger als in den Spielzeiten zuvor. Und da der Angriff seine Durchschlagskraft behalten hatte, Köppel, Laumen und Le Fevre unter der Regie des überragenden Günter Netzer und seines »Substituten« Hacki Wimmer weiter wirbelten, war die Borussia auch von Bayern München nicht aufzuhalten.

Wie hart die Erfolgs-Bräuche dort waren, mußte Meistermacher Zebec erfahren. Weil die Mönchengladbacher davongezogen waren und den Bayern zur Mitte der zweiten Serie »nur« der dritte Platz blieb, wurde er entlassen und abgelöst von einem Assistenten des Bundestrainers, dem bis dahin wenig bekannten Udo Lattek. Er blies noch einmal zur Aufholjagd, doch es reichte nur noch zur Vizemeisterschaft.

Der Abstiegskampf war nicht so nervenzerfetzend und spektakulär wie in der vergangenen Spielzeit, doch entbehrte er nicht der Tragik. Stieg im letzten Jahr noch der vorherige Meister ab, erwischte es nun den ehemaligen Vizemeister. Die Aachener Alemannia, im Vorjahr überschwenglich gefeierter Zweiter, war früh chancenlos und beendete die Spielzeit weit abgeschlagen als Letzter. Und auch beim zweiten Absteiger ging man nicht einfach zur Tagesordnung über. 1860 München trat den schweren Weg in die Zweitklassigkeit an. Der harte Lokalkampf an der Isar war also eindeutig zugunsten der Bayern ausgegangen, obwohl die Sechziger traditionell auf eine viel breitere Fan-Gemeinde bauen konnte. Doch die alten Cracks waren abgetreten und die jungen Talente noch nicht so weit, um sich behaupten zu können. Einer der jungen Hüpfer begann in diesem Abstiegsjahr eine Karriere, die ihn in den Westen führen sollte, wo er hinter Gerd Müller zum gefährlichsten Torjäger der Republik reifen sollte: Klaus Fischer.

Die Weltmeisterschaft wurde zu einer eindrucksvollen Demonstration der Stärke des bundesrepublikanischen Fußballs. Unvergeßliche Spiele brachten die Mannen von Helmut Schön bis ins Halbfinale, wo man im legendären 3:4 nach Verlängerung gegen die Italiener unterlag. Ein Mann hatte besonderen Anteil an den Erfolgen: Uwe Seeler, ein Jahr vorher mit einem Achillessehnenriß bereits abgeschrieben, war mit einem unermüdlichen Kampfgeist das große Vorbild einer spiel- wie einsatzfreudigen »Bundesliga«-Auswahl. Folgerichtig wurde dem 33jährigen »Uns Uwe« der Titel Fußballer des Jahres zuerkannt. Verdiente Anerkennung für einen, der wie kaum ein zweiter den Fußball auch im größten Erfolg publikumsnah und volksverbunden hielt.

# Bundesliga 1969/70

| | M'gladbach | Bayern München | Hertha BSC | 1. FC Köln | Bor. Dortmund | Hamburger SV | VfB Stuttgart | E. Frankfurt | Schalke 04 | Kaiserslautern |
|---|---|---|---|---|---|---|---|---|---|---|
| **1. Bor. M'gladbach** | • | 2:1<br>0:1 | 1:1<br>1:1 | 2:0<br>1:0 | 4:2<br>1:2 | 4:2<br>3:1 | 3:0<br>0:0 | 1:2<br>2:1 | 2:0<br>0:2 | 1:1<br>4:1 |
| **2. Bayern München** | 1:0<br>1:2 | • | 1:2<br>4:0 | 1:2<br>2:0 | 3:0<br>3:1 | 2:1<br>3:1 | 1:2<br>3:2 | 2:1<br>1:2 | 6:0<br>2:2 | 1:1<br>0:0 |
| **3. Hertha BSC** | 1:1<br>1:1 | 0:4<br>2:1 | • | 1:0<br>1:5 | 9:1<br>0:0 | 1:0<br>0:1 | 3:1<br>4:1 | 2:0<br>1:1 | 3:0<br>3:1 | 3:0<br>0:1 |
| **4. 1. FC Köln** | 0:1<br>0:2 | 0:2<br>2:1 | 5:1<br>0:1 | • | 5:2<br>0:1 | 3:0<br>5:2 | 3:1<br>3:0 | 1:2<br>0:0 | 8:0<br>0:1 | 6:1<br>2:3 |
| **5. Bor. Dortmund** | 2:1<br>2:4 | 1:3<br>0:3 | 0:0<br>1:9 | 1:0<br>2:5 | • | 2:1<br>3:4 | 0:0<br>1:2 | 2:1<br>0:2 | 1:1<br>1:1 | 5:1<br>2:2 |
| **6. Hamburger SV** | 1:3<br>3:4 | 1:3<br>1:2 | 1:0<br>0:1 | 2:5<br>0:3 | 4:3<br>1:2 | • | 1:3<br>1:1 | 5:1<br>2:2 | 1:1<br>1:1 | 2:1<br>1:1 |
| **7. VfB Stuttgart** | 0:0<br>0:3 | 2:3<br>2:1 | 1:4<br>1:3 | 0:3<br>1:3 | 2:1<br>0:0 | 1:1<br>3:1 | • | 4:0<br>0:4 | 2:0<br>2:1 | 2:1<br>2:3 |
| **8. Eintr. Frankfurt** | 1:2<br>2:1 | 2:1<br>1:2 | 1:1<br>0:2 | 0:0<br>2:1 | 2:1<br>1:2 | 2:2<br>1:5 | 4:0<br>0:4 | • | 2:1<br>0:0 | 2:1<br>0:2 |
| **9. Schalke 04** | 2:0<br>0:2 | 2:2<br>0:6 | 1:1<br>0:3 | 1:0<br>0:8 | 1:1<br>1:1 | 1:1<br>1:1 | 1:2<br>0:2 | 0:0<br>1:2 | • | 4:2 |
| **10. Kaiserslautern** | 1:4<br>1:1 | 0:0<br>1:1 | 1:0<br>0:3 | 3:2<br>1:6 | 2:2<br>1:5 | 1:1<br>1:2 | 3:2<br>1:2 | 2:0<br>1:2 | 1:1<br>2:4 | • |
| **11. Werder Bremen** | 0:0<br>0:1 | 1:0<br>1:4 | 1:0<br>1:4 | 2:1<br>0:3 | 1:3<br>1:2 | 1:1<br>2:2 | 1:1<br>1:1 | 3:2<br>1:2 | 0:1<br>0:0 | 3:2<br>0:1 |
| **12. RW Essen** | 1:0<br>1:2 | 1:1<br>0:4 | 5:2<br>0:4 | 0:0<br>2:5 | 3:3<br>1:4 | 2:2<br>0:1 | 3:3<br>1:4 | 1:1<br>1:2 | 1:1<br>3:5 | 1:1<br>0:0 |
| **13. Hannover 96** | 1:0<br>0:5 | 1:0<br>2:7 | 2:1<br>1:1 | 3:4<br>0:5 | 4:2<br>1:2 | 1:1<br>0:2 | 2:0<br>1:2 | 1:1<br>3:3 | 3:1<br>4:2 | 4:2<br>2:5 |
| **14. RW Oberhausen** | 3:4<br>1:6 | 3:3<br>2:6 | 3:1<br>0:1 | 0:2<br>1:0 | 2:1<br>2:3 | 1:3<br>1:2 | 3:0<br>2:4 | 3:1<br>1:5 | 0:3<br>2:2 | 0:0<br>0:0 |
| **15. MSV Duisburg** | 0:1<br>1:4 | 4:2<br>0:2 | 1:3<br>0:1 | 1:1<br>2:6 | 0:1<br>1:3 | 0:0<br>1:4 | 1:1<br>3:4 | 1:1<br>1:0 | 2:0<br>0:0 | 0:0<br>2:0 |
| **16. E. Braunschweig** | 0:1<br>0:1 | 0:4<br>1:5 | 1:2<br>0:2 | 1:2<br>2:3 | 1:1<br>2:2 | 3:0<br>3:3 | 1:0<br>2:3 | 3:1<br>0:0 | 3:0<br>1:1 | 1:0<br>0:2 |
| **17. 1860 München** | 0:3<br>1:3 | 2:1<br>0:0 | 2:0<br>2:4 | 1:0<br>1:2 | 3:0<br>1:3 | 0:2<br>1:0 | 4:1<br>1:3 | 1:1<br>3:4 | 0:2<br>1:3 | 1:1<br>2:3 |
| **18. Alem. Aachen** | 0:3<br>1:5 | 1:3<br>0:6 | 2:4<br>1:2 | 1:3<br>0:3 | 3:1<br>1:3 | 0:2<br>1:4 | 4:2<br>0:5 | 2:1<br>2:6 | 1:2<br>0:3 | 1:1<br>1:3 |

## DFB-Pokal

**Viertelfinale:**     Bor. M'gladbach – 1. FC Köln    2:3 (0:1, 2:2) nach Verlängerung
1. FC Nürnberg – Bayern München   2:1 (2:0)     Eintr. Frankfurt – Kickers Offenbach   0:3 (0:3)
Alemannia Aachen – Hertha BSC   1:0 (0:0)

**Halbfinale:** Alemannia Aachen – 1. FC Köln 0:4 (0:2)   Kick. Offenbach – 1. FC Nürnberg  4:2 (1:1, 3:1) (n.

**Endspiel in Hannover:**      **Kickers Offenbach – 1. FC Köln    2:1 (1:0)**
**Offenbach:** Volz; Reich; Weilbächer, E. Schmitt, H. Kremers; H. Schmidt, Weida, Bechthold (60. Nerling
Schäfer; Gecks, Winkler
**Köln:** Manglitz; Biskup; Thielen (31. Rupp), Weber, Hemmersbach; Overath, Flohe, Simmet; Kapellma
Parits, Löhr

| Hannover 96 | RW Oberhausen | MSV Duisburg | Braunschweig | 1860 München | Al. Aachen | g. | u. | v. | Tore | Pkt. | Tore | Punkte |
|---|---|---|---|---|---|---|---|---|---|---|---|---|
| 5:0 | 6:1 | 4:1 | 1:0 | 3:1 | 5:1 | 14 | 2 | 1 | 47:15 | 30- 4 | **71:29** | **51-17** |
| 0:1 | 4:3 | 1:0 | 3:0 | 3:0 | | 9 | 3 | 5 | 24:14 | 21-13 | | |
| 7:2 | 6:2 | 2:0 | 5:1 | 2:0 | 6:0 | 13 | 1 | 3 | 54:15 | 27- 7 | **88:37** | **47-21** |
| 1:0 | 3:3 | 2:4 | 4:0 | 1:2 | 3:1 | 8 | 4 | 5 | 34:22 | 20-14 | | |
| 1:1 | 1:0 | 1:0 | 2:0 | 4:2 | 2:1 | 14 | 2 | 1 | 42:12 | 30- 4 | **67:41** | **45-23** |
| 1:2 | 1:3 | 3:1 | 2:1 | 0:2 | 4:2 | 6 | 3 | 8 | 25:29 | 15-19 | | |
| 5:0 | 0:1 | 6:2 | 3:2 | 2:1 | 3:0 | 13 | 0 | 4 | 58:18 | 26- 8 | **83:38** | **43-25** |
| 4:3 | 2:0 | 1:1 | 2:1 | 0:1 | 3:1 | 7 | 3 | 7 | 25:20 | 17-17 | | |
| 2:1 | 3:2 | 3:1 | 2:2 | 3:1 | 3:1 | 12 | 4 | 1 | 36:18 | 28- 6 | **60:57** | **36-32** |
| 2:4 | 1:2 | 1:0 | 1:1 | 0:3 | 1:3 | 2 | 4 | 11 | 24:49 | 8-26 | | |
| 2:0 | 2:1 | 4:1 | 3:3 | 0:1 | 4:1 | 9 | 3 | 5 | 36:29 | 21-13 | **57:54** | **35-33** |
| 1:1 | 3:1 | 0:0 | 0:3 | 2:0 | 2:0 | 3 | 8 | 6 | 21:25 | 14-20 | | |
| 2:1 | 4:2 | 4:3 | 3:2 | 3:1 | 5:0 | 11 | 3 | 3 | 40:24 | 25- 9 | **59:62** | **35-33** |
| 0:2 | 0:3 | 1:1 | 0:1 | 1:4 | 2:4 | 3 | 4 | 10 | 19:38 | 10-24 | | |
| 3:3 | 5:1 | 0:1 | 0:0 | 4:3 | 6:2 | 10 | 5 | 2 | 38:20 | 25- 9 | **54:54** | **34-34** |
| 1:1 | 1:3 | 1:1 | 1:3 | 1:1 | 1:2 | 2 | 5 | 10 | 16:34 | 9-25 | | |
| 2:0 | 2:2 | 0:0 | 1:1 | 3:1 | 3:0 | 7 | 8 | 2 | 29:18 | 22-12 | **43:54** | **34-34** |
| 1:3 | 3:0 | 0:2 | 0:3 | 2:0 | 2:1 | 4 | 4 | 9 | 14:36 | 12-22 | | |
| 5:2 | 0:0 | 0:2 | 2:0 | 3:2 | 3:1 | 9 | 6 | 2 | 28:19 | 24-10 | **44:55** | **32-36** |
| 2:4 | 0:0 | 0:0 | 0:1 | 1:0 | 1:0 | 1 | 6 | 10 | 16:36 | 8-26 | | |
| 1:0 | 1:1 | 0:0 | 0:1 | 1:1 | 4:1 | 8 | 6 | 3 | 22:16 | 22-12 | **38:47** | **31-37** |
| 2:3 | 1:3 | 1:1 | 2:1 | 1:0 | 0:0 | 2 | 5 | 10 | 16:31 | 9-25 | | |
| 1:0 | 1:0 | 0:0 | 1:1 | 3:0 | 2:0 | 7 | 10 | 0 | 29:17 | 24-10 | **41:54** | **31-37** |
| 0:3 | 1:1 | 1:0 | 0:0 | 0:0 | | 1 | 5 | 11 | 12:37 | 7-27 | | |
| • | 2:1 | 0:0 | 0:2 | 3:1 | 5:0 | 11 | 3 | 3 | 37:19 | 25- 9 | **49:61** | **30-38** |
| | 0:0 | 0:1 | 1:1 | 0:3 | 1:1 | 0 | 5 | 12 | 12:42 | 5-29 | | |
| 0:0 | • | 2:0 | 2:1 | 3:0 | 1:0 | 9 | 4 | 4 | 30:21 | 22-12 | **50:62** | **29-39** |
| 1:2 | | 1:2 | 4:0 | 1:4 | 0:2 | 2 | 3 | 12 | 20:41 | 7-27 | | |
| 1:0 | 2:1 | • | 1:0 | 2:1 | 2:1 | 7 | 6 | 4 | 19:15 | 20-14 | **35:48** | **29-39** |
| 0:0 | 0:2 | | 1:2 | 2:2 | 2:3 | 2 | 5 | 10 | 16:33 | 9-25 | | |
| 1:1 | 0:4 | 2:1 | • | 2:2 | 3:0 | 7 | 4 | 6 | 23:21 | 18-16 | **40:49** | **28-40** |
| 2:0 | 1:2 | 0:1 | | 0:1 | 1:1 | 2 | 6 | 9 | 17:28 | 10-24 | | |
| 3:0 | 4:1 | 2:2 | 1:0 | • | 0:0 | 8 | 4 | 5 | 23:15 | 20-14 | **41:56** | **25-43** |
| 1:3 | 0:3 | 1:2 | 2:2 | | 0:0 | 1 | 3 | 13 | 18:41 | 5-29 | | |
| 1:1 | 2:0 | 3:2 | 1:1 | 0:0 | • | 5 | 6 | 6 | 22:26 | 16-18 | **31:83** | **17-51** |
| 0:5 | 0:1 | 1:2 | 0:3 | 0:0 | | 0 | 1 | 16 | 9:57 | 1-33 | | |

schauer: 50.000    **Schiedsrichter:** Schulenburg (Hamburg)
e: 1:0 Winkler (24.), 2:0 Gecks (63.), 2:1 Löhr (72.)

## Die besten Torschützen

| | | | |
|---|---|---|---|
| d Müller (Bayern München) | 38 | Bernd Rupp (1. FC Köln) | 16 |
| rner Weist (Bor. Dortmund) | 20 | Franz Brungs (Hertha BSC) | 15 |
| rbert Laumen (Bor. M'gladbach) | 19 | Hugo Dausmann (RW Oberhausen) | 15 |
| nnes Löhr (1. FC Köln) | 19 | Lorenz Horr (Hertha BSC) | 13 |
| us Fischer (1860 München) | 19 | Wolfgang Gayer (Hertha BSC) | 13 |
| e Seeler (Hamburger SV) | 17 | | |

# Ein Südfrüchte-Importeur entjungferte die Liga

Riesenspannung auch im Jahr nach der mexikanischen Weltmeisterschaft. Erst am letzten Spieltag fiel in einem Fernduell der beiden Rivalen Bayern und Mönchengladbach die Entscheidung. Beide hatten sich im Verlauf der Saison an der Tabellenspitze mehrfach abgelöst, München konnte sich den Titel »Herbstmeister« sichern, doch vom 19. Spieltag an übernahmen die Mönche das Kommando, wenn auch nur mit dem Hauch eines etwas besseren Torverhältnisses gegenüber den Bajuwaren. Punktgleich bog man in die Schlußkurve. Und am 33. Spieltag erfaßte die Gladbacher lähmendes Entsetzen. Während die Bayern Eintracht Braunschweig hoch mit 4:1 abfertigten, gewannen die Fohlen zwar ebenfalls ihr Heimspiel gegen Rot-Weiß Essen, doch sie fingen sich zum Schluß noch zwei Gegentore durch Stauvermann und Ferner – 4:3 hieß es am Ende, Bayern hatte zwei Tore aufgeholt und die Führung übernommen. Am 34. Spieltag mußte die Entscheidung fallen. Bayern spielte beim Angstgegner in Duisburg, Gladbach mußte nach Frankfurt. Bis zur Halbzeit hielt der Torevorsprung der Münchener (74:34 gegenüber 73:34). Doch der Duisburger Rainer Budde entschied im zweiten Durchgang mit seinen beiden Toren zum Sieg des MSV die Deutsche Meisterschaft. Gladbach drehte in Frankfurt zum Schluß noch mächtig auf – in Kenntnis des Münchener Rückstandes – und kam zu einem glatten 4:1. Das Titelrennen war entschieden – zum ersten Mal seit Bestehen der Bundesliga hatte ein Meister auch im folgenden Jahr die Schale gewinnen können. Auch am Tabellenende fiel die Entscheidung erst am letzten Spieltag, und hier mußte das Torverhältnis den Ausschlag geben. Weil Kickers Offenbach mit 2:4 in Köln unterlag, reichte Rot-Weiß Oberhausen ein 1:1 bei Eintracht Braunschweig, um punktemäßig mit dem OFC gleichzuziehen und ihn aufgrund des besseren Torverhältnisses sogar auf den 17. Platz zu verweisen. Erheblichen Anteil an dem guten Torverhältnis der Niederrheiner hatte ein defensiver Mittelfeldspieler, der mit 24 Treffern in diesem Jahr Torschützenkönig der Bundesliga wurde: Lothar Kobluhn.

Die Kicker aus der Stadt der Lederwaren dagegen haderten mit ihrem Schicksal. Die personell gut besetzte Mannschaft fiel auseinander, wobei es Schalke 04 gelang, sich die Prunkstücke der Elf zu sichern. Die Gebrüder Helmut und Erwin Kremers wurden zur Glückaufkampfbahn geholt, die Perspektiven schienen goldig.

Doch die Offenbacher hatten die letzte Karte noch nicht ausgespielt. All der sportliche Glanz dieser an Höhepunkten reichen Saison wurde in den Schatten gestellt, als Offenbachs Präsident Gregorio Canellas am Tag nach dem Liga-Finale zur Pressekonferenz lud und dort vermittels Tonbandaufnahmen Beweise über »verkaufte« Spiele vorlegte. Zunächst wollte es keiner richtig ernst nehmen, aber bald schon wurde klar und deutlich, daß der Offenbacher Gemüse-Importeur den wohl größten Fußball-Skandal nach dem Kriege aufgedeckt hatte. Immer größere Kreise zog die Affäre, schon bald verhedderten sich vor allem die Spieler von Hertha BSC und Schalke 04 sowie der Verein Arminia Bielefeld in dem Gewirr ihrer eigenen Falschaussagen und Gegen-Beschuldigungen. Ein Jahr nach der grandiosen WM, kurze Zeit nach einer grandiosen Liga-Saison hatte die Elite-Liga ihre Unschuld verloren. Viele hunderttausend Fans wanden sich verbittert von ihr ab, was gerade die treuen Zuschauer nicht für möglich gehalten hatten, war beweisbar geworden: In der Bundesliga waren gegen Bargeld Spiele manipuliert worden. Für viele brach eine Welt zusammen.

**Bundesliga 1970/71**

| | M'gladbach | Bayern München | Hertha BSC | Braunschweig | Hamburger SV | Schalke 04 | MSV Duisburg | Kaiserslautern | Hannover 96 | Werder Bremen |
|---|---|---|---|---|---|---|---|---|---|---|
| **1. Bor. M'gladbach** | • | 3:1 | 4:0 | 3:1 | 3:0 | 2:0 | 1:0 | 5:0 | 0:0 | 0:2 |
| | • | 2:2 | 2:4 | 1:1 | 2:2 | 0:0 | 1:1 | 1:0 | 1:1 | 1:1 |
| **2. Bayern München** | 2:2 | • | 1:0 | 4:1 | 6:2 | 3:0 | 2:1 | 3:1 | 4:1 | 2:1 |
| | 1:3 | • | 3:3 | 1:1 | 5:1 | 3:1 | 0:2 | 1:2 | 2:2 | 1:0 |
| **3. Hertha BSC** | 4:2 | 3:3 | • | 1:0 | 2:0 | 2:1 | 3:1 | 5:3 | 0:0 | 3:1 |
| | 0:4 | 0:1 | • | 1:2 | 0:0 | 1:0 | 0:1 | 0:2 | 1:1 | 0:0 |
| **4. E. Braunschweig** | 1:1 | 1:1 | 2:1 | • | 4:1 | 3:3 | 5:0 | 2:0 | 0:4 | 1:0 |
| | 1:3 | 1:4 | 0:1 | • | 1:2 | 0:1 | 0:0 | 1:0 | 0:1 | 0:2 |
| **5. Hamburger SV** | 2:2 | 1:5 | 0:0 | 2:1 | • | 1:2 | 2:0 | 5:2 | 1:0 | 1:1 |
| | 0:3 | 2:6 | 0:2 | 1:4 | • | 1:3 | 2:2 | 0:2 | 3:0 | 2:2 |
| **6. Schalke 04** | 0:0 | 1:3 | 0:1 | 1:0 | 3:1 | • | 1:0 | 2:0 | 3:0 | 0:0 |
| | 0:2 | 0:3 | 1:2 | 3:3 | 2:1 | • | 0:1 | 0:2 | 0:3 | 1:0 |
| **7. MSV Duisburg** | 1:1 | 2:0 | 1:0 | 0:0 | 2:2 | 1:0 | • | 1:1 | 3:2 | 3:1 |
| | 0:1 | 1:2 | 1:3 | 0:5 | 0:2 | 0:1 | • | 0:3 | 3:3 | 2:0 |
| **8. Kaiserslautern** | 0:1 | 2:1 | 2:0 | 0:1 | 2:0 | 2:0 | 3:0 | • | 2:1 | 2:1 |
| | 0:5 | 1:3 | 3:5 | 0:2 | 2:5 | 0:2 | 1:1 | • | 1:2 | 1:1 |
| **9. Hannover 96** | 1:1 | 2:2 | 1:1 | 1:0 | 0:3 | 3:0 | 3:3 | 2:1 | • | 0:3 |
| | 0:0 | 1:4 | 0:0 | 4:0 | 0:1 | 0:3 | 2:3 | 1:2 | • | 0:0 |
| **10. Werder Bremen** | 1:1 | 0:1 | 0:0 | 2:0 | 2:2 | 0:1 | 0:2 | 1:1 | 0:0 | • |
| | 2:0 | 1:2 | 1:3 | 0:1 | 1:1 | 0:0 | 1:3 | 1:2 | 3:0 | • |
| **11. 1. FC Köln** | 3:2 | 0:3 | 3:2 | 3:1 | 3:0 | 2:0 | 2:1 | 1:2 | 0:1 | 1:1 |
| | 1:1 | 0:7 | 2:3 | 1:2 | 0:2 | 2:2 | 0:0 | 0:0 | 0:2 | 1:1 |
| **12. VfB Stuttgart** | 1:1 | 1:1 | 1:1 | 1:1 | 3:3 | 1:1 | 1:0 | 2:0 | 1:2 | 1:3 |
| | 1:4 | 0:1 | 0:2 | 0:4 | 0:1 | 1:2 | 0:1 | 5:0 | 0:3 | 1:3 |
| **13. Bor. Dortmund** | 3:4 | 0:0 | 3:1 | 1:1 | 1:1 | 1:2 | 5:1 | 0:2 | 2:2 | 0:1 |
| | 2:3 | 1:1 | 2:5 | 0:3 | 1:2 | 0:0 | 3:4 | 0:1 | 1:4 | 1:3 |
| **14. Arm. Bielefeld** | 0:2 | 1:0 | 1:1 | 0:1 | 1:1 | 0:3 | 0:0 | 2:1 | 3:1 | 3:0 |
| | 2:0 | 0:2 | 1:0 | 2:3 | 2:3 | 1:0 | 1:4 | 0:3 | 0:2 | 1:4 |
| **15. Eintr. Frankfurt** | 1:4 | 0:1 | 1:3 | 5:2 | 0:0 | 1:0 | 0:0 | 3:2 | 2:1 | 0:2 |
| | 0:5 | 1:2 | 2:6 | 0:2 | 0:3 | 1:4 | 1:3 | 0:2 | 2:1 | 0:1 |
| **16. RW Oberhausen** | 0:2 | 0:4 | 1:1 | 1:0 | 8:1 | 4:1 | 0:2 | 4:2 | 4:3 | 3:0 |
| | 0:6 | 2:4 | 1:3 | 1:1 | 0:0 | 0:2 | 2:2 | 1:4 | 2:1 | 0:2 |
| **17. Offenbach** | 1:3 | 1:1 | 1:0 | 0:2 | 3:3 | 0:1 | 2:0 | 2:2 | 1:5 | 2:1 |
| | 0:2 | 0:0 | 1:3 | 0:3 | 2:3 | 2:1 | 2:2 | 0:4 | 1:1 | 1:3 |
| **18. RW Essen** | 1:2 | 3:1 | 0:3 | 0:1 | 1:3 | 1:3 | 1:1 | 4:0 | 2:0 | 2:2 |
| | 3:4 | 2:2 | 1:1 | 0:1 | 1:2 | 1:4 | 0:1 | 2:5 | 1:3 | 1:1 |

## DFB-Pokal

**Viertelfinale:** Fort. Düsseldorf – Bor. M'gladbach 3:1 (0:1)
FC Schalke 04 – RW Oberhausen 1:0 (0:0)   Bayern München – MSV Duisburg 4:0 (1:0)
1.FC Köln – Hamburger SV 2:0 (0:0)

**Halbfinale:** FC Schalke 04 – 1. FC Köln 2:3 (2:0)   Fort. Düsseldorf – Bayern München 0:1 (0:0)

**Endspiel in Stuttgart:**   **Bayern München – 1. FC Köln   2:1 (1:1, 1:0) nach Verlängerung**
**München:** Maier; Koppenhöfer, Schwarzenbeck, Beckenbauer, Breitner; Zobel, Hoeneß (87. Hansen), F
(68. Schneider); Mrosko, G. Müller, Brenninger
**Köln:** Soskic; Thielen (99. Cullmann), Weber, Biskup, Hemmersbach; Flohe, Overath, Simmet (79. Kap
mann); Löhr, Rupp, Parits

| Bor. Dortmund | Arm. Bielefeld | E. Frankfurt | Oberhausen | Offenbach | RW Essen | Heimbilanz Auswärtsbilanz | | | | | Gesamt | |
|---|---|---|---|---|---|---|---|---|---|---|---|---|
| | | | | | | g. | u. | v. | Tore | Pkt. | Tore | Punkte |
| 3:2 | 0:2 | 5:0 | 6:0 | 2:0 | 4:3 | 13 | 2 | 2 | 46:13 | 28- 6 | **77:35** | **50-18** |
| 4:3 | 2:0 | 4:1 | 2:0 | 3:1 | 2:1 | 7 | 8 | 2 | 31:22 | 22-12 | | |
| 1:1 | 2:0 | 2:1 | 4:2 | 0:0 | 2:2 | 13 | 4 | 0 | 46:15 | 30- 4 | **74:36** | **48-20** |
| 0:0 | 0:1 | 1:0 | 4:0 | 1:1 | 1:3 | 6 | 6 | 5 | 28:21 | 18-16 | | |
| 5:2 | 0:1 | 6:2 | 3:1 | 3:1 | 1:1 | 13 | 3 | 1 | 46:21 | 29- 5 | **61:43** | **41-27** |
| 1:3 | 1:1 | 3:1 | 1:1 | 0:1 | 3:0 | 3 | 6 | 8 | 15:22 | 12-22 | | |
| 3:0 | 3:2 | 2:0 | 1:1 | 3:0 | 1:0 | 12 | 4 | 1 | 39:15 | 28- 6 | **52:40** | **39-29** |
| 1:1 | 1:0 | 2:5 | 0:1 | 2:0 | 1:0 | 4 | 3 | 10 | 13:25 | 11-23 | | |
| 2:1 | 3:2 | 3:0 | 0:0 | 3:2 | 2:1 | 11 | 4 | 2 | 31:19 | 26- 8 | **54:63** | **37-31** |
| 1:1 | 1:1 | 0:0 | 1:8 | 3:3 | 3:1 | 2 | 7 | 8 | 23:44 | 11-23 | | |
| 0:0 | 0:1 | 4:1 | 2:0 | 1:2 | 4:1 | 9 | 4 | 4 | 26:13 | 22-12 | **44:40** | **36-32** |
| 2:1 | 3:0 | 0:1 | 1:4 | 1:0 | 3:1 | 6 | 2 | 9 | 18:27 | 14-20 | | |
| 4:3 | 4:1 | 3:1 | 2:2 | 2:2 | 1:0 | 10 | 7 | 0 | 31:16 | 27- 7 | **43:47** | **35-33** |
| 1:5 | 0:0 | 0:0 | 2:0 | 0:2 | 1:1 | 2 | 4 | 11 | 12:31 | 8-26 | | |
| 1:0 | 3:0 | 2:0 | 4:1 | 4:0 | 5:2 | 13 | 1 | 3 | 34:13 | 27- 7 | **54:57** | **34-34** |
| 2:0 | 1:2 | 2:3 | 2:4 | 2:2 | 0:4 | 2 | 3 | 12 | 20:44 | 7-27 | | |
| 4:1 | 2:0 | 1:2 | 1:2 | 1:1 | 3:1 | 8 | 5 | 4 | 39:21 | 21-13 | **53:49** | **33-35** |
| 2:2 | 1:3 | 1:2 | 3:4 | 5:1 | 0:2 | 4 | 4 | 9 | 23:28 | 12-22 | | |
| 3:1 | 4:1 | 1:0 | 2:0 | 3:1 | 1:1 | 7 | 7 | 3 | 24:14 | 21:13 | **41:40** | **33-35** |
| 1:0 | 0:3 | 2:0 | 0:3 | 1:2 | 2:2 | 4 | 4 | 9 | 17:26 | 12-22 | | |
| 2:2 | 2:0 | 0:0 | 2:4 | 4:2 | 3:2 | 10 | 3 | 4 | 33:24 | 23-11 | **46:56** | **33-35** |
| 0:0 | 0:1 | 1:1 | 2:2 | 1:4 | 0:2 | 1 | 8 | 8 | 13:32 | 10-24 | | |
| 6:1 | 1:0 | 2:1 | 2:1 | 1:0 | 5:1 | 9 | 6 | 2 | 33:16 | 24-10 | **49:49** | **30-38** |
| 1:3 | 0:1 | 0:1 | 2:1 | 3:3 | 1:1 | 2 | 2 | 13 | 16:33 | 6-28 | | |
| ● | 3:0 | 3:0 | 2:0 | 1:1 | 7:2 | 7 | 6 | 4 | 35:19 | 20-14 | **54:60** | **29-39** |
| ● | 3:2 | 0:2 | 1:0 | 0:3 | 1:0 | 3 | 3 | 11 | 19:41 | 9-25 | | |
| 2:3 | ● | 1:0 | 2:1 | 2:0 | 0:0 | 9 | 4 | 4 | 20:14 | 22-12 | **34:53** | **29-39** |
| 0:3 | ● | 1:1 | 2:4 | 0:5 | 1:2 | 3 | 1 | 13 | 14:39 | 7-27 | | |
| 2:0 | 1:1 | ● | 5:0 | 3:0 | 3:2 | 9 | 4 | 4 | 29:19 | 22-12 | **39:56** | **28-40** |
| 0:3 | 0:1 | ● | 0:0 | 2:0 | 0:2 | 2 | 2 | 13 | 10:37 | 6-28 | | |
| 0:1 | 4:2 | 0:0 | ● | 2:2 | 0:0 | 7 | 5 | 5 | 34:25 | 19-15 | **54:69** | **27-41** |
| 0:2 | 1:2 | 0:5 | ● | 2:3 | 3:3 | 2 | 4 | 11 | 20:44 | 8-26 | | |
| 3:0 | 5:0 | 0:2 | 3:2 | ● | 1:2 | 7 | 4 | 6 | 32:28 | 18-16 | **49:65** | **27-41** |
| 1:1 | 0:2 | 0:3 | 2:2 | ● | 3:2 | 2 | 5 | 10 | 17:37 | 9-25 | | |
| 0:1 | 2:1 | 2:0 | 3:3 | 2:3 | ● | 6 | 4 | 7 | 27:25 | 16-18 | **48:68** | **23-45** |
| 2:7 | 0:0 | 2:3 | 0:0 | 2:1 | ● | 1 | 5 | 11 | 21:43 | 7-27 | | |

chauer: 71.000     **Schiedsrichter:** Biwersi (Bliesransbach)
: 0:1 Rupp (14.), 1:1 Beckenbauer (52.), 2:1 Schneider (118.)

## Die besten Torschützen

| | | | |
|---|---|---|---|
| ar Kobluhn (RW Oberhausen) | 24 | Ferdinand Keller (Hannover 96) | 19 |
| Müller (Bayern München) | 22 | Willi Lippens (RW Essen) | 19 |
| heinz Vogt (Kaiserslautern) | 22 | Lothar Ulsaß (Eintr. Braunschweig) | 18 |
| ert Laumen (Bor. M'gladbach) | 20 | Klaus Fischer (Schalke 04) | 15 |
| nz Horr (Hertha Berlin) | 20 | Hartmut Weiß (VfB Stuttgart) | 15 |
| Heynckes (Bor. M'gladbach) | 19 | | |

# Fohlen strauchelten über eine Büchse

Die neunte Bundesliga-Saison war geprägt von den Bemühungen des DFB, Licht in das Dunkel des Bestechungsskandals zu bekommen. Kaum ein Tag verging, an dem die Auswirkungen der Affäre, neue Enthüllungen und Gerüchte nicht zumindest gleichberechtigt neben der Berichterstattung über die sportlichen Abläufe in der Bundesliga einhergingen. Immerhin vergingen 27 Spieltage, bis Arminia Bielefeld der endgültige Bannstrahl in Form eines rechtskräftigen Urteils erreichte. Die Ostwestfalen wurden aus der Liga eliminiert, alle bisherigen Spiele anulliert. Noch vor Ende der Saison wurden Spieler von Hertha BSC und der Schalker Jürgen Sobieray gesperrt.

Der Verlauf der Liga litt insofern unter den Ermittlungen, als Schalke 04 sowohl auf dem Rasen als auch vor den Schranken der DFB-Gerichtsbarkeit die Schlagzeilen bestimmte. Entgegen aller Erwartung diktierten nicht die hohen Favoriten Bayern München und Borussia Mönchengladbach das Tempo an der Spitze, sondern die blutjunge Gelsenkirchener Mannschaft. Gezielt und systematisch verstärkt – Klaus Fischer war im Vorjahr gekommen, die Kremers-Zwillinge folgten zu Beginn der Spielzeit –, waren die Schalker ein ernsthafter Konkurrent der beiden Super-Mannschaften aus München und Mönchengladbach geworden. Mit drei Punkten Vorsprung konnte nach Beendigung der Hinrunde am Schalker Markt die Herbstmeisterschaft gefeiert werden. Doch in der zweiten Serie ging den »Horvath-Löwen« zusehends der Atem aus, zumal nun die Folgen des Bestechungsskandals in voller Härte auf Schalke übergriffen. Die Spieler wurden Woche für Woche mit neuen Beschuldigungen konfrontiert, was nicht ohne Auswirkungen auf die Leistungen auf dem Rasen blieb. Immerhin führten die Münchener Bayern am letzten Spieltag nur einen Punkt vor den Schalkern. So kam es im neuen Münchener Olympiastadion zu einem echten Endspiel, das die Bayern zwar hoch mit 5:1 gewannen, doch Schalke hatte erneut einen hervorragenden Eindruck hinterlassen. Drei Tage später hielten sich die Blauweißen dann im Pokal schadlos, indem sie den 1. FC Kaiserslautern im Endspiel hoch mit 5:0 bezwangen. Doch da brach die Elf schon auseinander, war Jürgen Sobieray gesperrt, Klaus Fischer sollte bald folgen. Die zwangsabgestiegene Arminia aus Bielefeld wurde auf den letzten Platz gesetzt. Mit ihr mußte auch die Dortmunder Borussia den Weg in die Zweitklassigkeit antreten. Die selbst verordnete Verjüngungskur war den Westfalen gründlich mißraten.

Nur auf den dritten Platz kam der Meister der letzten zwei Jahre, Borussia Mönchengladbach. Höhepunkt der Leistungskurve der Weisweiler-Elf war der sensationelle 7:1-Erfolg im Europapokal der Landesmeister gegen Inter Mailand. Ein sagenhafter Günter Netzer hatte die Fohlen in einen Spielrausch gezaubert, der allen, die dabeigewesen waren, unvergeßlich bleiben wird. Daß dennoch alle Spielkunst umsonst war, dafür sorgte der legendäre Büchsenwurf auf Boninsegna. Der Italiener ließ sich mit der Bahre vom Platz tragen, woraufhin das Spiel von der UEFA annulliert und mit Spielort Berlin neu angesetzt wurde. Dort kamen die Borussen über ein 0:0 nicht hinaus, verloren außerdem Luggi Müller mit einem Schien- und Wadenbeinbruch. In Mailand gab es dann eine 2:4-Niederlage. Ein Knacks, der auch Bedeutung für die Meisterschaft hatte. So konnte Mönchengladbach über einen Titel jubeln: Günter Netzer wurde Fußballer des Jahres.

Erstmals wurde auch der UEFA-Cup anstelle des Messewettbewerbs durchgeführt. Deutsche Teilnehmer waren Hertha Berlin, der Hamburger SV, Eintracht Braunschweig und der 1. FC Köln. Bäume rissen sie nicht aus, doch das sollte in den nächsten Jahren noch anders werden.

| Bundesliga 1971/72 | Bayern München | Schalke 04 | M'gladbach | 1. FC Köln | E. Frankfurt | Hertha BSC | Kaiserslautern | VfB Stuttgart | VfL Bochum | Hamburger SV |
|---|---|---|---|---|---|---|---|---|---|---|
| 1. Bayern München | • • | 5:1 / 0:1 | 2:0 / 2:2 | 1:1 / 4:1 | 6:3 / 2:3 | 1:0 / 2:2 | 3:1 / 2:0 | 2:2 / 4:1 | 5:1 / 2:0 | 4:3 / 4:1 |
| 2. FC Schalke 04 | 1:0 / 1:5 | • • | 1:1 / 0:7 | 6:2 / 1:0 | 2:0 / 0:2 | 4:0 / 0:3 | 3:0 / 2:2 | 2:1 / 1:0 | 4:1 / 2:0 | 3:0 / 1:0 |
| 3. Bor. M'gladbach | 2:2 / 0:2 | 7:0 / 1:1 | • • | 3:0 / 3:4 | 6:2 / 0:3 | 5:2 / 1:2 | 2:1 / 0:1 | 0:0 / 1:0 | 1:1 / 2:0 | 1:0 / 0:1 |
| 4. 1. FC Köln | 1:4 / 1:1 | 0:1 / 2:6 | 4:3 / 0:3 | • • | 1:1 / 2:2 | 3:0 / 1:1 | 4:2 / 0:2 | 4:1 / 1:1 | 1:1 / 5:1 | 3:0 / 1:1 |
| 5. Eintr. Frankfurt | 3:2 / 3:6 | 2:0 / 0:2 | 3:0 / 2:6 | 2:2 / 1:1 | • • | 1:1 / 0:0 | 1:0 / 1:1 | 4:1 / 4:4 | 3:2 / 1:3 | 4:0 / 1:5 |
| 6. Hertha BSC | 2:2 / 0:1 | 3:0 / 0:4 | 2:1 / 2:5 | 1:1 / 0:3 | 0:0 / 1:1 | • • | 2:1 / 4:3 | 2:1 / 0:3 | 1:2 / 2:4 | 2:0 / 2:1 |
| 7. Kaiserslautern | 0:2 / 1:3 | 2:2 / 0:3 | 1:0 / 1:2 | 2:0 / 2:4 | 1:1 / 0:1 | 3:4 / 1:2 | • • | 3:1 / 1:3 | 4:1 / 2:4 | 2:1 / 0:4 |
| 8. VfB Stuttgart | 1:4 / 2:2 | 0:1 / 1:2 | 0:1 / 0:0 | 1:1 / 1:4 | 4:4 / 1:4 | 3:0 / 1:2 | 3:1 / 1:3 | • • | 3:2 / 1:1 | 0:3 / 2:1 |
| 9. VfL Bochum | 0:2 / 1:5 | 0:2 / 1:4 | 1:1 / 1:1 | 1:5 / 1:1 | 3:1 / 2:3 | 4:2 / 2:1 | 4:2 / 1:4 | 1:1 / 2:3 | • • | 2:1 |
| 10. Hamburger SV | 1:4 / 3:4 | 0:1 / 0:3 | 1:0 / 0:1 | 1:1 / 0:3 | 5:1 / 0:4 | 1:2 / 0:2 | 4:0 / 1:2 | 1:2 / 3:0 | 3:2 / 1:2 | • • |
| 11. Werder Bremen | 1:2 / 2:6 | 2:0 / 0:2 | 2:2 / 2:2 | 2:2 / 0:0 | 3:1 / 0:4 | 5:0 / 1:2 | 2:2 / 1:2 | 2:3 / 0:1 | 2:0 / 2:4 | 4:0 / 1:2 |
| 12. Braunschweig | 1:1 / 1:4 | 0:0 / 1:5 | 2:1 / 1:4 | 0:1 / 0:2 | 2:0 / 1:1 | 1:1 / 0:1 | 1:1 / 2:2 | 1:1 / 1:3 | 0:2 / 0:1 | 1:1 / 1:3 |
| 13. Fort. Düsseldorf | 0:1 / 1:3 | 0:2 / 0:3 | 0:2 / 2:1 | 1:1 / 2:1 | 1:0 / 2:4 | 1:0 / 1:1 | 0:3 / 1:3 | 4:0 / 1:3 | 3:1 / 1:3 | 0:0 / 3:3 |
| 14. MSV Duisburg | 3:0 / 1:5 | 2:0 / 0:2 | 1:5 / 0:3 | 1:1 / 1:4 | 0:1 / 1:2 | 2:0 / 0:1 | 1:0 / 0:1 | 1:2 / 0:1 | 2:2 / 1:3 | 2:4 / 0:2 |
| 15. RW Oberhausen | 1:1 / 0:7 | 2:3 / 0:4 | 0:4 / 2:5 | 1:1 / 0:4 | 1:0 / 0:3 | 5:2 / 0:2 | 2:5 / 0:0 | 1:1 / 1:1 | 2:3 / 0:2 | 1:0 / 0:3 |
| 16. Hannover 96 | 1:3 / 1:3 | 1:5 / 0:5 | 2:0 / 0:3 | 1:4 / 1:3 | 3:1 / 1:3 | 1:1 / 1:3 | 1:2 / 0:2 | 3:0 / 2:3 | 4:0 / 2:2 | 2:3 / 0:2 |
| 17. Bor. Dortmund | 0:1 / 1:11 | 0:3 / 0:1 | 0:0 / 1:7 | 0:0 / 1:2 | 3:1 / 2:5 | 1:2 / 1:2 | 2:1 / 0:3 | 0:4 / 0:2 | 1:1 / 2:4 | 1:1 / 0:0 |
| 18. Arm. Bielefeld | 0:1 / 1:1 | 1:1 / 2:6 | 2:3 / 1:5 | 2:3 / 0:1 | 3:4 / 2:5 | 1:1 / 1:1 | 1:1 / 1:2 | 1:0 / 2:2 | 3:1 / 1:2 | 2:2 / 0:1 |

## DFB-Pokal

**Viertelfinale:**  Werder Bremen – Hannover 96  2:1 (2:0)
Kaiserslautern – RW Oberhausen  5:0 (1:3) nach Verlängerung)
Schalke 04 – Bor. M'gladbach  1:0 (2:2)   1. FC Köln – Bayern München  5:1 (0:3)

**Halbfinale:** FC Schalke 04 – 1. FC Köln 5:2 (1:4) (nach Elfmeterschießen)
Werder Bremen – 1. FC Kaiserslautern  1:2 (1:2) (Hinspielergebnisse in Klammern)

**Endspiel in Hannover:**      **Schalke 04 – 1. FC Kaiserslautern   5:0 (2:0)**
**Schalke:** Nigbur; Huhse, Rüßmann, Fichtel, H. Kremers; Lütkebohmert, van Haaren, Scheer; Libu
Fischer, E. Kremers
**Kaiserslautern:** Elting; Reinders, Diehl, Schwager, Fuchs; Friedrich, Pirrung, Bitz; Hosic, Seel, Ackerma

| Düsseldorf | MSV Duisburg | Oberhausen | Hannover 96 | Dortmund | Arm. Bielefeld | g. | u. | v. | Tore | Pkt. | Tore | Punkte |
|---|---|---|---|---|---|---|---|---|---|---|---|---|
| | | | | | | **Heimbilanz Auswärtsbilanz** | | | | | **Gesamt** | |
| 3:1 | 5:1 | 7:0 | 3:1 | 11:1 | 1:1 | 14 | 3 | 0 | 69:20 | 31- 3 | **101:38** | **55-13** |
| 1:0 | 0:3 | 1:1 | 3:1 | 1:0 | 1:0 | 10 | 4 | 3 | 32:18 | 24-10 | | |
| 3:0 | 2:0 | 4:0 | 5:0 | 1:0 | 6:2 | 16 | 1 | 0 | 54: 8 | 33- 1 | **76:35** | **52-16** |
| 2:0 | 0:2 | 3:2 | 5:1 | 3:0 | 1:1 | 8 | 3 | 6 | 22:27 | 19-15 | | |
| 1:2 | 3:0 | 5:2 | 3:0 | 7:1 | 5:1 | 12 | 4 | 1 | 57:15 | 28- 6 | **82:40** | **43-25** |
| 2:0 | 5:1 | 4:0 | 0:2 | 0:0 | 3:2 | 6 | 3 | 8 | 25:23 | 15-19 | | |
| 1:2 | 4:1 | 4:0 | 3:1 | 2:1 | 1:0 | 11 | 3 | 3 | 38:18 | 25- 9 | **64:44** | **43-25** |
| 1:1 | 1:1 | 1:1 | 4:1 | 0:0 | 3:2 | 4 | 10 | 3 | 26:26 | 18-16 | | |
| 4:2 | 2:1 | 3:0 | 3:1 | 5:2 | 5:2 | 14 | 3 | 0 | 50:17 | 31- 3 | **71:61** | **39-29** |
| 0:1 | 1:0 | 0:1 | 1:3 | 1:3 | 4:3 | 2 | 4 | 11 | 21:44 | 8-26 | | |
| 1:1 | 1:0 | 2:0 | 3:1 | 2:1 | 1:1 | 11 | 5 | 1 | 28:13 | 27- 7 | **46:55** | **37-31** |
| 0:1 | 0:2 | 2:5 | 1:1 | 2:1 | 1:1 | 3 | 4 | 10 | 18:42 | 10-24 | | |
| 3:1 | 1:0 | 0:0 | 2:0 | 6:0 | 2:1 | 11 | 4 | 2 | 36:17 | 26- 8 | **59:53** | **35-33** |
| 3:0 | 0:1 | 5:2 | 2:1 | 1:2 | 1:1 | 3 | 3 | 11 | 23:36 | 9-25 | | |
| 3:1 | 1:0 | 1:1 | 3:2 | 2:0 | 2:2 | 9 | 4 | 4 | 31:24 | 22-12 | **52:56** | **35-33** |
| 0:4 | 2:1 | 1:1 | 0:3 | 4:0 | 0:1 | 4 | 5 | 8 | 21:32 | 13-21 | | |
| 3:1 | 3:1 | 2:0 | 2:2 | 4:2 | 2:1 | 11 | 2 | 4 | 36:27 | 24-10 | **59:69** | **34-34** |
| 1:3 | 2:2 | 3:2 | 0:4 | 1:1 | 1:3 | 3 | 4 | 10 | 23:42 | 10-24 | | |
| 3:3 | 2:0 | 3:0 | 2:0 | 0:0 | 1:0 | 10 | 3 | 4 | 33:18 | 23:11 | **52:52** | **33-35** |
| 0:0 | 4:2 | 0:1 | 3:2 | 1:1 | 2:2 | 3 | 4 | 10 | 19:34 | 10-24 | | |
| 1:1 | 1:1 | 4:0 | 2:1 | 3:1 | 4:0 | 9 | 5 | 3 | 42:20 | 23-11 | **63:58** | **31-37** |
| 3:1 | 0:2 | 2:1 | 1:5 | 5:1 | 0:1 | 2 | 4 | 11 | 21:38 | 8-26 | | |
| 1:1 | 2:0 | 0:0 | 3:0 | 2:0 | 3:2 | 6 | 9 | 2 | 21:13 | 21-13 | **43:48** | **31-37** |
| 0:0 | 0:0 | 1:1 | 0:3 | 2:2 | 7:1 | 2 | 6 | 9 | 22:35 | 10-24 | | |
| ● | 0:0 | 1:1 | 2:0 | 4:1 | 3:2 | 7 | 5 | 5 | 21:17 | 19-15 | **40:53** | **30-38** |
| ● | 0:0 | 0:2 | 0:5 | 0:1 | 3:1 | 3 | 5 | 9 | 19:36 | 11-23 | | |
| 0:0 | ● | 0:0 | 2:1 | 2:1 | 4:0 | 8 | 5 | 4 | 25:17 | 21-13 | **36:51** | **27-41** |
| 0:0 | ● | 1:0 | 2:3 | 3:2 | 0:2 | 2 | 2 | 13 | 11:34 | 6-28 | | |
| 2:0 | 0:1 | ● | 3:2 | 1:1 | 2:0 | 6 | 6 | 5 | 27:27 | 18-16 | **33:66** | **25-43** |
| 1:1 | 0:0 | ● | 0:1 | 1:2 | 1:0 | 1 | 5 | 11 | 6:39 | 7-27 | | |
| 5:0 | 3:2 | 1:0 | ● | 2:3 | 3:1 | 10 | 1 | 6 | 41:26 | 21-13 | **54:59** | **23-45** |
| 0:2 | 1:2 | 2:3 | ● | 1:1 | 0:1 | 0 | 2 | 15 | 13:43 | 2-32 | | |
| 1:0 | 2:3 | 2:1 | 1:1 | ● | 1:0 | 5 | 6 | 6 | 18:26 | 16-18 | **34:83** | **20-48** |
| 1:4 | 1:2 | 1:1 | 3:2 | ● | 1:3 | 1 | 2 | 14 | 16:57 | 4-30 | | |
| 1:3 | 2:0 | 0:1 | 1:0 | 3:1 | ● | 6 | 4 | 7 | 25:29 | 16-18 | **0: 0** | **0- 0** |
| 2:3 | 0:4 | 0:2 | 1:3 | 0:1 | ● | 0 | 3 | 14 | 16:46 | 3-31 | | |

**:hauer:** 61.000    **Schiedsrichter:** Aldinger (Waiblingen)
: 1:0 H. Kremers (13.), 2:0 Scheer (32.), 3:0 Lütkebohmert (57.), 4:0 Fischer (66.), 5:0 H. Kremers (82.)

## Die besten Torschützen

| | | | |
|---|---|---|---|
| Müller (Bayern München) | 40 | Jupp Heynckes (Bor. M'gladbach) | 19 |
| s Fischer (Schalke 04) | 22 | Klaus Scheer (Schalke 04) | 18 |
| s Walitza (VfL Bochum) | 22 | Günter Netzer (Bor. M'gladbach) | 17 |
| inand Keller (Hannover 96) | 20 | Bernd Rupp (1. FC Köln) | 16 |

# Zwischen Europa- und Weltmeisterschaft ein Durchmarsch des FC Bayern

Das Jahr eins nach dem großen Bestechungsskandal bringt den großen Einbruch bei den Zuschauerzahlen. Nur gerade 16 000 im Schnitt wollen die Spiele sehen, obwohl der deutsche Fußball international so anerkannt ist wie selten zuvor. Im Sommer 1972 wurde die deutsche Fußballnationalmannschaft mit einem glanzvollen 3:0-Sieg über die UdSSR erstmals Europameister.

Doch die Liga profitiert davon nicht – im Gegenteil. Der Vertrauensverlust ist groß, die Fans bleiben weg.

Hinzu kommt der relativ langweilige Verlauf der Saison. Bayern München ist der erwartete Start-Ziel-Sieger. Sechs Spieler, die in Brüssel den EM-Titel gewannen, stehen in den Reihen der Bajuwaren: Maier, Breitner, Beckenbauer, Schwarzenbeck, Hoeneß und Müller. Da ist in der Bundesliga kein Kraut gegen gewachsen. Zumal die im letzten Jahr so starke Schalker Mannschaft durch den Bestechungsskandal zerstört wurde. Nur unter größten Anstrengungen und mit einer Rumpf-Elf kann man zum Schluß die Klasse erhalten. Auch Borussia Mönchengladbach findet in dieser Zeit nicht zur gewohnten Form. Die Krise der Mönche ist zugleich die Krise ihres großen Regisseurs, Günter Netzer. Der findet mit Hennes Weisweiler einfach keine gemeinsame Basis mehr. Der Star wandert aus zu den »Königlichen« von Real Madrid. Vorher macht er sich und seiner Borussia aber noch ein legendäres Abschiedsgeschenk. Im Pokalfinale gegen den 1. FC Köln wechselt Weisweiler ihn erst zur Verlängerung ein. Nur wenige Minuten ist er im Spiel, da knallt Netzer den Ball mit einem vehementen Schuß zum Siegtor für die Borussia in den Winkel.

Hinter den mit sage und schreibe elf Punkten Vorsprung dominierenden Bayern folgt eine rheinische Troika auf den Plätzen zwei bis vier. Der 1. FC Köln, Fortuna Düsseldorf und der Wuppertaler SV plazieren sich noch vor den Mönchengladbachern.

Absteigen muß neben RW Oberhausen – das sich Jahr für Jahr immer wieder so eben retten konnte, aber in diesem Jahr auch kräftemäßig dem permanenten Existenzkampf Tribut zollen mußte – auch Eintracht Braunschweig. Nach den Titelträgern 1860 München und 1. FC Nürnberg mußte in der noch jungen Bundesliga-Geschichte bereits der dritte Meister wenig später den Gang in die Zweitklassigkeit antreten.

Doch weiter stand nicht der sportliche Verlauf der Spielzeit, sondern die Nachwirkungen der Bestechungsaffäre im Vordergrund. Die gesperrten Spieler suchten vor ordentlichen Gerichten, von der DFB-Gerichtsbarkeit verschont zu werden. Ein Unterfangen, das schließlich scheitern mußte, punktuelle Erfolge aber aufzuweisen hatte. Höhepunkt der Konfrontation war der 27. April 1973. Die Schalker Spieler Sobieray, Rüßmann, Fichtel, Lütkebohmert und Fischer hatten vor ordentlichen Gerichten eine Spielerlaubnis für die Begegnung gegen den 1. FC Köln erstritten. Und in Schalke wurde ernsthaft erwogen, die gesperrten »Skandal-Sünder« auch einzusetzen. Der DFB drohte daraufhin vorab mit Punktabzug, was wiederum die Schalker Fans auf den Plan brachte, die eine Stadion-Besetzung in Erwägung zogen. Die Partie wurde schließlich abgesetzt und zu einem späteren Zeitpunkt – ohne die »Sünder«! – nachgeholt. Da die Schalker Stars bis zum bitteren Schluß ihre Unschuld beteuerten, vor ordentlichen Gerichten sogar einen Eid darauf ablegten, waren die Gelsenkirchener, als die Wahrheit an den Tag kam, übel dran. Die Meineide wurden nicht als Kavaliersdelikte behandelt, Schalke hatte den Ruf als Skandal-Verein Nummer eins endgültig weg, und die Liga insgesamt kam so schnell nicht mehr aus den negativen Schlagzeilen heraus, was besonders für die Lederball-Honoratioren höchst ärgerlich war, denn die WM 74 im eigenen Land stand vor der Tür.

| Bundesliga 1972/73 | Bayern München | 1. FC Köln | Düsseldorf | Wuppertal | M'gladbach | VfB Stuttgart | Offenbach | E. Frankfurt | Kaiserslautern | MSV Duisburg |
|---|---|---|---|---|---|---|---|---|---|---|
| 1. Bayern München | • | 1:1<br>1:2 | 3:2<br>0:0 | 4:1<br>1:1 | 3:0<br>3:0 | 5:1<br>1:0 | 3:1<br>3:0 | 3:1<br>1:2 | 6:0<br>1:3 | 2:0<br>0:2 |
| 2. 1. FC Köln | 2:1<br>1:1 | • | 1:0<br>2:3 | 1:1<br>2:2 | 3:1<br>2:5 | 5:1<br>1:3 | 1:1<br>3:2 | 3:1<br>0:5 | 2:0<br>1:2 | 3:1<br>1:1 |
| 3. Fort. Düsseldorf | 0:0<br>2:3 | 3:2<br>0:1 | • | 2:1<br>1:1 | 1:3<br>3:2 | 6:1<br>2:2 | 2:0<br>1:1 | 2:2<br>1:2 | 2:1<br>1:1 | 2:1<br>0:0 |
| 4. Wuppertal | 1:1<br>1:4 | 2:2<br>1:1 | 1:1<br>1:2 | • | 0:5<br>1:2 | 4:3<br>2:4 | 4:3<br>1:3 | 1:0<br>1:2 | 2:0<br>1:1 | 5:0<br>0:0 |
| 5. Bor. M'gladbach | 0:3<br>0:3 | 5:2<br>1:3 | 2:3<br>3:1 | 2:1<br>5:0 | • | 3:4<br>0:3 | 3:2<br>1:2 | 0:2<br>0:3 | 6:2<br>1:3 | 4:3<br>2:2 |
| 6. VfB Stuttgart | 0:1<br>1:5 | 3:1<br>1:5 | 2:2<br>1:6 | 4:2<br>0:4 | 3:0<br>4:3 | • | 4:2<br>3:1 | 2:2<br>1:2 | 3:1<br>1:2 | 3:4<br>1:0 |
| 7. Offenbach | 0:3<br>1:3 | 2:3<br>1:1 | 1:1<br>0:2 | 3:1<br>3:4 | 2:1<br>2:3 | 1:3<br>2:4 | • | 3:2<br>3:0 | 2:2<br>1:3 | 4:1<br>0:4 |
| 8. Eintr. Frankfurt | 2:1<br>1:3 | 5:0<br>1:3 | 2:1<br>2:2 | 2:1<br>0:1 | 3:0<br>2:0 | 2:1<br>2:2 | 0:3<br>2:3 | • | 3:1<br>1:0 | 1:3<br>1:2 |
| 9. Kaiserslautern | 3:1<br>0:6 | 2:1<br>0:2 | 1:1<br>1:2 | 1:1<br>0:2 | 3:1<br>2:6 | 2:1<br>1:3 | 3:1<br>2:2 | 0:1<br>1:3 | • | 0:0<br>4:3 |
| 10. MSV Duisburg | 2:0<br>0:2 | 1:1<br>1:3 | 0:0<br>1:2 | 0:0<br>0:5 | 2:2<br>3:4 | 0:1<br>4:3 | 4:0<br>1:4 | 2:1<br>3:1 | 3:4<br>0:0 | • |
| 11. Werder Bremen | 1:0<br>1:2 | 2:1<br>0:1 | 1:3<br>1:2 | 0:1<br>1:1 | 1:1<br>1:3 | 0:2<br>1:2 | 0:0<br>1:2 | 2:0<br>2:2 | 5:1<br>1:3 | 0:2<br>1:0 |
| 12. VfL Bochum | 0:2<br>1:5 | 2:4<br>1:2 | 2:2<br>1:1 | 2:2<br>0:3 | 3:0<br>0:6 | 3:1<br>0:4 | 2:3<br>0:4 | 2:1<br>1:4 | 3:0<br>2:2 | 2:1<br>1:0 |
| 13. Hertha BSC | 2:5<br>0:4 | 1:1<br>0:4 | 2:3<br>1:3 | 0:1<br>1:4 | 3:1<br>2:2 | 5:1<br>0:4 | 2:5<br>0:0 | 3:1<br>2:2 | 4:1<br>2:2 | 0:0<br>1:2 |
| 14. Hamburger SV | 0:2<br>0:1 | 0:0<br>1:2 | 2:1<br>2:2 | 2:2<br>1:5 | 1:3<br>1:6 | 2:0<br>1:2 | 1:0<br>1:2 | 3:1<br>1:2 | 2:2<br>2:2 | 1:2<br>0:3 |
| 15. Schalke 04 | 1:1<br>0:5 | 2:2<br>0:3 | 3:1<br>1:1 | 1:2<br>1:4 | 2:2<br>1:4 | 2:0<br>2:6 | 6:1<br>0:2 | 3:2<br>2:4 | 2:2<br>0:2 | 1:1<br>1:0 |
| 16. Hannover 96 | 1:3<br>2:7 | 0:0<br>3:3 | 2:2<br>1:0 | 1:1<br>4:0 | 1:2<br>1:3 | 3:1<br>0:2 | 1:1<br>1:2 | 2:1<br>0:2 | 2:3<br>1:2 | 3:3<br>1:3 |
| 17. E. Braunschweig | 0:2<br>0:3 | 2:0<br>3:4 | 1:2<br>0:2 | 0:1<br>1:2 | 0:0<br>0:4 | 1:0<br>0:4 | 2:2<br>0:4 | 2:1<br>0:1 | 0:0<br>0:3 | 1:1<br>1:2 |
| 18. RW Oberhausen | 0:5<br>3:5 | 2:2<br>1:3 | 0:3<br>1:3 | 2:1<br>1:3 | 1:3<br>1:4 | 2:2<br>0:3 | 2:1<br>0:4 | 1:0<br>1:2 | 3:1<br>2:6 | 4:0<br>1:4 |

## DFB-Pokal

**Viertelfinale:** 1. FC Köln – Eintr. Braunschweig 3:2 (5:0)    Hertha Berlin – Werder Bremen 2:2 (0:2'
Bayern München – Kickers Offenbach 2:4 (2:2)    Kaiserslautern – Bor. M'gladbach 1:3 (2:1)

**Halbfinale:** Bor. M'gladbach – Werder Bremen 4:1 (3:1)    Kickers Offenbach – 1. FC Köln 1:1 (5:
(Hinspielergebnisse in Klammern)

**Endspiel in Düsseldorf:**    **Bor. M'gladbach – 1. FC Köln    2:1 (1:1, 1:1) nach Verlängerung**
**M'gladbach:** Kleff; Bonhof, Vogts, Sieloff, Michallik; Wimmer, Kulik (91. Netzer), Danner; Jensen, R
(117. Stielike), Heynckes
**Köln:** Welz; Kapellmann, Weber, Cullmann, Hein; Overath (71. Konopka), Neumann, Simmet; Flohe, ◖
wacz (71. Gebauer), Löhr

| Hertha BSC | Hamburger SV | Schalke 04 | Hannover 96 | Braunschweig | Oberhausen | Heimbilanz / Auswärtsbilanz | | | | | Gesamt | |
|---|---|---|---|---|---|---|---|---|---|---|---|---|
| | | | | | | g. | u. | v. | Tore | Pkt. | Tore | Punkte |
| 4:0 | 1:0 | 5:0 | 7:2 | 3:0 | 5:3 | 16 | 1 | 0 | 62:14 | 33- 1 | 93:29 | 54-14 |
| 5:2 | 2:0 | 1:1 | 3:1 | 2:0 | 5:0 | 9 | 3 | 5 | 31:15 | 21-13 | | |
| 4:0 | 2:1 | 3:0 | 4:3 | 4:3 | 3:1 | 14 | 3 | 0 | 43:16 | 31- 3 | 66:51 | 43-25 |
| 1:1 | 0:0 | 2:2 | 0:0 | 0:2 | 2:2 | 2 | 8 | 7 | 23:35 | 12-22 | | |
| 3:1 | 2:2 | 1:1 | 0:1 | 2:0 | 3:1 | 10 | 5 | 2 | 34:19 | 25- 9 | 62:45 | 42-26 |
| 3:2 | 1:2 | 1:3 | 2:2 | 2:1 | 3:0 | 5 | 7 | 5 | 28:26 | 17-17 | | |
| 4:1 | 5:1 | 4:1 | 0:4 | 2:1 | 3:1 | 11 | 4 | 2 | 42:22 | 26- 8 | 62:49 | 40-28 |
| 1:0 | 2:2 | 2:1 | 1:1 | 1:0 | 1:2 | 4 | 6 | 7 | 20:27 | 14-20 | | |
| 2:2 | 6:1 | 4:1 | 3:1 | 4:0 | 4:1 | 12 | 1 | 4 | 57:29 | 25- 9 | 82:61 | 39-29 |
| 1:3 | 3:1 | 2:2 | 2:1 | 0:0 | 3:1 | 5 | 4 | 8 | 25:32 | 14-20 | | |
| 4:0 | 2:1 | 6:2 | 2:0 | 4:0 | 3:0 | 13 | 2 | 2 | 51:19 | 28- 6 | 71:65 | 37-31 |
| 1:5 | 0:2 | 0:2 | 1:3 | 0:1 | 2:2 | 4 | 1 | 12 | 20:46 | 9-25 | | |
| 0:0 | 2:1 | 2:0 | 2:1 | 1:0 | 4:0 | 11 | 3 | 3 | 35:20 | 25- 9 | 61:60 | 35-33 |
| 5:2 | 0:1 | 1:6 | 1:1 | 2:2 | 1:2 | 3 | 4 | 10 | 26:40 | 10-24 | | |
| 2:2 | 2:1 | 4:2 | 2:0 | 1:0 | 2:1 | 13 | 2 | 2 | 39:20 | 28- 6 | 58:54 | 34-34 |
| 1:3 | 1:3 | 2:3 | 1:2 | 1:2 | 0:1 | 2 | 2 | 13 | 19:34 | 6-28 | | |
| 2:2 | 2:2 | 2:0 | 2:1 | 3:0 | 6:2 | 10 | 6 | 1 | 37:18 | 26- 8 | 58:68 | 34-34 |
| 1:4 | 2:2 | 2:2 | 3:2 | 0:0 | 1:3 | 2 | 4 | 11 | 21:50 | 8-26 | | |
| 2:1 | 3:0 | 0:1 | 3:1 | 3:2 | 4:1 | 8 | 4 | 5 | 30:18 | 20-14 | 53:54 | 33-35 |
| 0:0 | 2:1 | 1:1 | 3:3 | 1:1 | 0:4 | 4 | 5 | 8 | 23:36 | 13-21 | | |
| 1:1 | 1:4 | 2:0 | 3:1 | 4:2 | 1:0 | 9 | 3 | 5 | 29:21 | 21-13 | 50:52 | 31-37 |
| 1:2 | 2:2 | 2:1 | 2:2 | 0:1 | 3:2 | 3 | 4 | 10 | 21:31 | 10-24 | | |
| 2:1 | 3:3 | 2:0 | 2:0 | 2:2 | 2:2 | 9 | 5 | 3 | 36:24 | 23-11 | 50:68 | 31-37 |
| 0:2 | 1:2 | 0:2 | 1:1 | 2:0 | 1:1 | 2 | 4 | 11 | 14:44 | 8-26 | | |
| • | 2:1 | 3:0 | 2:1 | 3:0 | 3:1 | 11 | 2 | 4 | 39:23 | 24-10 | 53:64 | 30-38 |
| • | 0:4 | 1:1 | 0:2 | 1:2 | 1:2 | 0 | 6 | 11 | 14:41 | 6-28 | | |
| 4:0 | • | 0:1 | 2:0 | 1:0 | 6:0 | 9 | 4 | 4 | 31:17 | 22-12 | 53:59 | 28-40 |
| 1:2 | • | 0:2 | 2:3 | 1:1 | 1:3 | 1 | 4 | 12 | 22:42 | 6-28 | | |
| 1:1 | 2:0 | • | 3:1 | 0:1 | 3:0 | 8 | 6 | 3 | 35:19 | 22-12 | 46:61 | 28-40 |
| 0:3 | 1:0 | • | 1:1 | 1:1 | 1:2 | 2 | 2 | 13 | 11:42 | 6-28 | | |
| 2:0 | 3:2 | 1:0 | • | 2:1 | 3:2 | 7 | 7 | 3 | 30:25 | 21-13 | 49:65 | 26-42 |
| 1:2 | 0:2 | 1:3 | • | 2:3 | 0:1 | 2 | 1 | 14 | 19:40 | 5-29 | | |
| 2:1 | 1:1 | 1:1 | 3:2 | • | 3:1 | 7 | 6 | 4 | 20:17 | 20-14 | 33:56 | 25-43 |
| 0:3 | 0:1 | 1:0 | 1:2 | • | 1:0 | 2 | 1 | 14 | 13:39 | 5-29 | | |
| 2:1 | 3:1 | 3:0 | 1:0 | 0:1 | • | 9 | 3 | 5 | 28:26 | 21-13 | 45:84 | 22-46 |
| 1:3 | 0:6 | 0:3 | 2:3 | 1:3 | • | 0 | 1 | 16 | 17:58 | 1-33 | | |

chauer: 69.600    **Schiedsrichter:** Tschenscher (Mannheim)
e: 1:0 Wimmer (23.), 1:1 Neumann (41.), 2:1 Netzer (93.)

## Die besten Torschützen

| | | | |
|---|---|---|---|
| d Müller (Bayern München) | 36 | Klaus Wunder (MSV Duisburg) | 17 |
| p Heynckes (Bor. M'gladbach) | 28 | Uli Hoeneß (Bayern München) | 17 |
| ter Pröpper (Wuppertaler SV) | 21 | Reiner Geye (Fort. Düsseldorf) | 16 |
| in Kostedde (Kick. Offenbach) | 19 | Willi Reimann (Hannover 96) | 14 |
| s Walitza (VfL Bochum) | 18 | Klaus Budde (Fort. Düsseldorf) | 14 |

# Alle Spieler und Torschützen
# der ersten zehn Jahre

## 1. FC Köln

*Tor:*

Toni Schumacher 58/0, Fritz Ewert 45/0, Milutin Soskic 65/0, Paul Heyeres 21/0, Rolf Birkhölzer 12/0, Manfred Manglitz 65/0, Gerhard Welz 68/0, Karl-Heinz Volz 1/0

*Abwehr:*

Toni Regh 101/4, Wolfgang Weber 245/11, Leo Wilden 63/1, Fritz Pott 124/6, Matthias Hemmersbach 230/13, Jürgen Rumor 56/1, Werner Biskup 111/10, Peter Blusch 44/3, Bernd Cullmann 76/8, Wolfgang Rausch 47/1, Karl-Heinz Struth 11/2, Reinhard Roder 11/0, Kurt Kowalski 9/0, Harald Konopka 61/2, Herbert Hein 17/3, Josef Bläser 17/1

*Mittelfeld:*

Wolfgang Overath 263/58, Hans Sturm 84/4, Helmut Benthaus 38/2, Ole Soerensen 13/1, Herbert Bönnen 5/1, Heinz Flohe 163/30, Heinz Simmet 197/20, Bernd Hermes 20/1, Josef Kapellmann 91/11, Jürgen Lex 6/0, Manfred Claßen 3/0, Heinz-Dieter Schmitz 4/0, Karl-Heinz Hähnchen 7/0, Horacio Neumann 6/2, Herbert Mühlenberg 2/1, Karl-Heinz Ripkens 1/0

*Angriff:*

Heinz Hornig 152/26, Christian Müller 69/46, Karl-Heinz Thielen 196/39, Hans Schäfer 17/8, Johannes Löhr 252/117, Jose Zeze 5/1, Franz Krauthausen 11/4, Franz-Peter Neumann 9/5, Srdjan Cebinac 3/1, Hans-Jürgen Kleinholz 3/1, Roger Magnusson 20/4, Jürgen Jendrossek 53/11, Karl-Heinz Rühl 85/35, Dietmar Mürdter 2/0, Paul Alger 1/0, Helmut Bergfelder 1/0, Ludwig Bründl 13/1, Bernd Rupp 97/45, Werner

Thelen 14/3, Wolfgang Riemann 8/0, Karl-Heinz Goldau 1/0, Thomas Parits 29/5, Wolfgang John 1/0, Jürgen Glowacz 45/7, Paul Scheermann 31/7, Detlev Lauscher 28/7, Reiner Gebauer 19/3

# Meidericher SV (MSV Duisburg)

*Tor:*
Manfred Manglitz 191/1, Erich Staude 2/0, Dietmar Linders 84/0, Volker Danner 62/0

*Abwehr:*
Hartmut Heidemann 251/18, Hans Sabath 117/6, Günther Preuß 76/0, Johann Cichy 22/1, Manfred Müller 149/2, Dieter Danzberg 14/1, Friedhelm Bruns 2/0, Michael Bella 255/8, Detlev Pirsig 205/8, Kurt Rettkowski 151/7, Jürgen Kowalski 5/0, Anton Burghardt 60/0, Bernhard Dietz 95/11, Werner Schneider 26/2, Ernst Savkovic 14/0, Klaus Bruckmann 10/0, Lothar Schneider 3/0

*Mittelfeld:*
Ludwig Nolden 92/16, Werner Krämer 106/38, Heinz Höher 19/0, Uwe Erich 2/0, Kurt Gorgs 1/0, Heinz van Haaren 123/22, Vinczenz Fuchs 1/0, Djordje Pavlic 171/21, Heinz Pflügge 4/0, Horst Wild 31/11, Bernd Lehmann 131/25, Bernd Hoffmann 2/0, Helmut Huttary 51/3, Johannes Linssen 80/5, Axel Rzany 9/0, Hans Sondermann 37/8, Dieter Koulmann 2/0, Georg Damjanoff 16/1, Heinz Buchberger 21/0, Kurt-Jürgen Lorenz 1/0, Helmut Roth 2/0, Herbert Büssers 20/0, Jonny Hey 20/2

*Angriff:*
Heinz Versteeg 63/14, Werner Lotz 144/27, Helmut Rahn 19/8, Werner Kubek 8/2, Gustav Walenciak 12/7, Horst Gecks 139/40, Rudolf Schmidt 49/8, Roul Tagliari 9/4, Rüdiger

Mielke 15/15, Karl-Heinz Rühl 65/20, Willibert Kremer 91/6, Rainer Budde 149/44, Erwin Kostedde 19/5, Johannes Riedl 120/9, Karl-Heinz Wissmann 35/6, Rolf-Dieter Dörfler 1/0, Gerhard Kentschke 52/5, Klaus Wunder 61/24, Rudolf Seliger 50/8, Ronald Worm 43/7

## Borussia Dortmund

*Tor:*
Hans Tilkowski 81/0, Bernhard Wessel 87/0, Heinrich Kwiatkowski 3/0, Werner Köddermann 5/0, Klaus Günther 39/0, Jürgen Rynio 81/0, Horst Bertram 7/0

*Abwehr:*
Lothar Geisler 54/1, Theo Redder 96/2, Wilhelm Burgsmüller 19/0, Wolfgang Paul 148/6, Gerd Cyliax 90/5, Rudi Assauer 119/9, Friedhelm Groppe 35/0, Gerd Peehs 170/4, Klaus Brakelmann 49/0, Ferdinand Heidkamp 50/2, Alfred Kohlhäufl 22/1, Branco Rasovic 81/0, Hans-Jochen Andree 45/1, Dieter Mietz 29/0, Reinhold Matthes 18/0

*Mittelfeld:*
Wilhelm Sturm 176/12, Alfred Schmidt 82/19, Dieter Kurrat 247/9, Helmut Bracht 11/0, Hans-Josef Kurrat 1/1, Manfred Pfeiffer 6/0, Hermann Straschitz 24/4, Jürgen Weber 18/1, Horst Trimhold 96/6, Friedrich Lehmann 9/2, Walter Szaule 4/0, Klaus Beckfeld 4/0, Helmut Heeren 9/1, Jürgen Schütz 73/26, Theo Bücker 62/13, Theodor Rieländer 40/4, Jürgen Boduszek 4/1, Karl-Heinz Artmann 3/0, Sigfried Köstler 26/2, Werner Lorant 23/0, Friedel Mensink 11/0, Ingo Peter 5/0, Karl-Heinz Henke 5/0

*Angriff:*
Lothar Emmerich 183/115, Friedhelm Konietzka 53/44, Franz Brungs 54/23, Reinhold Wosab 198/61, Burghard Rylewicz

11/5, Harald Beyer 3/0, Reinhard Libuda 64/8, Siegfried Held 183/41, Willi Neuberger 148/29, Willi Mikulasch 2/1, Josef Hofmeister 6/0, Dietmar Erler 28/2, Werner Weist 72/34, Manfred Ritschel 57/6, Dieter Weinkauff 46/12, Walter Hohnhausen 22/2, Alfons Sikora 17/0, Jürgen Wilhelm 7/3

## Fortuna Düsseldorf

*Tor:*
Dirk Krüssenberg 22/0, Helmar Schwarzbach 11/0, Heinz Woyke 63/0, Kurt Büns 6/0

*Abwehr:*
Hans-Josef Hellingrath 30/1, Werner Biskup 29/1, Fred Hesse 91/6, Werner Lungwitz 82/7, Gerd Wünsche 22/0, Egon Köhnen 47/1, Heiner Baltes 41/5, Werner Kriegler 66/1, Peter Biesenkamp 51/6, Klaus Senger 26/0, Heinz Lenssen 1/0, Gerd Zewe 34/9, Hans Krauss 7/0

*Mittelfeld:*
Werner Jestremski 19/0, Jürgen Schult 18/5, Horst Häfner 17/0, Jürgen Koch 16/2, Fritz Lehmann 2/0, Klaus Schmitz 1/0, Hans Schulz 52/10, Klaus Iwanzik 21/1, Dieter Brei 15/0

*Angriff:*
Waldemar Gerhardt 30/12, Reinhold Strauß 29/5, Hilmar Hoffer 40/6, Peter Meyer 25/8, Willi Hetfeld 8/0, Rainer Budde 8/1, Reiner Geye 66/24, Dieter Herzog 68/10, Klaus Budde 67/21, Herbert Gronen 20/1, Lothar Weschke 6/1, Leonhard Helmreich 10/0, Benno Beiroth 2/0, Jochen Abel 2/0, Maik Galakos 2/0, Willi Worzog 3/0

# Eintracht Frankfurt

*Tor:*

Egon Loy 69/0, Karl Eisenhofer 2/0, Peter Kunter 196/0, Siegbert Feghelm 24/0, Hans Tilkowski 40/0, Günter Wienhold 4/0

*Abwehr:*

Hermann Höfer 68/2, Friedel Lutz 200/4, Josef Weilbächer 4/0, Dieter Lindner 189/5, Ludwig Landerer 22/0, Peter Blusch 110/5, Fritz Kübert 1/0, Willi Herbert 7/0, Karl-Heinz Wirth 138/0, Fahrudin Jusufi 111/2, Günter Keifler 16/1, Dieter Bellut 47/3, Gerd Trinklein 115/5, Hans Lindemann 13/0, Klaus Hommrich 8/0, Peter Reichel 76/2, Walter Wagner 11/0, Manfred Wirth 9/0, Uwe Kliemann 34/3, Karl-Heinz Körbel 18/0

*Mittelfeld:*

Wilhelm Huberts 213/66, Horst Trimhold 71/14, Hans-Walter Eigenbrodt 15/0, Dieter Stinka 43/4, Lothar Schämer 216/23, Richard Weber 29/0, Jürgen Friedrich 78/12, Istvan Sztani 21/3, Jürgen Kalb 143/21, Jürgen Papies 25/3, Dieter Ungewitter 7/0, Klaus Stahl 4/0, Wolfgang Kraus 15/0

*Angriff:*

Wolfgang Solz 113/45, Alfred Horn 20/3, Erwin Stein 41/14, Richard Kreß 17/2, Helmut Kraus 65/7, Georg Lechner 45/16, Hans-Georg Tutschek 7/3, Jürgen Grabowski 149/70, Oskar Lotz 97/19, Walter Bechthold 74/33, Siegfried Bronnert 24/13, Dieter Krafczyk 4/1, Ernst Abbe 13/3, Heiko Racky 16/1, Bernd Hölzenbein 174/45, Bernd Nickel 160/55, Horst Heese 112/27, Gerhard Wagner 5/0, Albert Wachsmann 3/0, Thomas Rohrbach 80/4, Joachim Weber 3/0, Thomas Parits 57/16, Ender Konca 36/7, Roland Weidle 48/8, Friedhelm Aust 10/0, Raimund Krauth 14/0, Josef Hofmeister 10/1

# Wuppertaler SV

*Tor:*
Manfred Müller 23/0, Ulrich Gelhard 11/0

*Abwehr:*
Manfred Reichert 34/2, Manfred Cremer 33/5, Erich Miss 33/0, Emil Meisen 31/0

*Mittelfeld:*
Bernd Hermes 34/2, Herbert Stöckl 34/3, Jürgen Kohle 33/12, Dieter Lömm 31/0, Georg Jung 23/1, Theo Homann 11/2, Claus Brune 1/0

*Angriff:*
Gustl Jung 33/11, Günter Pröpper 33/21, Detlev Webers 8/1, Rudi Neufeld 3/0, Klaus Spannenkrebs 1/0

# VfB Stuttgart

*Tor:*
Günter Sawitzki 146/0, Lorenz Fischer 1/0, Werner Pfeifer 4/0, Dieter Feller 23/0, Gerhard Heinze 133/0, Zlatco Skoric 24/0, Helmut Roleder 5/0, Bodo Jopp 2/0, Hans Hauser 2/0

*Abwehr:*
Eberhard Pfisterer 55/3, Günter Seibold 133/1, Hans Arnold 205/8, Klaus-Dieter Sieloff 141/21, Hans Eisele 196/4, Gerd Menne 118/8, Hans Kraus 2/0, Hans-Dieter Koch 12/0, Manfred Gärtner 4/0, Günter Eisele 50/0, Hans Mayer 48/1, Reinhold Zech 134/4, Hans-Jürgen Wittfoth 12/0, Gerd Regitz 28/1, Jürgen Martin 3/0, Egon Coordes 52/3, Gerd Komorowski 16/0, Norbert Siegmann 22/0, Herward Koppenhöfer 5/0, Theo Hoffmann 160/10, Vladimir Popovic 2/0

*Mittelfeld:*
Rudi Entenmann 87/5, Werner Walter 16/0, Friedrich Zipperer

2/2, Siegfried Böringer 16/1, Helmut Huttary 87/7, Helmut Siebert 10/3, Hans-Otto Peters 40/14, Willi Entenmann 176/23, Gilbert Gress 139/25, Horst Haug 135/32, Werner Haaga 39/3, Herbert Höbusch 81/3, Hans Ettmayer 49/19, Karl Berger 29/4, Hermann Lindner 6/1, Eckardt Müller 1/0

*Angriff:*
Dieter Höller 60/23, Rolf Geiger 70/19, Erwin Waldner 63/12, Gerhard Wanner 18/4, Manfred Reiner 52/6, Hartmut Weiß 107/38, Horst Köppel 124/44, Bo Larsson 89/21, Karl-Heinz Handschuh 153/59, Manfred Waidmann 172/30, Roland Weidle 27/2, Jan Olsson 64/20, Wolfgang Frank 55/23, Roland Mall 21/0, Dieter Schwemmle 33/6, Dieter Brenninger 27/9


## VfL Bochum

*Tor:*
Hans-Jürgen Bradler 41/0, Werner Scholz 28/0

*Abwehr:*
Erwin Galeski 55/0, Manfred Rüsing 36/0, Dieter Versen 57/0, Dieter Zorc 21/0, Heinz-Jürgen Blome 16/0, Gerd Wiesemes 9/0, Michael Lameck 34/5, Hermann Gerland 20/1, Peter Dewinski 3/0, Michael Eggert 2/1, Peter Bomm 1/0

*Mittelfeld:*
Reinhold Wosab 59/9, Werner Krämer 39/3, Harry Fechner 55/3, Hans-Jürgen Köper 48/5, Hans-Jürgen Laufer 25/0, Werner Jablonski 8/0, Harry Bohrmann 1/0, Udo Böckmann 1/0

*Angriff:*
Hans Walitza 68/40, Dieter Fern 32/2, Hans-Werner Hartl 39/13, Werner Balte 64/10, Hans-Günther Etterich 51/7, Reinhard Majgl 28/6

# Arminia Bielefeld

*Tor:*

Gerd Siese 37/0, Dieter Burdenski 31/0

*Abwehr:*

Waldemar Slomiany 46/6, Volker Klein 43/1, Georg Stürz 35/1, Klaus Oberschelp 10/0, Klaus Köller 10/0, Detlev Kemena 10/0, Georg Damjanoff 30/5, Peter Loof 13/0, Wolfgang Mittendorf 6/0

*Mittelfeld:*

Gerd Knoth 67/1, Horst Stockhausen 34/2, Uli Braun 66/5, Dieter Schulz 28/2, Dieter Brei 43/3, Jürgen Neumann 1/0, Herbert Bittner 1/0, Rolf Kossmann 1/0

*Angriff:*

Norbert Leopoldseder 56/4, Karl-Heinz Brücken 61/8, Horst Wenzel 40/2, Gerd Roggensack 45/9, Gerd Kohl 21/1, Ernst Kuster 20/8, Gerd Kasperski 31/5, Jürgen Jendrossek 29/7, Roland Stegmayer 28/4, Harald Nickel 5/0, Bernd Wehmeyer 2/0

# Rot-Weiß Oberhausen

*Tor:*

Wolfgang Scheid 105/0, Klaus Witt 11/0, Willi Janßen 25/0, Udo Redmann 2/0

*Abwehr:*

Friedhelm Dick 126/3, Hermann-Josef Wilbertz 116/6, Dieter Hentschel 27/0, Werner Ohm 110/1, Friedhelm Kobluhn 34/0, Uwe Kliemann 56/4, Reiner Hollmann 91/9, Gerd Wörmer 65/1, Dietmar Jakobs 39/12, Friedel Szeimies 5/0, Wolfgang Habel 1/0, Hermann Kaldenhof 1/0

*Mittelfeld:*

Gerd Fröhlich 75/9, Lothar Kobluhn 117/36, Werner Kubek

8/0, Siegfried Rösen 12/0, Jürgen Jäger 3/0, Ludwig Denz 34/3, Franz-Josef Tenhagen 63/6, Ulrich Kallius 12/1, Bernd Hoffmann 11/2, Franz Emans 9/2, Dieter Heinrichs 21/2

*Angriff:*
Hugo Dausmann 37/15, Dieter Brozulat 67/7, Franz Krauthausen 57/12, Günther Karbowiak 46/5, Hans Fritsche 35/7, Norbert Lücke 10/0, Wolfgang Sühnholz 32/6, Hans Schumacher 71/15, Rainer Laskowsky 19/1, Heinz Poll 6/1, Willi Mumme 65/5, Fred Hoff 26/6, Herbert Liedtke 10/0, Karl-Heinz Artmann 18/3

## Hamburger SV

*Tor:*
Horst Schnoor 106/0, Hans Krämer 5/0, Erhard Schwerin 20/0, Arkoc Öczan 137/0, Gerd Girschkowski 25/0, Rudi Kargus 24/0

*Abwehr:*
Jürgen Kurbjuhn 242/10, Willi Giesemann 104/13, Hubert Stapelfeldt 15/0, Erwin Pichowiak 36/2, Lothar Kröpelin 24/0, Holger Diekmann 100/2, Egon Horst 119/0, Willi Schulz 211/3, Helmut Sandmann 195/2, Hans-Werner Kremer 31/1, Norbert Hof 29/2, Peter Nogly 108/15, Jürgen Ripp 61/0, Heinz Bonn 13/0, Wolfgang Kampf 3/0, Peter Gumlich 1/0, Manfred Kaltz 65/6, Peter Hidien 19/0, Peter Krobbach 19/0, Edgar Nobs 5/0

*Mittelfeld:*
Gerd Krug 64/4, Ernst Kreuz 25/4, Harry Bähre 78/2, Dieter Seeler 28/2, Horst Dehn 34/6, Heiko Kurth 13/2, Dieter Strauß 32/1, Rolf Schwartau 1/0, Peter Rohrschneider 27/1, Hans Schulz 111/21, Reinhard Löffler 24/1, Klaus-Jürgen Hellfritz 98/6, Peter Barfuß 1/0, Werner Krämer 47/9, Heinz Libuda

11/1, Jürgen Dringelstein 28/2, Hubert Schöll 16/1, Jürgen Seifert 2/0, Klaus Zaczyk 129/27, Siegfried Beyer 33/3, Ole Björnmose 60/11, Caspar Memering 53/5, Günter Selke 2/0, Holger
Haltenhof 1/0

*Angriff:*
Uwe Seeler 239/137, Gerd Dörfel 224/58, Fritz Boyens 26/3,
Peter Wulf 44/15, Bernd Dörfel 88/18, Peter Woldmann 6/2,
Klaus Vogler 4/1, Juhani Peltonen 38/6, Andreas Mate 6/2,
Manfred Pohlschmidt 55/20, Elmar May 3/0, Franz-Josef
Hönig 177/56, Klaus Fock 25/5, Robert Pötzschke 46/5, Gerd
Klier 24/4, Claus Kröger 4/0, Georg Volkert 63/14, Klaus
Winkler 51/5, Peter Lübeke 20/7, Horst Heese 18/6, Walter
Krause 5/0, Uwe Reuter 3/0

# TSV 1860 München

*Tor:*
Petar Radenkovic 215/0, Wilfried Tepe 1/0, Wolfgang Fahrian
8/0, Anton Gigl 2/0, Herbert Schweers 2/0, Franz Pauly 4/0

*Abwehr:*
Manfred Wagner 187/4, Rudolf Steiner 121/2, Alfons Stemmer
17/2, Hans Humpa 7/0, Hans Reich 142/7, Bernd Patzke
136/2, Friedel Lutz 11/0, Hans-Günther Kroth 71/1, Horst
Schmitt 35/2, Max Reichenberger 39/0, Frank Schäffner 8/0,
Horst Blankenburg 31/1

*Mittelfeld:*
Otto Luttrop 81/11, Rudolf Zeiser 157/7, Hans Küppers 122/47,
Peter Grosser 129/49, Hans Auernhammer 8/2, Rolf Thommes
1/0, Günther Rahm 1/0, Stefan Bena 9/0, Zeljko Perusic 138/1,
Gottfried Peter 12/0, Hans Schmidt 14/2, Wolfgang Lex 30/2,
Helmut Roth 9/0, Horst Berg 23/1, Franz Hiller 18/2, Dieter
Schumacher 13/0, Ludwig Denz 3/1, Helmut Reiner 1/0

Rudi Brunnenmeier 119/69, Alfred Heiß 169/40, Winfried Kohlars 142/44, Engelbert Kraus 22/9, Hans Rebele 115/23, Werner Anzill 2/0, Friedhelm Konietzka 47/30, Ludwig Bründl 42/13, Klaus Fischer 60/27, Jürgen Schütz 20/7, Hans Linsenmaier 16/1, Bernd Gerstner 8/1, Peter Kittel 7/0, Ferdinand Keller 24/3, Rudolf Kölbl 21/1

## Kickers Offenbach

*Tor:*
Rudi Wimmer 34/0, Karl-Heinz Volz 32/0, Horst Bertram 2/0, Fred Bockholt 34/0

*Abwehr:*
Josef Weilbächer 34/2, Hermann Nuber 36/5, Ferdinand Heidkamp 31/0, Rudi Koch 23/1, Hans Nowak 12/0, Hans-Jürgen Öhlenschläger 11/0, Peter Werner 3/0, Helmut Kremers 33/4, Nikolaus Semlitsch 47/3, Josef Weilbächer 24/0, Hans Reich 21/0, Erwin Spinnler 12/0, Lothar Skala 41/2, Herbert Meyer 33/0, Amand Theis 32/4, Hans Schmidradner 29/0, Ernst Traser 7/0, Herward Koppenhöfer 6/0

*Mittelfeld:*
Alfred Resenberg 32/1, Helmut Siber 31/4, Roland Waida 62/10, Dieter Koulmann 22/3, Winfried Schäfer 58/11, Helmut Schmidt 17/0, Helmut Nerlinger 16/3, Josef Hickersberger 28/6, Rainer Blechschmidt 18/1

*Angriff:*
Egon Schmitt 88/11, Gerd Becker 27/4, Janos Kondert 25/3, Dieter Fern 18/1, Willi Rodekurth 15/0, Heinz Schönberger 29/1, Horst Gecks 33/8, Walter Bechthold 28/8, Klaus Winkler 27/8, Erwin Kremers 25/11, Gerhard Kraft 13/3, Georg Beichle 2/0, Siegfried Held 34/8, Manfred Ritschel 34/6, Erwin Kostedde 29/19, Dieter Müller 2/0, Heinz Traser 2/0

# Alemannia Aachen

*Tor:*

Gerhard Prokop 53/0, Heinz Schors 5/0, Günter Knops 1/0, Werner Scholz 45/0

*Abwehr:*

Josef Martinelli 84/5, Rolf Pawellek 93/5, Josef Thelen 88/1, Horacio Troche 24/9, Peter Schöngen 17/0, Wolfgang Klöckner 1/0, Werner Nievelstein 20/0, Christoph Walter 74/2, Werner Pöhler 10/1, Wolfgang Habich 9/0, Heinz Liermann 8/0

*Mittelfeld:*

Erwin Hermandung 98/19, Alfred Glenski 21/0, Juan Carlos Borteiro 1/0, Reinhold Straus 1/0, Ion Ionescu 46/10, Hans Kapellmann 42/9, Werner Tenbruck 34/3, Siegfried Frank 4/0, Jürgen Walbeck 2/0, Heinz Kulik 2/1

*Angriff:*

Erwin Hoffmann 83/9, Herbert Gronen 81/4, Karl-Heinz Bechmann 67/3, Karl-Heinz Krott 43/10, Hans-Jürgen Ferdinand 25/14, Gerd Klostermann 59/16, Heiner Sell 44/6, Roger Claßen 44/11

# Rot-Weiß Essen

*Tor:*

Hermann Roß 21/0, Fred Bockholt 78/0, Heinz Blasey 4/0

*Abwehr:*

Werner Kik 60/0, Manfred Frankowski 29/1, Jürgen Glinka 15/1, Vlado Saric 6/0, Heinrich Schulten 5/0, Wolfgang Rausch 57/1, Heinz Stauvermann 67/2, Peter Czernotzki 64/1, Roland Peitsch 48/3, Heinz Koch 5/0, Klaus Link 2/0, Klaus Fetting 28/0, Adolf Steinig 25/0

*Mittelfeld:*
Heinz Simmet 33/5, Peter Dietrich 28/3, Heinz-Dieter Hasebrink 17/8, Hans Dörre 22/0, Heinz-Dieter Borgmann 8/1, Eckehard Feigenspan 1/0, Erich Beer 63/10, Egbert ter Mors 47/3, Diethelm Ferner 43/1, Georg Jung 52/3, Günter Fürhoff 47/7, Hermann Erlhoff 34/2

*Angriff:*
Herbert Weinberg 81/4, Willi Koslowski 25/3, Willi Lippens 74/41, Helmut Littek 56/9, Franz Fliege 5/0, Wolfgang Ladage 2/0, Manfred Burgsmüller 10/0, Fred Englert 7/2, Walter Hohnhausen 31/9, Dieter Bast 22/3

# FC Schalke 04

*Tor:*
Horst Mühlmann 44/0, Josef Broden 5/0, Gyula Toth 21/0, Josef Elting 62/0, Norbert Nigbur 199/0, Dieter Burdenski 3/0, Helmut Papst 1/0

*Abwehr:*
Hans Becher 201/2, Egon Horst 39/1, Willi Schulz 52/2, Hans Nowak 47/3, Uwe Kleina 19/0, Friedel Rausch 160/6, Günther Karnhof 34/1, Alfred Pyka 58/5, Klaus Fichtel 243/6, Heinz Pliska 75/2, Klaus Senger 101/3, Waldemar Slomiany 52/5, Jürgen Galbierz 27/1, Jürgen Sobieray 78/5, Rolf Rüßmann 105/10, Helmut Kremers 63/7, Hartmut Huhse 57/1, Jürgen Klein 20/0, Ulrich van den Berg 20/1

*Mittelfeld:*
Manfred Berz 30/8, Günter Hermann 110/21, Manfred Kreuz 83/17, Heinz Crawatzo 27/2, Gerd Neuser 143/21, Hans-Dieter Lömm 5/0, Zarko Nicolic 11/0, Herbert Höbusch 53/1, Hermann Erlhoff 75/8, Heinz van Haaren 125/9, Franz Hasil 23/5, Klaus Scheer 112/28, Klaus Beverungen 28/3, Paul Holz 34/1, Helmut Manns 19/1, Manfred Dubski 8/0

*Angriff:*
Waldemar Gerhardt 52/21, Reinhard Libuda 175/20, Willi Koslowski 39/12, Klaus Matischak 22/17, Karl-Heinz Bechmann 75/7, Harald Klose 58/7, Hans-Georg Lambert 1/0, Werner Grau 12/3, Siegfried Werner 9/1, Werner Weikamp 5/0, Siegfried Grams 1/0, Horst Blechinger 64/6, Willi Kraus 36/16, Hans-Peter Kirchwehm 2/0, Manfred Pohlschmidt 105/26, Hans-Jürgen Wittkamp 101/30, Heribert Diettrich 4/0, Herbert Lütkebohmert 138/17, Gerd Kasperski 7/3, Bernd Michel 4/0, Hans Pirkner 47/8, Alban Wüst 32/4, Klaus Fischer 63/37, Karl-Heinz Kusmierz 2/0, Reinhard Pfeiffer 1/0, Erwin Kremers 66/16, Nico Braun 35/15, Peter Ehmke 21/3, Rainer Budde 14/2, Karl-Heinz Frey 9/0, Roland Kossin 2/0

## Werder Bremen

*Tor:*
Günther Bernhard 287/0, Klaus Lambertz 17/0, Dragomir Ilic 4/0, Gerhard Teupel 1/0, Karl Loweg 15/0, Fritz Stefens 6/0, Dieter Burdenski 4/0, Bernd Rosenberger 2/0, Peter Haak 3/0

*Abwehr:*
Josef Piontek 203/16, Max Lorenz 176/15, Helmut Jagielski 64/0, Helmut Schimeczek 78/2, Wolfgang Bordel 18/0, Walter Nachtwey 6/0, Horst Höttges 264/34, Heinz Steinmann 184/4, Kurt Roder 4/0, Dieter Zembski 115/4, Egon Coordes 50/1, Rudi Assauer 97/1, Klaus Müller 1/0, Volkhard Schlöttner 1/0, Norbert Starzak 2/0, Per Roentved 28/5, Uwe Erkenbrecher 5/0, Herbert Mayer 32/0

*Mittelfeld:*
Arnold Schütz 256/70, Willy Soya 34/9, Diethelm Ferner 188/20, Dieter Thun 24/6, Erwin Jung 5/1, Wolfgang Schwierzke 3/0, Hans Schulz 31/6, John Danielsen 131/17, Ole Björnmose 137/21, Herbert Schröder 4/0, Bernd Schmidt 138/11,

Heinz-Dieter Hasebrink 114/15, Bernd Lorenz 51/10, Norbert Hoyer, Jürgen Kiefert 1/0, Karl-Heinz Kamp 100/12, Willi Neuberger 63/11, Jürgen Weber 27/5, Carsten Baumann 21/3, Peter Dietrich 28/6, Uwe Bracht 1/0, Mario Kontny 15/0, Dieter Tippelt 5/0

*Angriff:*
Gerhard Zebrowski 145/39, Klaus Hänel 68/12, Dieter Meyer 15/9, Theo Klöckner 31/8, Klaus Matischak 42/20, Hugo Dausmann 14/5, Manfred Podlich 11/6, Werner Görts 208/58, Rolf Schweighöfer 18/6, Bernd Rupp 58/23, Rolf Faber 1/0, Bernd Windhausen 29/8, Walter Plaggemeyer 2/0, Werner Thelen 15/0, Eckhard Deterding 9/1, Herbert Laumen 60/18, Werner Weist 53/26, Willi Götz 12/0

## Preußen Münster

*Tor:*
Herbert Eiteljörge 26/0, Dieter Feller 4/0

*Abwehr:*
Klaus Bockisch 30/3, Dagmar Drewes 30/0, Werner Lungwitz 29/2, Heinz-Rüdiger Voß 28/0, Willi Menzel 16/0, Heribert Kania 16/0, Helmut Tybussek 14/1

*Angriff:*
Hermann Lulka 28/9, Manfred Rummel 27/8, Manfred Pohlschmidt 25/6, Karl-Heinz Kiß 24/3, Karl-Heinz Bente 21/0, Falk Dörr 7/1, Walter Bensmann 4/0, Bernhard Pohlschmidt 1/0

## 1. FC Saarbrücken

*Tor:*
Volker Danner 25/0, Dieter Haßdenteufel 5/0

Heinz Steinmann 30/1, Werner Hesse 27/2, Erich Rohe 25/0,
Hans-Dieter Diehl 21/0, Manfred Klein 19/0, Albert Port 13/0,
Hans-Dieter Grund 1/0

*Angriff:*
Dieter Krafczyk 28/14, Werner Rinas 26/4, Rainer Schönwälder
24/12, Heinz Vollmar 23/3, Erich Maas 21/1, Karl Meng 14/3,
Horst Remark 13/0, Friedel Reuter 10/2, Werner Hölzenbein
5/1

## Tasmania Berlin

*Tor:*
Heinz Roloff 17/0, Klaus Basikow 15/0, Heinz Posinski 2/0

*Abwehr:*
Hans-Günther Becker 33/0, Bernd Meiszel 21/0, Hans-Jürgen
Bäsler 17/0, Herbert Finken 10/0, Horst Taltaszus 9/0, Volker
Becker 6/0, Bernd Hänsler 5/0

*Mittelfeld:*
Klaus Konieczka 30/1, Horst Szymaniak 29/1, Peter Engler
26/2, Jürgen Lindner 8/0, Manfred Maeder 4/0

*Angriff:*
Wulf-Ingo Usbeck 28/4, Wolfgang Rosenfeldt 20/2, Eckhard
Peschke 15/0, Lothar Zeh 14/3, Jürgen Wähling 12/0, Ulrich
Sand 9/0, Erwin Bruske 7/0, Wolfgang Neumann 19/2, Helmut
Fiebach 18/0

## Bayern München

*Tor:*
Sepp Maier 269/0, Fritz Kosar 3/0, Manfred Seifert 4/0

*Abwehr:*

Franz Beckenbauer 262/31, Peter Kupferschmidt 135/4, Werner Olk 144/2, Hans Nowak 37/4, Adolf Kunstwadl 2/0, Dieter Danzberg 2/0, Kurt Kroiss 2/0, Anton Vukov 1/1, Hubert Windsperger 1/0, Georg Schwarzenbeck 215/5, Peter Pumm 84/2, Herwart Koppenhöfer 71/0, Klaus Klein 3/0, Jonny Hansen 96/6, Paul Breitner 83/10, Jürgen Ey 1/0, Günter Rybarczyk 6/0, Gernot Rohr 3/0, Herbert Zimmermann 1/0

*Mittelfeld:*

Rainer Ohlhauser 160/64, Jakob Drescher 29/3, Dieter Koulmann 78/12, Karl Borutta 28/0, Hans Rigotti 33/2, Peter Werner 38/1, Rudolf Grosser 4/1, Franz Roth 208/52, Klaus Walleitner 2/0, Günter Nasdalla 1/0, Horst Schauß 6/0, Herbert Stöckl 3/0, Helmut Schmidt 49/3, Gustl Starek 38/5, Günter Michl 17/2, Helmut Nerlinger 6/0, Rainer Zobel 94/9, Bernhard Dürnberger 31/3

*Angriff:*

Gerd Müller 261/244, Rudi Nafziger 89/10, Dieter Brenninger 190/59, Gustl Jung 25/4, Karl Deuerling 1/0, Karl-Heinz Mrosko 50/13, Uli Hoeneß 99/36, Edgar Schneider 59/6, Erich Maas 6/0, Franz Krauthausen 57/9, Wolfgang Sühnholz 25/4, Willi Hoffmann 40/12, Franz Gerber 1/0, Hans Jörg 1/0

# Borussia Mönchengladbach

*Tor:*

Manfred Orzessek 29/0, Rudolf Kratschmer 6/0, Volker Danner 93/0, Wolfgang Kleff 145/0

*Abwehr:*

Berti Vogts 257/25, Heinz Wittmann 124/0, Albert Janßen 30/0, Walter Wimmer 33/1, Egon Milder 122/10, Heinz Lowin 39/0, Erwin Spinnler 44/0, Arno Ernst 4/0, Vladimir Durkovic

10/0, Manfred Kempers 10/0, Helmut Kremers 14/1, Hartwig Bleidick 114/6, Gerd Zimmermann 8/0, Ludwig Müller 81/6, Klaus-Dieter Sieloff 97/13, Peter Kracke 2/0, Rainer Bonhof 78/8, Hans-Jürgen Wittkamp 40/8, Ulrich Surau 40/3, Heinz Michallik 29/0, Siegfried Zoppke 3/0

*Mittelfeld:*
Günter Netzer 230/81, Rudi Pöggeler 76/3, Gerhard Elfert 43/4, Heinz Willi Raßmanns 6/0, Herbert Wimmer 214/40, Peter Dietrich 103/11, Winfried Schäfer 43/4, Hans-Jürgen Wloka 30/3, Dietmar Danner 65/11, Christian Kulik 57/10, Samuel Rosenthal 13/1, Adolf Fuhrmann 7/0, Uli Stielicke 1/0

*Angriff:*
Bernd Rupp 66/32, Josef Heynckes 154/83, Herbert Laumen 186/97, Werner Waddey 21/0, Dieter Schollbach 2/0, Klaus Ackermann 60/11, Peter Meyer 19/19, Erwin Kremers 24/1, Klaus Winkler 5/0, Horst Köppel 65/14, Ulrik le Fevre 90/21, Werner Kaiser 10/4, Henning Jensen 33/11, Alan Simonsen 8/0

# Hannover 96

*Tor:*
Horst Podlasly 187/0, Bernd Helmschrot 48/1, Horst Grunenberg 2/0, Franz Pauly 59/0, Burghardt Oeller 8/0, Reinhardt Dittel 5/0

*Abwehr:*
Klaus Bohnsack 107/1, Heinz Steinwedel 60/0, Otto Laszig 118/3, Bodo Fuchs 32/0, Georg Kellermann 10/0, Bernd Kettler 36/1, Hans Baldauf 5/0, Peter Kronsbein 2/0, Wilfried Fricke 2/0, Karl-Heinz Esch 5/0, Rainer Stiller 193/6, Peter Anders 175/3, Hans-Josef Hellingrath 199/3, Peter Loof 51/3, Winfried Wottka 3/0, Michael Polywka 8/0

*Mittelfeld:*

Winfried Mittrowski 79/2, Udo Nix 48/4, Werner Gräber 89/13, Karl-Heinz Mülhausen 65/13, Hans Siemensmayer 247/67, Stefan Bena 47/3, Christian Breuer 123/11, Hermann Straschitz 50/12, Rainer Zobel 66/4, Claus Brune 61/12, Kurt Ritter 13/1, Jürgen Detsch 1/0, Horst Berg 50/7, Hans-Joachim Weller 59/6, Peter Rühmkorb 43/2, Hans-Herbert Blumenthal 7/0, Wolfgang Thiele 1/0, Karl-August Herbeck 4/0, Ludwig Denz 31/6, Christian Rudzky 4/1

*Angriff:*

Walter Rodekamp 123/38, Jürgen Bandura 279/34, Freddy Heiser 38/12, Fred Hoff 15/6, Heiner Klose 9/1, Kaj Poulsen 52/4, Josef Heynckes 86/25, Josip Skoblar 57/30, Winfried Ahnefeld 10/1, Norbert Irtel 2/1, Zvecdan Cebinac 38/2, Ferdinand Keller 61/39, Horst Bertl 60/13, Willi Reimann 82/29, Rudolf Nafziger 27/0, Georg Beichle 26/3, Rolf Blau 34/3, Karl-Heinz Mrosko 29/3, Rolf Kaemmer 28/2, Eckerhardt Deterding 23/6, Roland Stegmayer 16/2, Pedro Milansincic 3/1

# 1. FC Nürnberg

*Tor:*

Roland Wabra 146/0, Gerhard Strick 6/0, Gyula Toth 12/0, Horst-Dieter Strich 9/0, Jürgen Rynio 25/0

*Abwehr:*

Horst Leupold 167/2, Fritz Popp 136/0, Ferdinand Wenauer 168/0, Karl-Heinz Ferschl 115/5, Paul Derbfuß 15/0, Jürgen Billmann 13/1, Helmut Hilpert 83/2, Karl Schmidt 8/0, Heinz Kreißl 1/0, Josef Zenger 1/0, Ludwig Müller 136/10, Edwin Preißler 1/0, Jonny Hansen 21/0, Peter Czernotzki 8/0, Amand Theis 7/0

Heiner Müller 44/6, Stefan Reisch 86/9, Tasso Wild 79/18, Reinhold Gettinger 11/0, Kurt Dachlauer 16/2, Gustav Flachenecker 27/12, Peter von Kummant 4/0, Walter Fladerer 1/0, Heinz Müller 71/5, Jovan Miladinovic 5/0, Manfred Ebenhöh 1/1, Hubert Schöll 4/0, Gustl Starek 24/5, Klaus Zaczyk 34/3, Hans Küppers 33/0, Erich Beer 25/2, Hans Rigotti 4/0, Franz Zimmert 1/0

*Angriff:*
Heinz Strehl 174/76, Richard Albrecht 29/3, Max Morlock 21/8, Manfred Greif 26/3, Anton Alleman 50/8, Rolf Wütherich 14/3, Franz Brungs 97/50, Manfred Greif 35/7, Georg Volkert 105/27, Rudolf Bast 9/1, Reinhold Adelmann 7/0, Ingo Usbeck 9/0, Zvezdan Cebinac 55/6, Dieter Nüssing 23/5

# Eintracht Braunschweig

*Tor:*
Hans Jäcker 58/0, Horst Wolter 195/0, Burkhardt Oeller 22/0, Bernd Franke 60/0

*Abwehr:*
Wolfgang Brase 97/2, Klaus Meyer 123/1, Joachim Bäse 234/4, Peter Kaack 299/2, Wolfgang Simon 5/0, Wolfgang Grzyb 208/16, Franz Maerkhoffer 146/8, Max Lorenz 71/3, Friedhelm Haebermann 114/4

*Mittelfeld:*
Walter Schmidt 183/7, Lothar Weschke 15/0, Ernst Saalfrank 12/0, Aykut Unyazici 9/0, Dieter Paulsberg 1/0, Lothar Ulsaß 201/84, Wolfgang Matz 16/0, Wolf-Rüdiger Krause 5/1, Horst Berg 54/5, Gerhard Elfert 55/4, Michael Polywka 91/9, Bernd Gersdorff 130/22, Eberhard Haun 78/1, Jürgen Dudda 27/2, Jürgen Hellfritz 33/1, Allan Michaelsen 22/0, Bent Jensen 18/2

Jürgen Moll 161/27, Hans-Georg Dulz 109/15, Herbert Ho-
sung 32/6, Manfred Wuttich 24/12, Klaus Gerwien 236/30,
Gerhard Schrader 13/4, Erich Maas 181/43, Dieter Krafczyk
42/13, Werner Rinas 13/0, Gerhard Saborowski 75/12, Jaro
Deppe 59/17, Bernd Dörfel 51/4, Hartmut Weiß 59/20, Dietmar Erler 86/21, Rainer Skrotzki 36/2, Ludwig Bründl 63/19,
Hartmut Konschal 38/2, Manfred Kipp 5/0

## Borussia Neunkirchen

*Tor:*
Horst Kirsch 56/0, Willi Ertz 44/0

*Abwehr:*
Günther Schröder 60/0, Hans Schreier 30/0, Erich Leist 73/3,
Dieter Schock 88/1, Rüdiger Gratz 1/0, Peter Hellwig 1/0, Karl
Ringel 1/0, Günther Heiden 28/1, Gerd Peehs 20/0, Peter Utzig
10/0, Gerd Regitz 38/0, Peter Czernotzki 29/0, Jürgen Roh-
wedder 22/0, Jürgen Fuhrmann 17/0

*Mittelfeld:*
Achim Melcher 52/1, Erwin Glod 25/4, Dieter Harig 18/0,
Heinz Simmet 29/13, Horst Berg 7/1, Volker Münz 8/0, Gott-
fried Peter 23/1, Werner Görts 28/1, Hans Schreier 9/0, Erwin
Glod 6/0, Hugo Ulm 28/1, Erich Hermesdorf 23/1, Werner
Martin 14/0, Jürgen Müller 9/0, Dieter Schmitz 8/0, Gerd
Schley 1/0

*Angriff:*
Elmar May 51/18, Günther Heiden 25/4, Günther Kuntz
80/22, Paul Pidancet 23/4, Jürgen Wingert 26/5, Jürgen Pontes
7/1, Wolfgang Geyer 34/12, Hans Linsenmaier 29/8, Ludwig
Lang 14/4, Willi Seebauer 7/1

# 1. FC Kaiserslautern

*Tor:*
Horst-Dieter Strich 35/0, Wolfgang Schnarr 182/0, Josef Stabel 49/0, Josef Elting 66/0, Bratislav Djordjevic 5/0

*Abwehr:*
Gerd Schneider 161/1, Werner Mangold 50/1, Roland Kiefhaber 80/0, Willi Kostrewa 54/1, Dietmar Schwager 266/0, Uwe Klimaschefski 102/5, Herwart Koppenhöfer 117/1, Otto Rehhagel 148/17, Ernst Diehl 170/6, Werner Fuchs 1/0, Hermann Soyez 5/0, Jürgen Rumor 63/3, Günter Rademacher 38/2, Friedrich Fuchs 124/10, Günter Reinders 75/4, Peter Blusch 20/2, Lothar Huber 41/1, Peter Schwarz 4/1

*Mittelfeld:*
Hans-Jürgen Neumann 69/11, Jacobus Prins 36/9, Heinrich Bauer 7/0, Manfred Feldmüller 1/0, Otto Geisert 152/21, Wolfgang Kaminke 10/3, Manfred Becker 1/0, Eckhard Krautzun 3/0, Dieter Hasebrink 68/19, Dieter Hansing 24/0, Volker Klein 12/0, Jürgen Friedrich 158/26, Peter Schmitt 8/0, Hans Ripp 17/2, Winfried Richter 16/2, Hans-Peter Fecht 8/0, Werner Glass 1/0, Idriz Hosic 74/31, Hermann Bitz 68/12, Heinz Wilhelmi 3/1, Jochen-Bernd Müller 2/0, Werner Brehm 1/0, Werner Michelbach 1/0

*Angriff:*
Willi Reitgaßl 129/32, Willi Richter 55/12, Harald Braner 90/12, Erich Meier 26/12, Walter Gawletta 19/3, Dieter Pulter 25/0, Willi Wrenger 61/10, Helmut Kapitulski 98/21, Wilfried Leydecker 25/5, Manfred Rummel 38/15, Gerhard Kentschke 120/23, Andrija Ankovic 21/4, Gerd Roggensack 31/10, Bernd Windhausen 56/15, Sepp Pirrung 116/20, Klaus Ackermann 124/16, Dieter Krafczyk 29/7, Karl-Heinz Vogt 94/39, Wolfgang Seel 65/17, Hans-Jürgen Henkes 19/2, Klaus Toppmöller 9/0

# Karlsruher SC

*Tor:*

Manfred Paul 62/0, Erich Wolf 27/0, Siegfried Keßler 52/0, Jürgen Rynio 21/0

*Abwehr:*

Josef Marx 139/3, Peter Koßmann 68/1, Reinhold Wischnowsky 46/1, Willi Rihm 33/0, Dieter Klaußner 15/0, Heinz Ruppenstein 6/0, Hans-Peter Lamparth 15/0, Walter Rauh 45/0, Helmut Kafka 68/0, Udo Glaser 1/0, Eugen Ehmann 56/5, Jürgen Weidtlandt 59/3, Klaus Slatina 29/1, Herbert Layh 2/0, Heinz Schneider 1/0

*Mittelfeld:*

Gustav Witlatschil 71/9, Horst Saida 71/2, Horst Wild 100/34, Otto Geisert 45/10, Rolf Kahn 11/1, Klaus Zaczyk 104/11, Willi Dürrschnabel 91/10, Gerhard Helm 2/0, Ernst Röhrig 9/0, Arthur Dobat 72/16, Heinz Crawatzo 17/0, Dragoslav Sekularec 17/2, Lars Granström 3/0, Wolfgang Böhni 1/0, Gerhard Hausser 28/1, Günter Hermann 24/5, David Scheu 20/0, Lutz Streitenbürger 7/0, Rolf Ackermann 1/0, Günther Kunz 1/0

*Angriff:*

Gerhard Kentschke 50/10, Siegfried Stark 22/6, Erwin Metzger 20/4, Hartmann Madl 40/15, Joachim Timm 6/3, Hans Cieslarczyk 66/18, Horst-Dieter Berking 55/6, Klaus-Peter Jendrosch 13/5, Christian Müller 62/25, Friedhelm Strelczyk 11/0, Heinz Schroth 13/3, Werner Hösl 10/0

# Hertha BSC Berlin

*Tor:*

Wolfgang Tillich 24/0, Hans-Jürgen Krumnow 7/0, Gernot Fraydl 31/0, Volkmar Groß 101/0, Michael Kellner 6/0, Thomas Zander 17/0, Horst Wolter 22/0, Wolfgang Fahrian 26/0

*Abwehr:*

Hans-Günther Schimmöller 30/1, Uwe Klimaschewski 28/4, Hans Eder 28/0, Otto Rehhagel 23/0, Lothar Groß 70/2, Uwe Witt 123/1, Heinz Ferschl 120/1, Peter Enders 94/1, Ivica Sangulin 30/0, Hermann Bredenfeld 33/7, Bernd Patzke 66/4, Jürgen Rumor 28/0, Michael Sziedat 62/4, Hans Zengerle 14/1, Frank Hanisch 32/0, Detlev Schulz 2/0, Jürgen Lahn 1/0, Holger Brück 34/4, Ludwig Müller 29/4, Hans Weiner 21/2, Gerd Werthmüller 11/0, Peter Hanisch 9/0, Karl-Heinz Buchberger 4/0

*Mittelfeld:*

Hans Altendorff 56/9, Peter Schlesinger 10/0, Klaus Heuer 8/0, Tasso Wild 88/7, Rudolf Kröner 25/3, Werner Ipta 38/5, Jürgen Weber 62/9, Karl-Heinz Hausmann 2/0, Wolfgang Geyer 98/30, Lorenz Horr 121/56, Bernd Laube 1/0, Zsoltan Varga 34/9, Erwin Hermandung 67/12, Erich Beer 64/18, Wolfgang Sidka 2/0, Andreas Schumann 2/0, Kurt Müller 15/5, Manfred Lenz 7/0

*Angriff:*

Karl-Heinz Rühl 28/6, Lutz Steinert 27/6, Helmut Faeder 27/9, Harald Beyer 24/5, Horst Waclawiak 10/4, Eberhard Borchert 7/3, Günter Schüler 1/0, Franz Brungs 84/25, Arno Steffenhagen 132/26, Dieter Krafczyk 32/4, Reinhold Adelmann 15/0, Laslo Gergely 35/0, Hans-Jürgen Sperlich 53/3, Peter Gutzeit 46/7, Gerhard Grau 28/1, Johannes Riedl 25/1